UNIDROIT | FAO | IFAD
Legal Guide on
CONTRACT FARMING

订单农业法律指南

国际统一私法协会
联合国粮食及农业组织 ——— 编著
国际农业发展基金

彭先伟 宋肇屹 朱霁康 ——— 译

北京大学出版社
PEKING UNIVERSITY PRESS

图书在版编目(CIP)数据

订单农业法律指南/国际统一私法协会(UNIDROIT),联合国粮食及农业组织(FAO),国际农业发展基金(IFAD)编著;彭先伟,宋肇屹,朱霁康译.—北京:北京大学出版社,2018.12
ISBN 978-7-301-30142-5

Ⅰ.①订…　Ⅱ.①国…　②联…　③国…　④彭…　⑤宋…　⑥朱…　Ⅲ.①农工商联合企业—农业企业管理—国际法—法律解释　Ⅳ.①D912.405

中国版本图书馆CIP数据核字(2018)第285114号

书　　　名	订单农业法律指南 DINGDAN NONGYE FALÜ ZHINAN
著作责任者	国际统一私法协会　联合国粮食及农业组织 国际农业发展基金　编著 彭先伟　宋肇屹　朱霁康　译
策 划 编 辑	陆建华
责 任 编 辑	陆建华　方尔埼
标 准 书 号	ISBN 978-7-301-30142-5
出 版 发 行	北京大学出版社
地　　　址	北京市海淀区成府路205号　100871
网　　　址	http://www.pup.cn　http://www.yandayuanzhao.com
电 子 信 箱	yandayuanzhao@163.com
新 浪 微 博	@北京大学出版社　@北大出版社燕大元照法律图书
电　　　话	邮购部 010-62752015　发行部 010-62750672 编辑部 010-62117788
印 刷 者	涿州市星河印刷有限公司
经 销 者	新华书店
	880毫米×1230毫米　A5　9.5印张　220千字 2018年12月第1版　2018年12月第1次印刷
定　　　价	49.00元

未经许可,不得以任何方式复制或抄袭本书之部分或全部内容。
版权所有,侵权必究
举报电话: 010-62752024　电子信箱: fd@pup.pku.edu.cn
图书如有印装质量问题,请与出版部联系,电话: 010-62756370

本书工作者

主要贡献者

国际统一私法协会（UNIDROIT）

Michael Joachim BONELL，意大利罗马第一大学法学教授（荣誉退休），UNIDROIT 顾问

Fabrizio CAFAGGI，意大利国家行政学院法学教授，特伦托大学法学教授（休假中）

A. Bryan ENDRES，美国伊利诺伊大学厄巴纳分校法学教授、欧盟研究中心主任

Marcel FONTAINE，比利时新鲁汶市天主教鲁汶大学法学院法学教授（荣誉退休）

Henry D. GABRIEL，美国北卡罗来纳州格林斯伯勒市伊隆大学法学院法学教授，UNIDROIT 管理委员会成员、工作组主席

Paola IAMICELI，意大利特伦托大学法学副教授

Paripurna P. SUGARDA，印度尼西亚日惹特区加查马达大学法学院法学教授

UNIDROIT 秘书处

José Angelo ESTRELLA FARIA，秘书长

Anna VENEZIANO，副秘书长，意大利泰拉莫大学法学教授（休假中）

Frederique MESTRE，工作组秘书处高级官员

William GARTHWAITE,国际法律顾问

联合国粮食及农业组织（FAO）

Carlos A. DA SILVA,农村基础设施与农产业司,高级农业经济学家

Marlo RANKIN,农村基础设施与农产业司,农业经济学家

Caterina PULTRONE,农村基础设施与农产业司,国际法律顾问

Carmen BULLON,法律办公室法律发展服务科法务专员

Luisa CRUZ,法律办公室法律发展服务科法务专员

国际农业发展基金（IFAD）

Liam CHICCA,总法律顾问办公室顾问

Marieclaire COLAIACOMO,总法律顾问办公室顾问

世界农民组织（WFO）

Paul BODENHAM,法律顾问

David G. VELDE,美国明尼苏达州亚历山德里亚市 Velde Moore 律师事务所律师,美国全国农民联盟总法律顾问

其他参与者

国际统一私法协会（UNIDROIT）

Eduardo Alexandre CHIZIANE,莫桑比克马普托市蒙德拉内大学讲师

Horacio ROITMAN,阿根廷国立科尔多瓦大学法学教授

Kassia WATANABE,巴西圣保罗州立大学博士后

联合国粮食及农业组织（FAO）

Eugenia SEROVA，农村基础设施与农产业司司长

Blaise KUEMLANGAN，法律办公室法律发展服务科主任

Pascal LIU，贸易与市场司高级经济学家

Philine WEHLING，法律办公室法律发展服务科法务专员

Emily SPIEGEL，法律办公室法律发展服务科法务专员

世界银行/国际金融公司

Federica SALIOLA，金融与私营机构发展部、全球指标与分析部、特别倡议单元项目主管

Damien SHIELS，投资气候咨询服务部、特定工业投资气候部项目主管

Justin YAP，投资气候咨询服务部、投资气候部、高级私营机构发展专家

世界粮食计划署（WFP）

Brigitte LABBÉ，"当地购买，促进发展（P4P）"倡议小组、食品采购处采购主管

农业和农村合作技术中心（CTA）（非洲、加勒比和太平洋国家集团—欧盟科托努协定，ACP-EU Cotonou Agreement）

Andrew W. SHEPHERD，市场主导发展部高级技术顾问

世界农民组织（WFO）

Brian DUGGAN，澳大利亚国家农民联盟工作场所与法律事务部主管

Paola GROSSI，意大利国家农民协会法律部主管

Dave McKEON，澳大利亚国家农民联盟农业事务部主管

Marco MARZANO DE MARINIS，世界农民组织常务主任

Vincent OPYENE，乌干达坎帕拉 Opeyne & Company 法律办公室律师，乌干达野生动物保护机构诉讼法律顾问

来自食品生产和销售行业的专家

Suhas R. JOSHI，拜耳集团可持续发展部主管，印度拜耳·普拉亚斯农村发展协会总经理

Gary KUSHNER，美国华盛顿特区霍金路伟律师事务所合伙人，美国国家鸡类养殖协会总法律顾问

大陆法基金会（Fondation pour le droit continental）

Patrick PAPAZIAN，大陆法基金会总干事

Bénédicte FAUVARQUE-COSSON，法国巴黎第二大学法学教授

世界食品法研究所（World Food Law Institute）

Marsha ECHOLS，世界食品法研究所主任，美国华盛顿特区霍华德大学法学院法学教授

韩国最高法院司法行政局

Eun Kyung CHO，韩国大邱西区地方法庭法官

前　言

订单农业（contract farming），一般被理解为根据生产方与订购方预先签订的协议进行的农业生产和销售，它促进了更多种类农产品的生产，在许多国家其应用也越来越广泛。

订单农业有助于提高农业生产率，改善农村贫困人口的生活水平，并且可能在防止农村人口外流方面发挥作用。订单农业这些好处以及其他潜在的经济和社会效益，解释了为何许多国内政策制定者和国际组织关注订单农业，并将促进可持续订单农业模式作为其努力实现粮食安全行动的一部分。

鉴于订单农业经营中加强对法律的了解和认识的重要性，国际统一私法协会（UNIDROIT）、联合国粮食及农业组织（FAO）和国际农业发展基金（IFAD）共同起草了这份 UNIDROIT/FAO/IFAD《订单农业法律指南》（以下简称《指南》，UNIDROIT/FAO/IFAD Legal Guide on Contract Farming）。

本《指南》由国际统一私法协会成立的专门工作小组完成，该工作小组汇集了国际公认的法律学者、国际统一私法协会合作的多边组织以及来自农业团体和农业企业的代表。来自不同背景和法律文化的利益相关者（Stakeholder）代表、国际行政人员、执业律师以及学者都为《指南》发展进程做出了贡献。2014 年，与利益相关方的磋商会议在布宜诺斯艾利斯（阿根廷）、亚的斯亚贝巴（埃塞俄比亚）、罗马（意大利）和曼谷（泰国）举行期间，收到了珍贵的文献资料，当然这类资料也可通过在线调查的方式获得。在为期两年的研究期末尾,国际统一私法协会理事会在其2015年5月举行的第94届会议上审议并通过了本《指南》。

UNIDROIT/FAO/IFAD《订单农业法律指南》与世界粮食安全委员会(Committee on World Food Security)在2014年10月通过的《农业和粮食系统负责任农业投资原则》(Principles for Responsible Investments in Agriculture and Food Systems,CFS-RAI原则)一致,并与之有一个相同的目标,即以负责任和具有包容性的方式,为利益相关方提供一个在研究国内政策、规章制度、企业的社会责任(corporate social responsibility)方案、单个协议和合同时可以使用的框架。

我们对工作组所有成员的辛勤工作、热情奉献深表谢意。我们也要感谢所有提交意见、提出建议以及在《指南》编制的各进展阶段做出贡献的人。

我们相信,对于那些参与订单农业实践、政策设计、法律研究以及能力建设的广大读者而言,本《指南》将是一个有用的工具和参考。我们希望《指南》能帮助订单农业创建一个良好的、公平的和可持续发展的环境。

José Angelo Estrella Faria	Antonio Tavares	Gerard Sanders
Secretary-General	Legal Counsel	General Counsel
UNIDROIT	FAO	IFAD
(国际统一私法协会秘书长)	(联合国粮食及农业组织法律顾问)	(国际农业发展基金总法律顾问)

2015年7月于罗马

目　录

绪论 ··· 001
　一、综述及目标 ······································· 001
　二、方法以及如何使用《指南》 ··················· 002

导读 ··· 006
　一、订单农业简介 ···································· 006
　　（一）实践中不同的订单农业操作 ·············· 008
　　（二）订单农业的收益和风险 ··················· 012
　　　1. 减少风险 ···································· 013
　　　2. 取得信贷 ···································· 016
　　　3. 技术和专有知识的转让 ····················· 017
　　　4. 经济、社会和环境的发展 ··················· 018
　二、《指南》的适用范围 ····························· 020
　　（一）《指南》中的农业生产合同 ··············· 020
　　（二）订购方在生产中的参与 ··················· 021

（三）将农业生产合同与合伙以及雇佣关系相区分 ……… 022
　　　　1. 农业生产合同与合伙 …………………………………… 022
　　　　2. 农业生产合同与雇佣 …………………………………… 023

第一章　法律框架 ……………………………………………… 025
一、适用的私法制度 …………………………………………… 025
　　（一）农业生产合同的法律处理 …………………………………… 026
　　　　1. 特殊的合同类型 ………………………………………… 027
　　　　2. 传统的合同类型 ………………………………………… 029
　　（二）其他的国内法律渊源 ………………………………………… 031
　　　　1. 法律规则和原则 ………………………………………… 032
　　　　2. 惯例和习惯（customary rules and usages）………… 034
　　　　3. 贸易习惯和惯例（trade usages and practices）……… 035
　　　　4. 格式条款和指南性文件（standard terms and
　　　　　 guidance documents）…………………………………… 035
　　（三）具有国际性因素的合同 ……………………………………… 038
　　　　1. 合同义务 ………………………………………………… 039
　　　　2. 非合同义务 ……………………………………………… 040
二、监管环境的作用 …………………………………………… 041
　　（一）农产品贸易 …………………………………………………… 042
　　（二）生产资料（production inputs）…………………………… 044
　　　　1. 种子 ……………………………………………………… 044
　　　　2. 生物安全 ………………………………………………… 045
　　　　3. 植物品种的保护 ………………………………………… 045
　　　　4. 生产方获取遗传资源的权利 …………………………… 046

  5. 其他农业生产资料 ······ 047
 （三）农业融资和支持 ······ 047
 （四）竞争与反垄断（competition and antitrust） ······ 047
 （五）人权 ······ 048
 （六）劳动法（labour law） ······ 050
 （七）获取自然资源 ······ 050

第二章　合同当事方、合同的成立和合同的形式 ······ 052
一、合同当事方 ······ 052
 （一）农业生产方 ······ 053
  1. 独有的特征 ······ 053
  2. 法律地位 ······ 054
  3. 开展农业生产活动的形式 ······ 055
 （二）订购方 ······ 063
  1. 私营企业结构 ······ 063
  2. 公共机构 ······ 065
 （三）其他参与方 ······ 066
  1. 供应链参与者 ······ 066
  2. 其他相关第三方（interested third parties） ······ 071
二、合同的成立 ······ 072
 （一）要约与承诺 ······ 073
 （二）行为能力和同意 ······ 077
 （三）在合同谈判中介入或辅助的角色 ······ 081
  1. 生产方组织 ······ 081
  2. 引导者 ······ 082

3. 公共机构 ·· 082
　　4. 中间方 ·· 082
三、合同形式和内容 ·· 083
　（一）合同的形式 ·· 084
　（二）合同内容 ·· 086
　（三）违反所要求形式或内容的后果 ···························· 091

第三章　缔约方的义务 ·· 093
一、风险分配 ·· 094
　（一）产品风险分担 ·· 095
　（二）商业风险分配 ·· 097
　（三）独占性（Exclusivity） ································· 099
二、缔约方的核心义务 ·· 100
　（一）产品 ·· 101
　　1. 数量 ··· 101
　　2. 质量 ··· 106
　（二）生产过程 ·· 113
　　1. 提供并使用生产资料 ···································· 113
　　2. 生产方法、合规以及控制 ································ 128
　（三）交付 ·· 134
　　1. 时间和地点 ·· 136
　　2. 接受货物 ·· 138
　（四）价格和支付 ·· 141
　　1. 价格的确定 ·· 141
　　2. 价格确定机制 ·· 142

  3. 支付时间和支付方式 ·················· 146

三、额外的义务 ························· 148

 （一）保险义务 ······················ 148

 （二）记录保留以及信息管理 ············· 149

 （三）公共利益考虑 ··················· 150

四、义务的转移 ························· 150

第四章　不履约的抗辩理由 ················ 152

一、农业生产合同中的不可抗力（force majeure）以及
情势变更（change of circumstances）········ 152

 （一）影响缔约方履行的意外事件 ·········· 152

 （二）不可抗力与情势变更 ··············· 153

 （三）通过不可抗力条款分配风险 ·········· 155

 （四）风险分配以及产权转移 ············· 157

 （五）保险以及其他风险规避与分配方案 ···· 157

二、符合不可抗力以及情势变更的事件 ········ 158

 （一）合同实践中不可抗力的一般概念 ······ 158

  1. 自然事件（"天灾"）················ 160

  2. 政府行为 ······················· 161

  3. 其他干扰因素：罢工、战争、社会动荡
以及市场混乱 ···················· 162

 （二）合同实践中相关的情势变更 ·········· 163

 （三）举证责任 ······················ 163

三、认可不可抗力及情势变更的后果 ·········· 164

 （一）对缔约方义务的影响 ··············· 164

         1. 免于履行 …………………………………………… 164
         2. 暂停履行 …………………………………………… 165
         3. 赔偿（compensation）与补偿（indemnities）…… 166
         4. 额外义务：通知（notice）与减损（mitigation）
            要求 ………………………………………………… 167
      （二）对整个合同的影响 ……………………………………… 169
         1. 终止合同 …………………………………………… 169
         2. 重新谈判的权利或义务 …………………………… 169
         3. 司法修改（judicial adaptation）………………… 170

第五章 违约救济措施 …………………………………………… 171
一、救济措施概述 ……………………………………………… 171
   （一）不同类型的补救 …………………………………………… 175
      1. 非金钱救济 …………………………………………… 177
      2. 暂停履行（withholding performance）…………… 178
      3. 减价（price reduction）…………………………… 179
      4. 终止合同 ……………………………………………… 180
      5. 恢复原状（Restitution）…………………………… 182
      6. 损害赔偿 ……………………………………………… 184
      7. 利息与延迟支付 ……………………………………… 187
   （二）受害方行为对违约责任的影响 …………………………… 188
   （三）违约方的补救权（right to cure）………………………… 189
   （四）重新谈判 …………………………………………………… 190
二、订购方因生产方违约的救济措施 ………………………… 191
   （一）非金钱救济 ………………………………………………… 193

　　　　1. 违反与生产过程相关的义务 ·················· 193
　　　　2. 产品不符 ·································· 196
　　　　3. 未按约定交付产品 ·························· 200
　　（二）产品撤回与产品召回 ························ 201
　　（三）暂停履行 ·································· 203
　　（四）减价 ······································ 204
　　（五）终止合同 ·································· 205
　　　　1. 违反与生产过程相关的义务 ·················· 205
　　　　2. 产品不符 ·································· 205
　　　　3. 未按约定交付货物 ·························· 206
　　（六）损害赔偿 ·································· 207
　　　　1. 违反与生产过程相关的义务 ·················· 207
　　　　2. 产品不符 ·································· 208
　　　　3. 未按约定交付产品 ·························· 210
　　（七）惩罚性措施、罚金与黑名单机制 ················ 210
　　（八）订购方的行为与救济请求 ···················· 211
三、生产方因订购方违约的救济措施 ···················· 214
　　（一）要求履行的权利 ···························· 214
　　　　1. 价款支付延迟 ······························ 214
　　　　2. 未按约定提供（相符的）生产资料 ············ 215
　　　　3. 未按约定接收相符货物 ······················ 218
　　（二）暂停履行 ·································· 218
　　（三）终止合同 ·································· 220
　　　　1. 未按约定付款 ······························ 220
　　　　2. 未按约定提供（相符的）生产资料 ············ 222

    3. 未按约定接收相符货物 ·· 222
    4. 未按约定购买所有产品（或其中一部分） ····· 223
  （四）损害赔偿 ·· 224
    1. 延迟支付价款 ··· 224
    2. 未按约定提供（相符的）生产资料 ························ 224
    3. 未按约定接收相符货物 ·· 225
    4. 约定违约金与罚金条款 ·· 226
  （五）生产方的行为与救济请求 ································· 226

第六章 合同期限、续约以及终止 ············· 229

一、合同期限 ·· 229
  （一）短期合同与长期合同 ·· 230
  （二）法律规定的最长与最短期限 ································· 230

二、合同续约 ·· 231
  （一）通过明确协议续约 ·· 231
  （二）默认或自动续约 ·· 232
  （三）一方选择续约 ·· 233

三、合同终止 ·· 234
  （一）范围 ··· 234
  （二）终止条款 ··· 234
  （三）终止的通知要求 ·· 234
  （四）终止的原因 ·· 235
    1. 自动终止 ··· 235
    2. 合意终止 ··· 236
    3. 一方按照特别终止条款终止 ······································· 236

（五）终止的效果和后果 ·· 239

第七章　争议解决 ·· 240
　一、农业生产合同中的争议与争议解决 ······················· 241
　　（一）处理农业生产合同争议 ·································· 241
　　　1. 合同纠纷解决的重要性 ····································· 241
　　　2. 通过谈判与合作避免争议 ································· 242
　　　3. 缔约方获得公平有效的争议解决方法的渠道 ············ 242
　　（二）对各方可获得的不同争议解决方式的考量因素 ······· 243
　　　1. 争议的性质、时间因素、临时救济 ···················· 244
　　　2. 公平、保密 ·· 244
　二、非司法的争议解决方法 ··· 245
　　（一）共同的特点 ·· 245
　　（二）调解和和解机制 ·· 247
　　　1. 替代性友好争议解决方法 ································· 247
　　　2. 调解的好处 ·· 248
　　　3. 组织调解程序 ·· 249
　　（三）仲裁 ·· 252
　　　1. 有约束力的（裁决性的）争议解决 ···················· 252
　　　2. 组织仲裁程序 ·· 253
　三、通过司法程序解决争议 ··· 256
　　（一）司法公正（access to justice） ···························· 256
　　（二）管辖权的理由 ·· 257
　　　1. 国内合同 ·· 257
　　　2. 国际合同 ·· 258

四、执行解决争议的和解协议或裁定 ………………………… 258
  1. 由公共机构执行 ……………………………………………… 258
  2. 私人执行机制 ………………………………………………… 259

索引 ………………………………………………………………… 261

绪　　论

一、综述及目标

UNIDROIT/FAO/IFAD《订单农业法律指南》主要针对涉及订单农业关系的当事方，即生产方和订购方。从合同谈判到合同缔结，包括合同履行以及可能的违约或合同终止，《指南》会对整个合同关系提供建议和指导。《指南》提供了对一般合同条款的说明，探讨实践中可能会出现的法律争议和关键问题，并阐述不同法系的当事方如何解决这些问题。经由如此，《指南》旨在促进对于合同条款法律含义以及实践的更好理解；旨在促进更稳定、更均衡的关系，协助当事方缔结和执行完善的合同，从而整体推动为订单农业建立有利的环境。尽管《指南》并不打算支持某一种合同形式胜过其他形式，但它在当事方评估其自身法律地位以及在合同谈判和执行的整个期间所拥有的选择权时，可以作为关键的参考材料，从而确保其在供应链中的地位，并在融资和经济方面帮助当事方最大化地提高谈判地位。

《指南》并不干涉各国国内法的强制性规定，撰写本《指南》也并非为了给各国提供订单农业领域特别立法的模板，或为了鼓励各国制定这类特别立法。但是，需要承认的是，《指南》在一定程度上可以找出问题并给出可行的公平解决方案,并为制定与农业生产合同直接或间接有关的法律、法规的决策者提供有用的信息。《指南》反映了处理订单农业合同实践的国际公认的最低标准,因此可以作为良好操作规范的参考。

3 　　《指南》旨在为从事支持订单农业方面策略和能力建设项目的国际组织、双边合作机构以及非政府组织和农民组织提供切实的帮助,特别是发展中国家的这些组织。《指南》对专业组织、法官、仲裁员和立法者而言同样有用,并且可能对调解人员更加重要,因为它能推动合作性的纠纷解决(cooperative dispute resolution)。另外,在特定国家或特定领域的生产方培训项目下,《指南》可用作开发教育工具的基础。对农业和粮食体系的投资能给相关部门(如服务业和制造业)带来加倍的效应,从而能够进一步改善粮食安全、提高食品营养,最终带动整体经济的发展。因此,《指南》不仅仅可以被看作协助小生产方发展的工具,更是改善农村和农业地区经济社会情况的催化剂。《指南》虽然重在讨论农业生产合同的法律问题,但它也可以在决策制定方面,特别是关于农业投资和小额信贷这一更宽广的领域提供参考。《指南》的制定者意识到,有必要尽可能使目标用户理解《指南》的重要性,为此将制定有关实际操作中的实施细则以及实施指导文书。

二、方法以及如何使用《指南》

4 　　《指南》认识到,从经济学视角来看,订单农业可被视为可能涵盖生产、加工、营销和最终消费这几个不同阶段的供应链管理体系。作为一个系统,订单农业涉及货物的交易、服务和融资,旨在通过更好的合作、更低的成本,建立稳定的供应链联盟,以促进实现更高的效率。该系统依赖各类法律模式,这些法律模式连接起订单农业的诸多参与者,而这些参与者常常要遵守适用于且影响供应链每一环节的共同标准。

《指南》涉及广泛的农业生产合同,包括订购方和单个生产方或一组生产方之间的直接交易,也包括第三方(如政府机构、发展援助和认证体系)直接或间接参与的更复杂的交易。《指南》中那些呈现出一定复杂性的观点,不应被理解为暗示这是所有农业生产合同的标准。 5

此外,《指南》主要关注基于"农业生产合同"(agricultural production contract)的,农业生产方和寻求获得指定产品的订购方的特定双边关系。在该合同项下,生产方承诺会按照订购方的说明生产和交付农产品。反过来,订购方承诺以一定的价格购入该产品,并在一定程度上,通常通过例如提供生产资料和技术咨询的方式,参与生产活动。其他当事方可能也会参与到生产合同中,且在生产方和订购方的内部义务和法律救济可能被影响时,围绕主要合同关系而设计的多边合同或双边合同可能会被考虑。虽然《指南》承认供应链不同环节之间的相互联系,但全球供应链的法律分析超出了本《指南》的研究范围。 6

《指南》参照了相关实际操作和合同的实践,其所提供的法律讨论与分析也都是建立在这样的一个具体的研究方法之上,并会尽可能地阐明各类可能适用的强制性和默认性规则。《指南》虽然不考虑(甚至可能无法做到)进行全方位的比较法律分析,但会在国内一般的合同法项下或者可类推适用的某些合同类型项下,提供一些特定的模式可作为有用的范例。那些关于生产合同的特别立法所 7

提供的解决方案值得特别关注,那些良好实践和行业标准也应得到关注,因为它们指出了关键性问题并提供了可能的解决方案。而且,那些反映在公认的国际文书［如1980年《联合国国际货物销售合同公约》①(the United Nations Convention on Contracts for the International Sale of Goods, CISG),2010年《国际统一私法协会商事合同通则》②(the UNIDROIT Principles of International Commercial Contracts, UPICC)］中的方法可以提供有益的参考。

8 尽管采取了具体的做法,但《指南》旨在对合同实践中可能产生的不同情况保持一定程度的概括性。认识到订单农业基于众多影响因素(如特定的国家或地理区域,农产品的性质及其生长周期,本地市场或全球市场性质,产品所有权)会有所不同。在任何相关的地方,都会通过例子进行说明。作为一个编辑和政策上的选择,《指南》没有援引具体的国家、立法例子和案例研究,也没有引用合同条款,而是参考国际组织主持下颁布的全球性国际文书。

9 读者将会注意到,《指南》包括订单农业关系在概念上的各个阶段。《指南》首先在"导读"部分介绍了订单农业的基础知识,然后在第一章介绍其法律框架。第二章介绍了农业生产合同当事方的主要特征,论述了农业生产合同是怎样协商和订立的,以及农业

---

① 除非另有说明,《指南》中对于CISG条文的引用旨在将其作为对示范条文的引用,而并不一定表明CISG的适用性。更多关于CISG的信息,包括条文与解释说明(Explanatory Note),都可以在联合国国际贸易法委员会(UNCITRAL)的网站(http://www.uncitral.org/uncitral/en/uncitral_texts/sale_goods/7980CISG.html)上找到。

② 《指南》会不时在文中援引UPICC的条文并将其作为合同法一般原则的代表,但此举并不旨在表明UPICC的条文可以直接适用。更多关于UPICC的信息,包括条文与概览,可以在国际统一私法协会(UNIDROIT)的网站(http://www.unidroit.org/instruments/commercial-contracts/unidroit-principles-2010)上找到。

生产合同包含哪些内容。第三章具体地规定了生产方和订购方在合同关系下所承担的不同义务。确定生产方或订购方未能遵守合同条款的后果自然就是《指南》下一步需要讨论的问题。因此第四章探讨了免责事由，第五章探讨了合同的违约救济。第六章涉及合同期限、续约以及终止的相关问题。第七章探讨了农业生产合同下的纠纷解决机制。

除了一章一章地阅读，读者在使用《指南》时可以采取不同的方式。第一，对于有具体疑问的读者，《指南》的最后部分是由标题和副标题组成的分析索引，以及指向在《指南》中涉及特定主题的所有地方的相应参照目录。第二，读者可以通过《指南》开头处的目录来查阅特定章节。第三，读者可以浏览完《指南》之后再通过交叉引用来进一步处理其感兴趣的主题。每个章节中都有交叉引用，以标注出在《指南》的其他地方的特定主题下更为详细的规定。

导　　读

一、订单农业简介

1　　在世界上大多数国家，基于生产方和订购方之间的合同，就诸多农产品进行农业生产的实践已经实行了很长时间。通过订单农业，食品加工商、贸易商、经销商和其他农产品采购商在其他的供应链管理要求中，根据其对数量、质量和交货时间的具体要求组织自身的采购体系。合同还可以规定农作物生产或者家畜饲养的程序，通常是为了符合国内和国际的食品、农产品生产与贸易的质量和安全标准。

2　　订单农业是一种众所周知的用于协调农业生产和贸易的机制，近年来越来越多的人开始采用这种机制。对订单农业日益增长的关注与近期食品和农业系统的转变有关，在更加传统的和开放式的以市场为基础的采购策略下，这种转变使消费者的需求越来越难以得到满足。人口结构的变化（如迅速城市化的地区）以及人民生活水平的提高都要求食品数量的增加。这种需求的增加导致科学和技术的进步，反过来又大大刺激了市场需求、供应链运作和食品原料生产的变化。订单农业在发展中国家的使用也正在增加。通过给当地生产方提供市场准入，并以技术转让和信贷措施形式来支持这些生产方，给经济和社会发展带来了重要机遇。此外，订单农业被视为减少贫困、促进农村发展、提供就业、增加食品安全的一种潜在手段。

  根据广义的经济学方法,"订单农业"一般是指"公司采用的一种特殊的供应链管理形式,以确保能够获得符合一定质量、数量、产地和时间要求的农产品、原材料和供应物。合同是协调的中间模式,即交易合作方通过某种形式的具有法律执行性的、有约束力的协议来明确规定交易条件。协议规定可详可略,一般包括生产技术、价格发现、风险分担和其他的产品和交易属性的条款"①。 3

  订单农业这一定义侧重于供应链不同部分之间的协调,涉及各种参与者和合同模式。但是,订单农业不同于生产方和买方之间通过公开市场现货交易的直接销售,后者是指以某一价格立即交付产品。事实上,订单农业依据的协议既可以在生产过程中达成,也可以(更多地)在开始生产之前达成,从而对以后的产品交付和供应提供确定性。不同的合同模式在实践中都可发挥这种作用。虽然一些合同模式还依赖传统,要么是基于产品的未来销售,要么是基于对(从获准利用的土地或动物上产生的)特定产品的权利,但订单农业属于新型的合同形式,该种形式正不断发展,以满足经济环境不断变化的需求。 4

  尽管我们承认订单农业的概念十分广泛(参见下面第二部分"《指南》的适用范围",即第35—37段),本《指南》将重点放在农业生产的一种特殊模式上,这种模式是基于生产方和另一方(以农业综合企业为典型代表)之间的协议。根据这个被指定为"农业 5

---

① C. A. da Silva, *The Growing Role of Contract Farming in Agri-food Systems Development: Drivers, Theory and Practice.* (Rome: Agricultural Management, Marketing and Finance Service, FAO, 2005).

生产合同"的协议,生产方要按照订购方的规定承诺生产和交付农产品。反过来订购方要承诺以某种价格购买产品,并通常通过某些形式在一定程度上参与产品生产活动,例如提供生产资料(inputs)和提供技术咨询。①

(一)实践中不同的订单农业操作

从全球环境的视角和相关交易的特定条件来看,订单农业可以根据许多因素采取多种形式。世界各个国家和地区之间存在显著的区别,其经济发展水平也有着显著的差别,这会影响农业部门和市场的结构。随着20世纪下半叶的农业工业化,订单农业在发达经济体中的运用得到增加。它伴随着运输、物流和电信方面的重要技术创新产生,并随着越来越多的信贷机会来加强对生产领域的投资。在发达经济体的其他动向中,加工和营销领域中的参与者在国内和国际层面越来越集中;同样,市场之间的相互联系也越发紧密,并服从于质量和可追溯性的共同标准。另外,在新兴国家和发展中国家,现实情况可能完全不同。那里的某些市场特征可能反映出工业化国家具有的最先进的订单农业模式;然而,这些特征有时与那些小型生产方参与的传统生产方式同时存在。至于所涉及的交易特点,有一组因素可能会影响到一段农业生产关系所处的特定条件。许多要素涉及当事方的自身特点,这将在第二章中进一步展开。

特别是在发展中国家的环境下,已经提出了不同的模式来描述

---

① 正如第二章第一部分"合同当事方"所解释的那样,订购方和生产方可能为各种组织形式,最常见的形式是法人(法律实体)。为了方便阅读的需要,《指南》的英文版使用代词"它"来代指各种组织形式,因此也包括具有任一行为能力的自然人。

订单农业的结构。这些模式包括集中（centralised）模式、核心土地（nucleus estate）模式、多边（multipartite）模式、非正式（informal）模式和中介（intermediary）模式。① 集中模式指一个集中的订购方从大量的小生产方处订购产品，通常有严格的配额和质量控制。在核心土地模式下，尽管它与集中模式相类似，但订购方也管理着一个集中的土地或农场，这是在生产方供应不足时用以确保满足向下游客户的承诺，或是为了保证加工厂的最小生产量能够维持在一定水平上。核心土地模式也可用于研究、推广或育种目的。多边模式可以涉及多个参与者，包括政府和非政府机构或私营企业（包括负责提供信贷、质量管理、加工、营销以及所有潜在的和生产方共同参与合同的当事方）。非正式模式是指个体企业家或小型公司在季节性的基础上与生产方达成简单的口头协议，也许它能从政府资助的用于支持生产方的推广服务中受益。中介模式代表了与上述模式不同的一种情况，此时生产方和订购方之间的交易需要中介方（collector）（或者其他中介机构，如某一非政府组织）。

　　实际上，任何商品（包括庄稼、牲畜、水产品和林业产品）都可以根据农业生产合同进行生产，以用于人类和动物的消费，以及工业使用。商品的特定性质对于单个合同的内容以及总体设计，特别是对每一方的义务，一直都有重要的影响。《指南》没有涵盖所有商品的全部特征，但是某一大类商品可以具有一些普遍的特征，这可能会决定农业生产合同的某些特点。

　　用于人类或动物消费的商品生产（包括化妆品和制药行业）涉及遵守相应的安全要求（参见第三章第55—59段）。特别是易腐食

---

① C. Eaton and A. Shepherd, *Contract farming: Partnerships for growth*. FAO Agricultural Services, Bulletin 145, Rome, 2001, p. 44 *et seq*.

品往往根据合同进行生产，因为其需要与销售阶段进行快速且有效率的衔接。然而，这类商品会涉及在生产阶段以及加工过程中不断增加的风险，也会涉及特定的时间限制以保证高质量和产品安全。为了预防风险和危害，许多商品需要符合标准化的协议。有必要根据目标市场的卫生和食品安全法规，对其实施控制和干预程序。这些方面可以通过参考自愿性的标准（如良好农业操作），在合同项下加以调整。从事此类商品的生产一般要求生产方具备一定水平的技能，并且要求严格遵守质量合格和可追溯性义务。同时，其通常还需要订购方提供专门生产资料、技术援助和监督来进行相当大程度上的支持。

10　　许多商品需要对设施和其他固定资产进行大量的资本投资，如用于生产和收割之后操作的设备（例如，拖拉机和其他机械、灌溉系统、粮仓）。为此，特别是当缺少专门的农业信贷机构以及生产方获得贷款的途径十分有限时，订购方可以向生产方提供融资。这种融资通常规定了生产方的还款义务。鉴于生产方可能会面临重大的投资风险，当事方仔细考虑融资义务的各个方面以及合同的期限、续约和终止是非常重要的（下文将于第三章第87—91段和第六章进一步讨论）。

11　　当然，商品会有不同的生产周期，这会对农业生产合同产生一定的影响。一些商品的周期只需要几个星期，而另一些商品的周期则持续几年，其中以树木作物和林业产品为典型。这通常会决定合同期限，并且它和其他合同条款可能会对当事方就依赖稳定关系的看法产生强烈的影响（参见第六章第4—10段）。

12　　农业生产合同适用于劳动密集型商品，尤其是在生产阶段或收获后操作中（如分类、分级、烘干、包装）需要谨慎的手工处理的商品。在这些情况下，特别是在发展中国家，与小型农场和家庭农场订立合同的买方可能会得到额外收益。依靠集中密切照料的农作物或牲畜，在生长季节或饲养周期往往依赖家庭劳动力，并且与靠雇佣劳动力的较大型农场相比，它们在较小型农场一般能更加高效地获得产出。基于这一特征，劳动力成本低廉的国家，对于那些为专门的国内或出口市场开发高增值、差异化产品的投资者而言，特别具有吸引力。园艺业就是这类商品的一个例证。

从相似的角度来看，当有必要追溯产品起源以及确定这些产品在整个供应链环节中是否仍然保持某些特征时，通常会使用农业生产合同。"身份保持"（identity preservation）是给予特定大宗商品的一种标识，该标识能够分离出商品所在的货物批次，并同时保有该批次货物身份信息。这可能适用于增值产品（如有机产品），适用于通常需要使用特殊技术或生产方法的特定种类产品，或是适用于在小规模和密切监测的基础上进行测试的、新型市场的新产品。生产这种产品通常需要生产方履行更加严格繁琐的义务，以符合最终产品和产品生产过程的性能标准，它还要求严格的可追溯性，并经常受到第三方的验证。它还可能需要获得特定的技术转让许可，承担对第三方保密义务，并且遵守来自订购方财产权（proprietary rights）的义务（基于产品的所有权、专利权和其他知识产权）。一般这种产品都建立在排他性合同的基础上，这意味着生产方要交付全部生产产品，通常包括产品所有的不合格部分，以及废料和剩余物（参见第三章第18—21段）。

有一大类产品是用于工业用途而非人类消费的目的（如用于纺织、化工业的产品）。此外，随着对可再生能源需求的日益增长，用于生物能源生产的作物种植已经大大增多。尽管这种作物通常是在大型种植园进行集约化种植,但投资者越来越多地依赖订单农业。以木材为基础的产业也转向订单农业以确保原材料的供应,这也被视为对于可持续的林业管理的潜在促进。尽管这不限于这些特定的作物,但需要指出的是,在考虑相关的经济社会和环境影响的情况下,政府往往会参与投资计划,有时也会参与规范个别的合同。

(二)订单农业的收益和风险

15　　通过促进资本形成、技术转让、农业生产和产量的增加,以及经济、社会发展和环境的可持续性,订单农业以其能够维持和发展生产部门的潜能而得到普遍的认可。最终消费者,以及供应链中所有的参与者,从原料供应的多元稳定的来源以及高效的加工和营销系统中,也可以获得大量收益。政府正日益意识到订单农业可以在农业发展中发挥的作用,一些政府已经制定了扶持政策以吸引私营部门的投资者,并协调企业和当地生产方,有时这种协调是在公私合作模式下进行的。

16　　但是订单农业也可能存在风险并且带来不利影响。不当使用订购方提供的信贷可能导致生产方面临难以维系的负债水平。工作环境的改变可能影响生产方的家庭或员工,这在一些国家受到了关注。劳工问题可能会带来很敏感的影响,特别是在当地的监管框架非常薄弱,并且不能给生产方或团体提供充分的保护时。在特定环境下,如果没有充分保护的话,女性可能不会从合同带来的潜在好处中完全受益。此外从自给自足的农业模式转换为经济作物模式可能会产生有关单一经营的问题,例如丧失生物多样性,甚至威胁生产方自身的粮食安全。有关合同执行和纠纷解决程序的困难会加剧合同履约问题。发展中国家的订单农业很少使用司法解决纠纷(参见第七章第46—48段），因为纠纷通常与长期关系所引起的事实问题相关联，而这种长期关系会涉及相对较低的财务数额。在此基础上，从法官处得到救济一般会是非常漫长的过程，并且成本高昂，因此当事各方通常避免这种情形。

鉴于订单农业的潜在优势，同时也为了限制其风险，一些政府直接参与订单农业计划。它们向投资者和生产方提供定向的激励机制，并将其作为经济和社会发展项目的一部分，或者制定专门的法规来处理当事方之间关系的特定方面（参见第一章第7—10段）。 17

下面将概述订单合同的优势和可能出现的潜在风险。农业生产合同将会在以下两个方面被给予特别的关注：作为一个缓解风险和转让技术与专有知识的手段；作为一个可以促进经济社会和环境发展的信贷和金融工具。 18

1. 减少风险

当事方参与农业生产合同（agricultural production contract）能够得到的主要好处之一是，合同可以有效减少产品在生产和销售环节出现的风险。通过此合同——或者单独合同的集合，订购方保证定期所需的产品供应，继而达到完善加工设施的加工能力、库存管理以及提高向客户交付的一致性的目的。通过组织上游生产，订购方在规定的时间内可以规划交付规定的产品数量，这有助于抵御市场波动。另外，订购方要确保产品符合指定的质量要求，即既要满足特定的种类要求，还要符合指定的属性要求，也要确保符合食品安全方面以及逐渐增加的社会和环境问题方面的监管和自愿性标准。可追溯性和合格证越来越多地作为合规的证据被使用或被要求提供。 19

根据农业生产合同，基于订购方收购产品的承诺，以及经常伴 20

随的赋予订购方对生产方全部产品享有权利的排他性条款，生产方对市场供应可以获得更大的确定性（参见第三章第18—21段）。这样生产方可以更有把握地预测收入，更好地组织其生产活动。从生产方的角度来看，市场波动是可以避免的，并且可能会出现新的机会来发展不同的产品，进入新市场。由于将合同下的某些责任转移给订购方，此时订购方可能享有决策权，或者按照合同分配的共同的责任和控制权，生产方可以减少有关生产的风险和不确定性。例如，当意外天气事件导致作物受损时，合同可以要求订购方承担部分损失。

21 从双方的角度来看，合规与成功的合同关系所带来的预期收益有关，也与违约所造成的风险有关。当建立长期的合作关系，并为双方提供可持续的互惠收益而不是短期收益时，合同违约情况就不太可能发生，因为当事方有动机去遵守义务而不愿将他们的关系置于风险之中。

22 经常发生的情况是，一方面，拥有先进管理能力的中型或大型加工或销售公司与大量中小型生产方进行商业贸易，从而分散其损失的风险。另一方面，当合同未能缔结或未能续约时，生产方很少有机会或是根本无法和其他人订立合同，即使其他买方提供更高的价格，生产方几乎没有灵活性来向其他买方出售产品。尽管这种可能情形说明了当事一方选择的缓解风险的方法不会一直利于另一方，但它也说明了订购方在分担风险方面需要有积极的管理态度，并且还需要生产方代表的支持。

23 订单农业中的缓解风险这一潜能可能也会延伸到土地所有权（land ownership）领域。在制定其经营策略时，食品制造商和投资者可能依赖订单农业，而不是直接投资于土地收购或是长期租赁。

在某些情况下，土地交易受到限制，特别是对于外国投资者而言，当土地交易发生时，拥有或直接管理土地会涉及大量资金，并牵涉相关的责任，而投资者并不愿意面对这些责任。此外，全球对大规模土地收购或长期土地租赁问题日益增长的关注，使得潜在的订购方不太可能在发展中国家进行这种收购，因为他们担心可能出现负面的社会或政治上的激烈反应。但在许多情况下，投资者对他们控制的农场一起发展订单农业经营和直接种植，会同时减少有关生产和负面公共声誉的风险（参见上述第 7 段订单农业"核心土地模式"部分）。

24 如上文所述，风险规避不同于风险分配。一方采取的风险规避策略并不总能使得双方的风险都得到缓解，还可能将风险从一方转移到另一方。关于各方之间风险分配方面的问题可以基于广泛的政策考虑的背景进行理解（例如，哪一方通常处于管理和应对风险的最佳位置，或某一种风险分配是否会危害双方的互惠关系）。通常情况下，订购方更应该承担风险，因为订购方拥有更大的规模和更多的资源，这使其能在不危及自身生存的情况下吸收更多的风险。相反，在某些情况下，当小型生产方不能承担额外的负担时，即使将轻微的风险从订购方转移到生产方，一般来说也会危及合同关系（参见第三章第 6—21 段，该部分将会详细地讨论通过合同义务进行的风险分配）。

25 为了充分理解农业生产合同的风险规避和风险分配机制，我们应该从整体的角度来研究这种合同。与短期合同相比，保证能连续进入市场和稳定产品供应的长期合同可能规定一个价格相对较低的条款。相似的是，合同中的保险方案（例如，家禽合同中关于鸡类死亡的保险）可以有效地缓解其中一方的风险，但它也可能需要一个较低的最终价格去平衡当事方的风险分配。因此，就缓解相关风险而言，当事方应该公开且诚实地讨论不同的可行条款之间的关系，以促进相互之间的信任并且帮助更好地理解合同。

2. 取得信贷

26　　订单农业另一重要方面是其作为信贷工具的潜在功能。订单农业通过向生产方和订购方提供更为便利的信贷，进而促进供应链融资，使得供应链中所有参与者都得到衍生收益。它的一个典型特征是由订购方提供营运资本（working capital），可以是订购方自己直接提供，也可以是订购方保证由第三方提供，其形式为生产资料（如种子种苗、化肥和其他化学品、动物和兽药产品）和服务（如整地、种植、收割或产品运输），并基于远期交货（future delivery）的预付条款（advance terms）（参见第三章第64—72段）。因此，生产方可以无需预付款就开始生产，否则他可能无法负担这一款项。对于小型生产方以及那些不能对土地提供担保因而不能从商业银行获得信贷的生产方来说，这是最有可能出现的情况。

27　　在许多情况下，生产方可以利用合同以及合同中产生的未来收入来获得或增加其对第三方信贷提供者（如小额贷款或商业银行机构）的信誉度。在一些体系中，生产方对土地或产品本身并不授予质押权（pledge right），而是向第三方债权人就未来收入授予留置权（lien）。或者基于生产方对于银行利益的权利分配，订购方可以作为担保人，也可以直接向银行付款以免除生产方的债务。作为公共发展项目的一部分，有时政府机构也会参与进来，它们可能会对总体的信贷安排进行资助或对贷款进行担保。另外，订购方有时可以利用农业生产合同从银行获得信贷。因此，在一些情况下，合同规定的未来应收款项的价款可用于获取银行贷款。

但在某些情况下，提供信贷本身可能给当事方带来额外风险，这可能是由于提高了生产方的负债水平，也可能是由于生产方不能偿付订购方提供的预付款或偿还资本投资贷款，而这种贷款是用于满足农业生产合同项下的订购方要求。这些问题会在不良的季节性生产和意外的市场低价的情况下发生，或更普遍地来源于处于优势地位的一方所制定的不利条款，这些情况突出了市场波动和权力失衡可能引起的问题。当然生产方无力偿还巨额预付款可能也会给订购方带来经济上的负担，订购方可能也难以弥补收入损失。当生产方选择单向出售（side-sell）由订购方事先资助的产品时，相似的问题也会出现。此时订购方会同时损失预付款和最终的产品。 28

3. 技术和专有知识的转让

农业生产合同通过向生产方引入最新的技术和重要的专有知识，可以促进其进入市场。作为提供的技术的一部分，订购方经常向生产方提供生产资料，也会提供技术和管理服务以维持生产方的生产能力，并以较低的成本获得更高的产量和更好的产品质量。然而在某些情况下，订购方反而依赖生产方的特殊技能或专有知识（参见第三章第81段）。 29

此外，鉴于农业尖端技术的应用越来越多，订购方可以利用合同条款来自行组织生产过程，并通过监控生产过程、提供必要的培训来确保生产方使用指定的方法。特定的合同结构或条款可以使订购方保护其对于产品或生产过程的产权（title）*，例如对种子或动物的所有权或知识产权（参见第三章第8—12、95—104段）。鉴于 30

---

* title 在《元照英美法词典》中的表述为"产权；所有权"，但其具体含义在英文语境下也泛指对于财产的各项权利，译者此处将其译为"产权"一词，并将 ownership 翻译为"所有权"，以此进行区分。——译者注

此，订单农业通常是一种适用于为新市场开发新产品以及引进创新的生产方法的机制。并且非常重要的是，它可以使生产方获得订购方的农艺技术和专有知识，这些都是专业化生产和市场所需要的。在许多情况下，通过利用所授予的技术和所提供的专有知识，即使在合同关系结束后，生产方还可以处于更有利的地位从事或继续新的生产。但需要记住的是，转让给生产方的技术可能受到相关的知识产权问题的限制。

31　　在某些情况下，由于引进新品种、技术和集约化生产，双方可能都会面临风险，也可能会导致传统方法和生活方式的瓦解。当向农业生产合同的各方引入新的技术和专有知识时，他们应该对其中的经济、社会和环境条件保持敏感。

4. 经济、社会和环境的发展

32　　从全球层面而言，订单农业有潜力创造经济财富，通过生产更多的更高质量的产品提高供应链效率，并且帮助实现食品安全的目标。通过允许农业生产方继续在自己的土地上工作，订单农业一般能维持小农经济（family farming）。在这一层面，订单农业对发展中国家产生了特别深远的影响，为小型生产方提供了许多机会，使他们从维持生计转向了商业化生产。订单农业可以促进反映在特定标准中的社会目标。例如，缔约方的合同义务可以鼓励生产方团体或协会的形成，这会提高小型生产方的生产能力，确保劳动者获得更好的工作条件，或是促进对于某些类别劳动者的包容（例如女性或传统团体）。逐渐成为全球供应链的焦点的环境问题也出现在订单农业中。农业生产合同各方更加注重生产实践的环境可持续性，并且往往会高于法律的要求。

33　　确保订单农业活动不会破坏食品安全和营养的关键实质性方面

是非常重要的（如保证多样化和可持续饮食、确保充足营养的当地生物多样性）。在涉及单一作物制（monocropping）的订单农业活动中，最佳的合同实践通过把生产方的一部分土地留作维持生计的生产之用，来保护当地有效的食品供应。这种做法能够限制单一栽培的负面影响，并且当高价影响当地市场时，这种做法还可以保证当地人民直接获取食物的渠道。

此外，如果订单农业的实施符合 2011 年《工商企业与人权：实施联合国"保护、尊重和补救"框架指导原则》（UN Guiding Principles on Business and Human Rights）*，它将可以积极影响工作权的实现以及提高农村工作条件。通过促进小农户进入市场，订单农业有助于提高生产力。因此，订单农业有利于提高小农户的收入，创造新的就业机会以及稳定农村整体的就业。此外订单农业对农村劳动者而言是一个扩大国际劳工标准（ILS）应用的重要渠道。国内劳动立法在一些方面通常不涵盖农业部门的劳动者。而且农业、林业和渔业部门的大多数穷苦和弱势工作者从事于非正式经济，在实践中他们可能无法得到劳动立法提供的诸多保护。通过农业生产合同将国际劳工标准扩展至农业和相关农村就业岗位，这为推动农村地区形成更好的工作条件提供了可能性，同时也促进和激励了正规化。它将国际通用的劳工规则扩展至被国内劳工法涵盖的农业生产方和没有被国内劳工法涵盖的农业生产方（如参加以家庭为基础的小型农业的劳动者）。尤其是，政府可以推动可持续性农业，以及更好、更安全的农业实践来减少危险性的工作，并且可以

---

* 该联合国文件的完整英文标题应为 Guiding Principles for Business and Human Rights: Implementing the United Nations "Protect, Respect and Remedy" Framework。
——译者注

推动节省劳动力的实践和技术,以减少对童工的依赖和女性的工作负担。从这个意义上讲,负责任的订单农业协议可以成为一份重要的文件。相反,如果没有提供充足的保证和监测,工作者(特别是女性)可能会遭受不利的条款和条件的影响,雇用童工的发生率也可能会上升。

二、《指南》的适用范围

35　　订单农业的概念十分广泛,各种协议可能差异很大。但《指南》并不试图涵盖所有可能的农业合同,所有的合同类型也不可能都处于订单农业的范围之内。相反,《指南》限制其范围,进而主要集中于生产方和订购方的双边关系,这在《指南》中以农业生产合同的形式被提及。农业生产合同的某些典型特征将其与其他的合同结构或类型相区分,而那些合同在国内框架下已经被大家所知,并得到了明确的定义。

(一)《指南》中的农业生产合同

36　　《指南》所关注的农业生产合同通常涉及两个当事方:作为独立个人或企业直接参与农产品生产的"生产方",以及致力于购买或以其他方式收取这些农产品的"订购方"——以从事加工或营销活动的农业综合企业(agribusiness)为典型。但这种协议可能成为涉及其他当事方(如若干生产方、公共机构、生产资料供应者或银行机构)的复杂交易的一部分。因此单独的合同关系可能对农业生产合同产生影响,也可能自身受到农业生产合同的影响。对于其他当事方的参与,《指南》仅会在其可能影响生产方与订购方相互义务和救济的情况下进行讨论。

当事方在生产开始前就订立合同,此合同通常设定一个固定的期限(term),可能持续一个生产周期,也可能用于几个或多个生产周期。在成功的订单农业项目中,这些条款通常每年都要审查一次。然而,每一个合同期限通常代表了一段长期关系的一部分,而非代表一次性的交易,因为缔约方一般会从长远的角度组织他们的活动(特别是必要的基础设施和相关的融资承诺)。与合同期限、续约以及终止有关的问题在《指南》第六章将进一步讨论,而与价格有关的问题,可以根据不同的准则在不同的时间段进行确定,会在第三章进一步阐述。农业生产合同区别于其他协议[如传统的远期交货合同(forward delivery contracts)]的一个特征是,订购方不仅提供最终产品的规格说明——质量、数量以及交货时间,往往还会寻求在生产过程中发挥一定程度的影响作用。这一方面将在接下来的部分进一步论述。

37

(二)订购方在生产中的参与

根据农业生产合同,订购方通常在生产过程中发挥一定程度的控制和指导作用。这通常涉及下列一个或多个因素:

38

(1)向生产方提供必须用于合同约定生产的一些物质要素(种子、化肥、农药、幼兽、兽药产品等),或者订购方指定应使用哪些生产资料,包括这些生产资料的供应者;

(2)在生产现场(如整地、收割等)提供服务(直接提供或者通过分包提供)、提供技术(专有知识,以及专利和知识产权的使用)和技术援助;

(3)提供财政支持如预付款(通常为信贷投入)、贷款、担保等,这些通常能在生产成本上帮助生产方;

(4)通过参与规划、提供指导、指挥、监控和监督某些关键操

39　各方义务的各种可能性组合以及订购方施加的控制强度可以确定不同的经济模式，可能是协作形式，也可能是一体化结构。后一种模式是指准纵向的一体化（quasi-vertical integration），它通常出现在订单农业操作中。特定的市场和商品以及公司所要求的业务结构将极大地影响一体化水平。当订购方相当或高度集中且在特定的市场相竞争，并且已经开发了专门的产品线，且该产品线需要订购方已经开发的特定原材料和生产方法，以及订购方授予最终产品特定的市场特征时，十分紧密的一体化关系将有可能出现。生产方在一体化关系中承担的各项义务以及其法律含义将在第三章进行讨论。但在某些情况下，双方之间联系的性质和强度可能会产生一种具有特别表征的关系，下面将继续说明。

（三）将农业生产合同与合伙以及雇佣关系相区分

40　按照《指南》的理解，农业生产合同假定缔约方在法律意义上独立。在一体化关系中，订购方控制的程度和形式不能将这种关系的法律性质改变为一种法律上的依赖性（dependency），这会超出《指南》的范围。根据国内法的法律特征和司法解释，这可能在合伙（partnership）以及雇佣（employment）两种不同的情况下发生：

1. 农业生产合同与合伙

41　农业生产方作为一个在法律意义上独立的当事方，尽管他与订购方存在经济上的联系并依赖订购方，但生产方在其经营活动中对资产和管理应保持自主权（autonomy）。当订购方控制的性质和程度对生产方的法律自主权这一现实产生质疑时，可以得出这一结论，即生产方和订购方之间实际上已经建立了一个共有企业

（common venture）。这种共有企业有时会被称为合伙，即一种事实上的公司或是其他类似的概念。例如，订购方因对企业经营所需的有形资产和无形资产（如生产资料、技术、加工过程，以及基于排他权而获得的远期产品）持有所有权或财产权，继而被视为对整个经营活动拥有直接所有权时，生产方和订购方之间就可能会被视为是合伙关系。

根据所适用的法律，当订购方和生产方被看作一个单一实体时，订购方可能会承担通常属于生产方的责任，并且可能承担第三方对生产方违约所提出的索赔。即使这种情形很少发生，但它可以适用于生产方的一般债务（general debts），特别是以与订购方处于直接雇佣关系的生产方员工为债权人的债务。在这种情况下，订购方可能承担遵守基于劳动和社会法规的责任。

2. 农业生产合同与雇佣

当生产方是一个自然人，合同对其施加了来自订购方的严格控制，这时所适用的法律可能会将这一特定关系描述成雇佣关系，它需要全面适用劳动和社会法律以及订购方可能承担的重大财务义务。"雇佣"的特征、雇员身份带来的权利和保护以及适用的法规在各国区别很大。同时在许多行业，公司通过合同不断外部化其活动和功能，同时确保合同缔约方严格遵循约定的目标，其目的在于更高水平的技术和成本效率。雇佣关系并不在《指南》的范围之内。

为了确定雇佣关系的存在，国内劳动、社会和法律框架规定了作为公共政策适用的广泛标准。通常情况，国内法律对农业经营的雇佣以及劳动监察有特别适用的法规。① 这种关系的法律特征往往

---

① 例如，在国际层面上，参见 ILO Labour Inspection（Agriculture）Convention, 1969（No. 129）。

取决于法院主要基于事实和经济现实给出的解释，而不考虑在合同中使用的特定安排或实际名称。实际上常见的情况是，订购方在生产合同中包含一个明示条款，称生产方为"独立承包方"（independent contractor），或合同中包含一个具体条款，用于表明生产方不是订购方的雇员或代理人。但是，出于确定关系性质的目的，根据所适用的法律，这些条款可能无效，或者这些条款可能对法院或公共权力机构不具有约束力。

45　　国内立法常见的描述雇佣合同特征的标准一般和以下概念有关：从属关系（subordination）、经济依赖性（economic dependency）、商业组织内的一体化以及金融风险的缺乏。从属关系可能来自于雇主对决定工作如何进行以及在何处进行的权力和控制，扩大的指导和监督权，对结果的评估和对纪律处分的应用，以及通常情况下的工作工具和材料的提供。这些要素中的一部分经常会出现在农业生产合同中，其中订购方可以提供一些生产资料并对整个过程进行紧密地技术控制。当合同任务在订购方所在地履行时，通常被认为是特别相关的，并且的确导致将生产方认定为雇员。但是根据特定的情况，即使当生产是在生产方的生产场所进行时，仍然可以认为合同是在雇员家中进行的雇佣合同。

46　　经济依赖性作为确定雇佣合同特征的一个常见标准，特别是当所提供的服务是基于个人和排他性的基础上，以及薪酬是其唯一收入来源时，该标准能够得以成立。在农业生产合同中也可以发现这些要素。然而生产方承担的金融风险通常可能指向一个单独的企业（undertaking）。金融风险可以从由管理和资本投资所产生的责任（例如，当获得保险时，这可以得到证明）以及相关的财务收益的机会（不是固定的薪酬）中推断出来。

第一章
法 律 框 架

一般来说,基于得到广泛认可的合同自由(freedom of contract)原则,当事方可以按照他们认为合适的方式自由约定合同内容。但这种自由会受到私法规则和更广泛的监管环境的限制。国内合同法律规则包括一些当事方不能违背的强制性规定,但它们主要由默认规则(default rules)组成,这种默认规则为当事方没有明确规定的事项提供解决方案。理解如何规范一个特定的农业生产合同,将有助于当事方考虑可能适用的强制性规定和默认规则,从而起草更好的合同条款;也将有助于当事方解决纠纷,特别是涉及解释性问题和识别可用的默认规则。

一、适用的私法制度

大多数农业生产合同建立的是纯粹的国内法律关系,这意味着所有的合同要素都位于某一单一国家内,或只在该国家产生影响。通常情况下,农业生产合同与生产方的住所(domicile)或居所地(residence)所在国联系密切。生产方可以是该国国民,合同的基本义务即生产指定的商品,发生在生产方拥有或控制的土地或设施之上。某些其他的合同组成要素或是与合同相关的要素可能发生在该国或与该国有联系。例如,适用于订购方公司组建(incorporation)

地或其注册（registration）地。即使订购方是一个跨国集团的一部分，它通常会通过当地的子公司经营业务，该子公司是一个独立的法人组织（legal entity）。再比如，它还适用于合同协商和订立的场所、交付农产品的场所、支付款项的场所。

3　　基于合同完全的国内特征，通常应适用生产方国内法律体系中的法规，这包括强制性规定和默认规则。不仅在当事方明确提及国内法时，而且——这是最常见的情况——当合同在此方面没有规定时，通常都会适用生产方国内法律体系中的法规。需要指出的是，当事方选择或寻求合同适用外国法律通常没有任何优势，并且在某些司法管辖区，甚至不被允许这样做。在纠纷解决过程中以及执行阶段，通过明示规定或默认规则选择国内法律体系，通常可以促进双方——特别是处于弱势的一方——得到司法和程序保护（参见第七章对纠纷解决的进一步讨论）。

4　　国内法律体系也可能适用于那些涉及其他当事方（不包括生产方与订购方）的大部分法律情况，包括根据同一协议或另外的合同参与生产合同履行的当事方。生产方雇用的劳动力也属于这一范畴。国内法律体系还适用于提供信贷、生产资料或服务的协议。而且由于履行农业生产合同，第三方可能对订购方或生产方提出赔偿主张。例如当生产场所或其周围环境——位于国内司法管辖——遭受环境损害，这种情况就有可能发生。对价值链的其他参与者（如消费者）产生影响的农产品的缺陷会是引起责任的另一可能理由。然而，当产品在国外市场销售时，这种国际性可能导致外国法律的应用，这种情况将在本部分末尾处即第33—40段进行更详细的讨论。

（一）农业生产合同的法律处理

5　　确定某一特定的合同适用哪种法律制度，需要确定这种合同关系是否可归为所适用法律中规定的一种法定的合同类型。特殊的合同受到一些特定规则的调整，这些规则包括强制性规定和默认规则，而这些规定和规则可能不同于那些适用于合同的一般规则。通常情况下，对一般合同规则的背离涉及合同形式的要求、当事人的义务范围、价格计算或时间限制等方面。它们还可能涉及合同协议以外的其他方面的后果（如适用的税收制度）。

在一个特定的法律体系中，可以确定合同类别的一个要素是其基本义务的性质，无论其涉及的是提供货物还是提供服务，且这种性质通常都可以描述合同的特征。有多个特征性履行的复杂合同往往难以分类，法律体系会使用不同的方法来描述这种交易的特征。某些情况下，法律本身可能会创建一种适用于此种特殊交易的制度，从而成为"典型的"（typified）制度。如果不存在这种特殊的制度，则合同关系的混合性质可能会导致识别不同的基础性合同结构[如"销售"（sales）、"租赁"（lease）、"托管"（bailment）]，因此这种整体关系将受到各种合同制度相结合的影响，并似乎与确定的合同义务无关。根据一种更加简单直接的方式，在特定交易中，一个特定的履行行为可能会被作为该交易的主要履行行为，这会导致对应于该种履行行为的法律制度将适用于整个合同关系。*最后根据另一种方法，如果交易特征是完全独特的["自成一体"（sui generis）]，关于类似合同的规则将类推适用，且只在和特定交易相兼容的程度内进行适用。

1. 特殊的合同类型

越来越多的国内经济和社会政策认识到农业生产方和订购方之

---

* 例如，在一个合同关系中，当事方可能约定了需要进行货物销售、租赁、托管等多个履行行为，但因为这个合同中核心的履行行为是销售，这个合同整体上可能就会被视为一个货物买卖合同，进而适用货物买卖合同的法律规范。——译者注

间协议的特殊性质。一些国家通过实体法规来规范这种关系,这种实体法规通常是强制性规定和默认规则的结合,从而创建一种或几种特定的合同类型。这些规定在性质和范围方面都不相同。虽然一些致力于产品营销,而另一些专门处理《指南》所讨论的农业生产合同原型。相应的,特别立法可能使用不同的术语[如"农业合同"(agricultural contract)、"生产合同"(production contract)、"一体化合同"(integration contract)、"聚合合同"(aggregation contract)、"订单农业"(contract farming)、"农业产业合同"(agro-industrial contract)]。不考虑术语与关注点的多样性,这类特别立法一般会有一些共同的目标,即增加合同的确定性与透明度、保护生产方不受他人不正当行为的损害、鼓励当事方基于共同利益建立稳定的关系。

8 农业生产合同中具体的法律处理可以通过多种方式实施。一些国内法规由成文的合同法中的部分特殊规定组成,另一些则是通过独立立法制定的。在有关农业、土地法、劳动法、公司法、税法、商业法、竞争法或其他法律在内的成文法中,特别规定可以处理参与主要农业生产的经营者和市场之间的关系,从而可以明确地纳入这类合同,或者将它们从一般范围中排除。关于农业部门发展的一般性法规往往既包括各方之间私法关系的规定,也包括如投资、金融、土地保有(land tenure)* 权和生产方组织等方面的规定。这种规定也可以是特定适用于某种商品的法规的一部分,特别当公共机构或管理局对这些商品有监管权时。此外,私人关系有时是通过

---

* land tenure 在《元照英美法词典》中的表述为"土地保有",尽管我国并没有"保有权"这一法律术语,但从其拉丁语词源角度考虑,译为"保有权"更能准确反映其含义。——译者注

代表专业利益的组织同意的标准条件或集体合同加以规范,并直接或通过某种形式的政府主管机构的批准强制性落实所有的单独合同。为了订立单独合同或集体合同,特别立法中可能也会附录示范的合同形式。

农业生产合同的具体规则包括对合同形式的要求以及当事方实质性义务的要求。关于书面形式和最少内容的强制性规定试图增强生产方的谈判地位,并促进其对预期利益和潜在风险的评估(本书第二章第二部分和第三部分会进一步讨论合同形式和成立的要求)。在某些情况下,特别法规要求提供一定的合同订立之前的信息,试图将重要事项(如生产说明、健康和环境要求、活动的经济风险、设备或增加的生产领域的投资评估,以及贷款的替代选择)的信息不对称减少到最低。透明度能促进行为的公平性,因为它提高了履行和不履行合同情况的确定性。

9

通过为生产方提供特别的补救措施,或通过对已经纳入其他法律的一般或特定原则进行重述,实质性的法律要求试图对不公平的做法进行限制并保护生产方。虽然大多数法律体系给予各方充分的自由来规范他们的关系,但其他法律体系通过强制性规定试图实现各方权利和责任的平衡。最后很重要的一点是,大多数特别立法,往往要求各方在协议中提供替代性纠纷解决机制,有时也会适用特定的纠纷解决程序,从而试图确保可行的实施方案进而促进合同的履行(将于第七章第8段进一步讨论)。

10

2. 传统的合同类型

并不是所有的法律体系都将农业生产合同视为一种特殊类型的合同,即使那些将其视为特殊合同的法律体系可能也不会详细地对农业生产合同下所有的共同义务进行规范。因此,对于当事方没有

11

明确提出的事项，默认规则可以从规范传统类型合同的法规中得出，这取决于在给定的合同协议中哪一要素被认为处于优势地位。

12　　如上所述，根据适用的法律，当事方义务的性质对描述各方行为的特征以及整个交易的特征都可以发挥重要的作用。为此目的，应区分这两大类合同：第一类合同涉及产品所有权从生产方转移到订购方；第二类合同涉及整个生产过程中订购方保留所有权（retention of ownership）。

13　　**涉及所有权转移的交易。**许多农业生产合同，特别是有关农作物和蔬菜生产的合同，依赖于典型地描述销售交易特征的机制。在一笔买卖中，买方支付规定的价格后，卖方承诺向买方交付指定的产品。交易将产品的所有权连同相关担保一起转移给买方。根据特定的交易，生产方可以是向订购方交付产品的卖方，也可以是从订购方获得生产资料（动物、种子或植物）的买方。然而，经常呈现在农业生产合同背景下的某些方面，可能对于将整个交易的法律关系定义为货物销售而言是至关重要的。当订购方提供的生产资料占生产所需物料的大部分时，或合同中的规范不仅涉及交付的产品还要处理生产中的流程和技术，并且当结果是多数生产方的义务包括提供劳动力或其他服务时，上述情况就会出现，而且会经常发生。农业生产合同的另一个特征是，在大多数情况下，产品都是独特的，不能由第三方提供。在描述合同特征时如何评估这些不同的要素，取决于每个特定的法律体系。

14　　**不涉及所有权转移的交易。**这一类通常包括牲畜生产，而订购方对这种产品保留产权，在某些法律体系中还可能包括高价值的作物（通常受到知识产权的保护）。根据各方所寻求的目标以及适用的法律，通常特定类型的结构被认为可以支撑不涉及转让所有权的农业生产合同。例如在某些法律体系中，生产方可能被视为提供"服务"（如尽最大努力利用劳动力和技能，而不是致力于取得特定的结果），并且价格将按照履行的标准来制定。在某些国家，尤其对于牲畜业生产而言，将会适用处于租赁或借贷一般类别下的特定类型之规则，并且根据这种协议，生产方被允许在一段时间内使用订购方拥有或管理的动物，这段时间内，生产方要对动物的状况负责。在一些普通法司法管辖区，"托管"（bailment）法规的适用为订购方提供了更多的保护，这种保护是针对生产方通常对种子、特殊品种作物或转基因产品的可能使用、出售或其他转让行为，并且订购方对上述产品拥有知识产权。上述仅仅只是例子，因为其他各种类型的合同可能在任何特定的法律体系下适用，并且每一种都涉及相应的法律制度。

当事方通常可以自由选择特定的合同类型以构建其全部关系或关系的一部分，这时这种类型的合同可能会受到强制性规定的限制，一般效果为适用强制性规定以满足公共政策、经济或社会目标（例如，弱方利益保护规则）。正如前面已经讨论过的，这在雇佣合同中很典型（参见导读部分第43—46段），在法律体系中的农业生产合同中也是这种情况（参见上述"1. 特殊的合同类型"部分）。而且，根据国内法使用的方法，法官可能会考虑当事方追求的真正的经济目标或者各方之间关系的本质要求，适用另一不同的法律制度而不是适用当事人指定的法律制度。 15

（二）其他的国内法律渊源

无论农业生产合同被视为一种特别类型的合同，还是或全部或部分地被传统类型的合同吸收，任何特定的协议都将受到其他各种法规的约束。首先，各方会受到一些规定在立法和判例法中的政策 16

的限制，这些限制旨在保护最主要的社会和经济利益。国内法可以根据包括法定条文、一般原则、传统和习惯规则、术语和惯例以及软法（soft law）在内的不同的法律渊源，为农业生产合同提供适用的默示条款或默认规则。其他渊源在国内法中也可能具有重大意义，特别是法院给予的解释在所有的法律体系中都很重要，尽管这种重要性的程度不同。在一些法律体系中，法律学说（legal doctrine）也是一种重要的解释渊源。

17　　值得注意的是，一些国家承认法律秩序在其境内的多元化现象。对合同的规制权力可能会落入地方行政区划手中，但地方也可能与中央政府共享这一权力。此外，许多国家承认法律多元化，基于特定法律传统或个人、民族、区域或宗教的准则，一些由特别规范进行调整的地区或社区可能会拥有一些特别的权利，这些权利可能会在订单农业的语境下适用，每个特定法律秩序下法规的范围和适用性，以及不同的法律体系之间可能发生的冲突的解决方式取决于该国的宪制体系。

1. 法律规则和原则

18　　一般合同法规通常会规范协议的一些基本方面，如协议的解释、订立和效力、内容或客体、不履行和救济措施、时效期间、权利转让和第三方权利，以及代理和恢复原状（restitution）。后两个概念可以在其他种类法规下出现。必须指出的是，其他法律类别下出现的规定在农业生产合同中可能也具有重要作用，如物权（特别是涉及所有权、占有和担保利益）、自然人和法人的权利能力（legal capacity）、侵权责任、公司法，以及特定情况下的家庭法或继承法。与法院诉讼程序相关的法律以及替代性纠纷解决机制同样也都是非常重要的。

在农业生产合同背景下，一些强制性法规在处理不公平的条款或做法时是重要的。例如，在合同法范围内，可以应用有关合同效力的规定，特别是在当事人合意存在瑕疵时。当涉及合同的订立时，特别规定会申请运用标准格式合同以保护没有参与起草合同一方的利益。此外在许多法律体系中，当不平等的谈判地位可能导致不平衡的合同条款或使得强势一方采取不公平的做法时，适用于特殊类型合同的法规会旨在保护弱势一方。

而且，法律的一般原则会给当事人提供进一步的指导。在许多法律体系中，当事人商定合同条款的自由或行使合同规定的权利，除了可能受到强制性法规的限制外，还要按照行为的原则或准则进行解释。被公认的原则大致包括：诚实信用原则（the principle of good faith）；合理性原则（the principle of reasonableness）；根据合同的目的和当事人原始意思（original will），尽可能优先维护合同及其效力；忠实和公平交易（通常被视为附带于诚实信用原则）；以一致的方式行事；当事方之间提供信息，保持透明，以及互相合作的义务（duty of information, transparency and cooperation between parties）。然而必须强调的是，根据每个国家法律体系的特点，这些特定原则及其制定、权限和范围会有所不同，并且甚至可能会在一个单一的司法管辖区内受到争论。例如，合同中的公平或平等之类的概念不是普遍性的，并不总会带来积极的义务，这些概念可能要服从于其他的解释或准则，这会导致其在各国产生不同的结果。但是得到普遍承认的是，当极其不公平的合同条款或行为严重破坏当事人之间的平衡时，可以应用这些常见的概念来达到在各方之间建立或重新建立一定程度的公平的类似结果。

人们普遍认为，为了保护合法利益（legitimate interest），特定的要求是合理或的确是必要的，并且不应该接受某种行为或应该处罚特定行为（如不诚信行为；滥用权利；利用不正当的影响、压力和不公平手段；利用更强势的谈判地位；不披露重要信息；单方面改变做法；以及许多其他行为）。普遍接受的原则也反映在指导文书中，这些指导文书在商业交易或在食品供应链中可以促进良好实践（good practice）。值得注意的是，当事人希望在其合同中参考一般原则，或者在他们之间关系的总体或某些方面适用这些原则。

2. 惯例和习惯（customary rules and usages）

惯例和习惯在许多法律体系中都可以发挥作用，包括与当地或原住民的团体或其成员订立的农业生产合同这一情况。惯例与习惯通常来源于惯例和传统，可能既不需要法典化也不需要具有书面形式，它处理的是诸如个人身份、家庭关系、继承、土地和其他自然资源的管理以及对牲畜的权利事项。权利也可以是共有的，归属于一个组织或团体。就合同关系而言，惯例与习惯可能处理订立协议的当事人的权利能力（如在某些情况下限制女性权利），协议的效力、形式和证据问题，或履约及对不履约的处罚这些事项。内部的执行措施和纠纷解决机制通常是合适的。因此，承认在某些情况下当地文化和私人制度可能优先于成义法（statutory law）及判例法（case law）是很重要的。

在某些国家，习惯法通常是通过本国宪法或其他法律规定得以承认。这种规则的适用性及范围、如何认可这些规则以及如何解决在不同法律秩序之间可能产生的冲突，取决于每一个国家法律体系的特征。不过很多时候并没有明确的法律来规范这些习惯法的应用，因此现在习惯法只规范特定团体内部成员之间的关系。在其他情况下，法院会把习惯性法规当作当地习俗（customs）或习惯

(usages)予以适用,并且这两个概念经常被混为一谈。即使一个特定的惯例(practice)或传统(tradition)在法律上并不意味着是一个习俗(custom),但当事人在其交易中应该仔细考虑这些因素,特别是当他们之间的关系具有强烈的社会、文化和个人色彩时。

3. 贸易习惯和惯例(trade usages and practices)

习惯也可以参考特定贸易或行业中交易的一般实践和条款,如关于特定商品的交易。根据不同情况,相关的习惯可能是本地性的或国际性的。在大多数国内法律体系中,在法院可以或必须适用于特定合同或合同条款的所有可能的法律渊源中,成文法规会把习惯和惯例包括在内。在给予不成文习惯多大的认可和权威性方面,不同法律体系之间存在很大差异,而这一般取决于具体的司法实践。一般原则是,对习惯的适用不应该与法律正面规定相冲突,以及不应与合同的明示条款或一般内容相冲突。但是在某些情况下,法院会援引习惯来解释明示条款的简明语言(plain language)(例如通过贸易习惯来解释条款,继而达到允许在约定的交货数量或交货时间上存在一定程度的灵活性的效果)。 24

实践中是否可以依靠某个特定的习惯来弥补合同中缺失的条款或解释合同条款,是存有疑问的,并且它引申出了特定习惯是否真正存在的复杂问题。通常这种认定需要检验相似当事方对该习惯有效且长期的应用,以及需要有证据表明当事方知道该习惯的存在并能够期待当事方遵守。在这里,证据规则至关重要,它取决于特定情况和法院适用的程序法。在某些情况下,如果文件符合所适用法律确定的标准,诸如标准合同的格式、一般条款或专业性准则的文件,则会被视为是对习惯的反映。 25

4. 格式条款和指南性文件(standard terms and guidance documents)

合同当事方直接适用的准则,或给他们以及其他利益相关者提 26

供一般指导的规则可以在下列文件中找到：示范性合同格式或条款、技术性准则、不具有约束力并被称为软法文件的道德规范及行为准则等各种文件。

(1) 格式合同条款和合同文件

27　　行业协会（特别是那些专注于某一特定商品的）、专业组织、非政府组织或个体商业公司等私营实体可以起草这种格式条款和合同。这种格式合同的起草最好有广泛的参与者来代表生产方和订购方。格式合同也可以由公共机构（如国际组织或政府机构，或由各行业利益相关者组成的团体）制订。一般而言，内部或外部机构会对该类格式合同的遵守情况进行监测，这种机构也可以作为执行机构。

28　　在某些情况下，一些国家选择允许一些行业通过使用格式条款和指导性文件进行一定程度上的自我管理，其基本原理是私营企业可能更了解如何根据实际需要起草合同条款。为了确保格式条款和指导性文件的公平公正，各方的参与及其起草过程必须是自愿且透明的。

(2) 技术性准则（technical standards）

29　　准则一项重要的部分包括对产品质量（如根据特定饮食或宗教要求而确定的安全目标或属性）以及质量和安全管理体系的技术性要求，这些要求建立起了相应标准并依此实施相应程序以预防和控制风险，确保整个生产和转换过程的可追溯性（参见第三章第47—56、105—108 段）。一些准则也包含了推荐当事方在合同关系中应进行的行为，特别是有关人权、环境、劳动条件和其他社会问题，这导致一些特定义务的出现，这些义务超出所适用公共法规的要求。通常情况下，准则会涉及多种类别的产品，并可能结合不同领域的目标。准则通常不是某一国特有的，虽然它们处理的特定问题更可能在特定情况而非其他情况下发生。

一些全球性方案和技术性生产准则已经获得了广泛的认可，并且在自愿的基础上得到越来越多的应用，使得世界各地在此方面获得了更大的统一。在一些情况下，政府法规已经赋予其强制性。在这种情况下，或者当事方将这些规定作为明示条款或在合同中援引这些规定时，这些原本的软法和自愿性规定会对各方产生约束力。即使这些准则没有在合同中得到明示的使用，其所推荐的做法也可以被视为习惯（usage）的一部分继而得到适用。同样，由于发布准则的机构的权威性，或由于准则本身的质量，这些准则会得到广泛的认可。

(3) 软法（soft law）

在一些国家，政府越来越多地依靠软法，将其作为强制性法规的替代或补充，以促进一般商业或商务关系中公平的合同实践，或更具体的，以促进食品供应行业供应者和买方关系中公平的合同实践。例如，软法包括政府间组织订立的原则，这种原则寻求在公共部门、私营部门和民间社会团体之间建立一种联系，政府因此能够了解一些为了提高生产方的能力和技能而需要实现的基本标准。根据不同的法域，软法文件包括政府机构提出的建议，或者是实践或良好行为的自愿守则，而这种守则的拟定和实施依靠其与利益相关者的合作。为了鼓励和汇报对于自愿规则的遵守情况，有时会设立监测和执行机制，若相关主体遵守那些自愿规则，则会有利于其声誉。与此相反，未能遵守规则会受到处罚措施的制裁，一般的做法是在支持自愿计划的协会中减少会员权利（membership rights）。而且在某些情况下，在这些自愿计划下也可以使用纠纷解决程序。

32　　此外，不能直接适用的国际性文件仍可以作为软法以发挥重要作用。在私人商法领域，特别是合同法中，虽然这两个文件起草之初是用于跨境贸易，但值得一提的是，首先，1980 年《联合国国际货物销售合同公约》为销售业务提供了一套现代化且平衡的规则，经常用作国内和地区合同法改革的示范，并且可以作为特定商业领域的合同条款的灵感来源。其次，2010 年《国际统一私法协会国际商事合同通则》代表了一般合同法的私法法典或"重述"，其因给合同关系提供了平衡的法规而得到广泛认可——它特别关注弱势一方，同时也维护合同的经济目的——其中立的解决方案与大多数国内法律体系相兼容。当发现它们适合特定的关系并服从适用的强制性法规时，当事人在起草合同时可以利用《联合国国际货物销售合同公约》和《国际统一私法协会国际商事合同通则》（如通过将选定的法规纳入合同条款），或者它们能为在纠纷解决中的第三方提供有用的参考。需要指出的是，在适用《国际统一私法协会国际商事合同通则》时，当事人、法官和仲裁员都应该考虑《当事人使用国际统一私法协会国际商事合同通则的示范条款》（Model Clauses for Use by Parties of the UNIDROIT Principles of International Commercial Contracts）。①

（三）具有国际性因素的合同

33　　尽管这种情况罕见，但农业生产合同有时会涉及国际性因素（如订购方的营业地位于生产方所在国之外的另一国家）。这种情况会在多方合同中出现，如涉及进口商、生产组织和其成员的合同。

---

① 更多关于示范条款的信息请参见国际统一私法协会网站（http://www.unidroit.org/instruments/commercial-contracts/upicc-model-clauses）。

并且合同的国际性来自货物将由生产方在国外直接交付这一事实。这一部分首先研究国际性因素涉及合同义务的情况，然后简要介绍国际性的非合同责任。

1. 合同义务

在大多数国家，国际合同的当事人可以自由选择准据法、有资格管辖的法域（jurisdiction）或纠纷解决机制。通过同意受到某一特定国家法律的约束，当事人要服从该法域范围内所有可以规范其合同的有关法律、法规。 　34

当农业生产合同具有国际性特征时，当事人通常选择产品生产地所在国的法律作为合同适用的法律。这种选择的原因之一是使生产方知道其国内法律制度将适用于合同，通常这也是生产方的期望之一，因为他们最熟悉国内法。因此这一选择有利于遵守和实施合同。当生产方所在国已经制定了关于农业生产合同的特别法或当国际私法中适用的法规限制其选择准据法时，选择外国法规范合同的做法也有可能被强制性法规所禁止。然而，另一种可能发生的情况是，特定国家可能会有一部专门适用于农产品销售的合同的特别立法，这部法律规定了只要产品最终在该国交付，该法律就会强制适用于相应的销售合同，不论其他可能的准据法是否存在。在这种情况下，即便该强制性规定将会约束该国的法官，但是对于其他法域的法官来说，他们是否会适用该国的强制性规定存在不确定性。 　35

当纠纷被提交至法院时，若合同中没有规定选择适用某一法律，法官必须决定适用哪一种法律。这些规则在不同法域中存在差别，但在农业生产合同的情况下，生产方所在国的法律很可能是适用的。这方面的决定通常是基于生产方的住所地、约定的交货地或与合同或有关的特定义务最密切联系的一系列因素。 　36

37 　　在某些情况下，统一的法律制度可能适用于合同义务的实质内容。当相关国家采用了有关合同义务的共同法规或适用了《联合国国际货物销售合同公约》（该公约已经成为许多国家的国际货物销售普遍适用制度），这种情况可能就会发生。当有关缔约国的标准获得满足或通过国际私法的认定，《联合国国际货物销售合同公约》就可以适用。但是即使适用这种统一的制度，特定事项仍可能落在其范围之外。例如，《联合国国际货物销售合同公约》不对合同的效力及合同效力对货物所有权的影响进行规范。这些问题必须根据适用的国内法加以解决。

38 　　当有关国际合同的纠纷通过仲裁解决时，根据所适用的法律及特定的程序规则，在认定纠纷实体内容的准据法上，仲裁往往比通过国家法院解决更具有灵活性。当事人通常有权选择适用非某一特定国家法律法规，在这样的背景下，一个得到普遍认可的文件就是《国际统一私法协会国际商事合同通则》。当事人也可以授权仲裁员或调解员，让他们在公平正义的基础上解决纠纷。这为跨境生产经营中所出现的问题，提供了合适的解决纠纷的依据（如当公司与邻国边境附近的生产方进行交易时）。

2. 非合同义务

39 　　当根据农业生产合同所生产的货物不适宜供人或动物食用且造成人身危害或损害时，原告可以请求赔偿，同时需要确定由谁承担法律责任，并由其对已经造成的损害承担赔偿责任。尽管许多国家会适用关于侵权的一般法规或非合同责任，但其他国家对于一般产品责任或食品安全问题已经制定了特别法律。根据具体的立法、责任依据（如基于过失或严格责任）以及案件情况，这种立法可能会将责任归于生产方或供应链中的其他参与者，特别是那些已经进行产品加工或将产品投入市场的经营者。这种立法可能也会在不同经营者之间进行责任的分配。

当案件涉及国际性因素时（如损害发生在产品制造国以外的国家），拥有管辖权的法官一般基于冲突法的分析来确定适用该案件实体部分的法律。可以看出，适用于产品责任的冲突法会考虑被指控为需要为此负责的当事方——通常指生产方——是否可以合理预见产品会在损害发生国进行销售，这也是适用外国法的条件之一。因此，根据这种法规，被指控需要承担责任的当事人不会受到一个无法预见的法律的规制。因为从国外生产方获得有效赔偿可能很困难，所以可能会优先考虑公共政策，从而导致把责任归于将产品投入市场的经营者。

二、监管环境的作用

除了规范其义务和农业生产合同要素的法律，当事人还要受一些影响合同订立和实施的法律法规的制约，特别是有关技术规格（technical specifications）方面的法律法规。这种监管环境，可能会作为一种有利的环境来协助长期的可持续发展，但也可能会由于不必要的负担或干扰性法规，作为一种不利的环境阻碍订单农业的发展。在大多数情况下，这些公共监管文件旨在保护公共产品、发展农业部门以及保障农村居民。这些文件包括：农业中对人权的监管保护，包括公民权利和政治权利、经济社会和文化权利（如食品获取权、健康权、社会保障权以及劳动权）；对人类、动物和植物的健康以及环境的保护；劳动法和农业中体面的农村就业（decent rural employment in agriculture）；规范获取农业生产所必需的自然资源的法律；获取农业生产资料和农产品贸易方面的法律。本部分提供了有关这些监管领域的非穷尽（non-exhaustive）的清单，这些领域会影响农业生产合同的订立和实施。这是指在国内和国际层面上都采用的监管文件。

（一）农产品贸易

42 在贸易自由化的背景下，订单农业在国内和国际层面与通过法律规范的农产品生产和贸易的事项直接相关，也与各国有权设立的卫生措施和技术要求相关。

43 国际贸易法主要由支撑世界贸易组织（WTO）的国际性协定组成，它塑造了有关扶持和治理农业部门的国内政策和立法。各国在多边层面上作出的法律承诺必须通过改革国内法、制度结构或行政结构来实行。有关农业部门的多边承诺的一个很好的例子就是《与贸易有关的知识产权协定》（TRIPS Agreement）第27(3)(b)条，它使得WTO成员必须遵守：提供植物多样性保护制度；实施《WTO农业协定》（WTO Agreement on Agriculture）第9条明确规定的出口补贴减让承诺；满足以下要求，即在1994年《关税与贸易总协定》（the General Agreement on Tariffs and Trade）第17条"国营贸易企业"（state trading enterprises）这一定义内的农业经销委员会（agricultural marketing boards）必须以非歧视的方式进行采购（如采购农业生产资料）。①

44 尤其是，《WTO农业协定》中的一些措施是协议当事方必须实施的，这些措施与农业市场准入、国内支持和出口补贴有关。而且

---

① 更多关于世界贸易组织的信息，包括提及的协定文本，请参见世界贸易组织网站（http://www.wto.org/）。

《与贸易有关的知识产权协定》呼吁所有的 WTO 成员提供"充分有效的"知识产权,且这种知识产权自身不等同于贸易限制。《实施卫生与植物检疫措施协议》(SPS Agreement)和《技术性贸易壁垒协议》(TBT)会影响国内食品安全和质量,以及动植物卫生条例,还会影响国内和国际贸易中适用于农产品的其他技术要求(如认证、标签和标准化)。

随着国内立法保护消费者的健康,食品安全和质量正变得越来越重要。"食品安全立法"是指处理或旨在确保"当食品被加工和/或食品根据其预期用途被食用时,它不会对消费者造成损害"的所有法律。而且《实施卫生与植物检疫措施协议》呼吁各方按照国际食品法典委员会(Code Alimentarius Commission)批准的标准调整自己的食品安全措施,进而形成一致的国际食品标准。这些标准适用于农产品不同层次的生产和制作,在农业生产合同下也会对各个不同方面以高度关联的方式对待,包括包装和标签要求。对生产加工各个不同阶段的识别、监控以及记录提供了产品的可追溯性,该项要求在从生产方到最终消费者的整个供应链中越来越多地出现。

同样,牲畜产品则受到动物健康和生产立法的规范。WTO 鼓励其成员国以世界动物卫生组织(OIE)采用的国际参考标准为基础进行国内兽医立法。在没有国内立法的情况下,订购方可以要求生产方采用世界动物卫生组织推荐的农业实践做法(如动物福利标准),以便于进入国际市场。

植物保护标准和植物卫生的国际认证是由《国际植物保护公约》(IPPC)支持批准的标准进行规范。《国际植物保护公约》是具有法律约束力的国际性协定,该协定指导各国建立国际和国内的植物检疫措施和认证程序,并且给所有参与国际性植物和植物产品贸易的经营者提供参考。

48　　最后,各国可能已经制定了对合格评估程序进行规范的国内立法,包括认证服务(参见第三章第60—61段)。在《技术性贸易壁垒协议》的背景下,这些程序被定义为技术性程序,用以确定这些产品满足法规和准则所规定的要求。当其以非公开和歧视性的方式进行应用时,国内立法所要求的这种程序可以成为国内保护主义的有效工具,并且会制造"对国际贸易而言一种不必要的障碍"。为了预防这种风险,TBT协定第5条确立了一套兼有实体和程序的要求来规范这一程序,并鼓励各国基于国际公认的标准促进制定合格评估程序。

(二)生产资料(production inputs)

49　　除了与贸易有关的措施外,农业生产在国内层面通常受到一大批法律文件的规制,这些法律文件旨在规范各种农业生产资料,并旨在确保农产品达到国内消费者和贸易伙伴预期的质量和安全水平。规定农业生产资料的法律影响着订单农业进行的方式,因为它通常需要遵守规定的生产方法以及直接提供农业生产资料。以生产资料为基础的法律可能会规范这些生产资料,如种子法与农药法、保护特定生产资料知识产权的立法,或保护获取受保护的生产资料的社区权利的法律,或关于特定商品的法律(这些法律旨在密切规范生产和那些对于国家利益特别重要的商品的供应链)。

1. 种子

50　　有关获取并使用种子的合同安排可能会受到种子立法的限制,这种立法可确保种子(即一项可以提高农产品产量和生产率的重要资产)具有高的质量并可供生产方使用。在一些国家,种子立法只认可经过认证的种子作为唯一可以保证质量的种子,进而可以在市场上合法销售。在这些国家,种子生产方必须通过正式认证方案[通过主管机构(competent authority)签发的受认证种子标签而得到认可]进行登记。其他国家只能依赖种子标签上的信息。合同义务可能会限制种子购买的对象只能是合法销售的种子或指定的种子,但需要注意的是,若种子立法存在时,生产方和订购方都要受到国内种子立法的约束。

2. 生物安全

获取种子种苗的渠道可能也受到规范生物安全的国内法律的影响。例如,某些国家已经禁止进口转基因种子(genetically modified seeds),因为担心转基因种子对生物多样性的保护和可持续利用产生不利影响,并且可能危及人类健康。为了规范这种种子的国际贸易,在改性活生物体(LMOs)这一更全面的类型框架内,130个国家在2000年1月达成了一个协议,即《卡塔赫纳生物安全议定书》(Cartagena Protocol on Biosafety)。本议定书的目标在于确保转移、处理和使用那些由现代生物技术获得的改性活生物体不会对环境和人类健康产生不利影响,同时特别侧重于那些试图放入自然环境的改性活生物体的跨境转移。其关键点在于该议定书第10(6)条,即允许各国禁止转基因种子的进口,即使没有确凿的科学证据证明其危害性,从而体现了预防原则(precautionary principle)。

3. 植物品种的保护

获取包括种子种苗在内的特定植物品种,不仅要受到种子立法的规制,还会受到规范植物品种的知识产权立法的规制。各国规范新型植物品种的登记和法律保护,以鼓励商业植物育种者对改善现有植物品种必需的资源、劳动力和时间进行投资,部分是通过保证育种者在其销售这些改良品种的繁殖材料（propagating material）时能够获得足够的报酬。《与贸易有关的知识产权协定》第 27.3（b）条要求 WTO 成员方运用以下方法保护植物品种：① 专利法形式；② 一种特殊有效的体系（独特的或自成一体）（an effective *sui generis*）；③ 或以上述两种方法中的综合形式。按照这一条款，一些国家接受了国际植物新品种保护联盟（UPOV）主持下颁布的条约。国际植物新品种保护联盟的条约建立了一个符合植物育种者需求的特殊保护体系。1991 年《国际植物新品种保护公约》（UPOV Act）第 15（2）条包括了"农民特权"（farmers' privilege）这一例外，它允许生产方使用自己土地上收获的产品。但农民特权的范围在各国国内的植物品种保护法中存在很大差别。有些国家只允许生产方在自己的土地上种植那些从之前购买中节余的种子，另一些国家允许生产方以再生产为目的出售一定数量的种子。非《国际植物新品种保护公约》缔约国可能会选择采用另一不同的特殊体系或是适用一般的专利法。

4. 生产方获取遗传资源的权利

农业生产合同下的义务会受到生产方权利保护的影响，这种权利保护建立在 2001 年联合国粮食及农业组织主持下通过的《粮食和农业植物遗传资源国际条约》（ITPGRFA）之上。该条约旨在促进种子和其他种质的交换以用于研究、育种和作物发展。该条约建立了"多边体系"来促进这种交换，使得其成员国和国民能够获得"方便获取的渠道"。《粮食和农业植物遗传资源国际条约》承认生产方对作物多样性所做出的巨大贡献，而这种作物多样性正供养着全世界的人口。它建立了一个全球性的体系，来为生产方、植物育种者和科学家提供了获取植物基因材料（plant genetic materials）的渠道，并确保基因材料接收者可以和基因材料来源国一起分享利用基因材料所获得的利益。

5. 其他农业生产资料

规范获取与使用农药和化肥的法律也可能影响农业生产合同下的义务（参见第三章第112段）。关于农药和化肥的立法通常包括对生产、购买和使用未经主管机构授权或登记产品的一般禁止性规定。生产方必须使用授权产品并遵守有关其使用和处理的法规。在畜牧生产领域，各方还要关注规范饲料、兽药、牲畜饲养和福利的立法。

（三）农业融资和支持

世界各国政府在不同程度上已经施行了一些政策并颁布了一些立法，旨在支持其本国农业部门，这些政策与立法可能会对农业行业的稳定性产生或好或坏的影响，这种影响则取决于政策变化的不确定性。政府的这种行为可能会对农业生产合同的内容和成立有一系列的影响，从第三方信贷的可用性到订购方依靠政府支持的推广服务来提高生产方生产能力的能力，都会受到影响。政府这些行为的范围可能很广泛，也可能只集中在一个或几个被认为是特别重要的商品之上。例如，在某些农产品具有相对优势的地区，可能被选定和规划为稳定的大型生产区域，政府会对这些产品在技术和投资方面给予大力支持。另外也可以推广相应政策来支持生产方和没有资格或没有参与大型生产区域的企业进行订单农业活动。

（四）竞争与反垄断（competition and antitrust）

订单农业可能会受到竞争法的强烈影响，因为在许多法律体系中，不公平的合同条款和实践做法会根据不正当竞争与反垄断法下的强制性法规加以处理和制裁。这一类型的立法目的是纠正或改善市场中的扭曲或各类制约因素，这种扭曲或制约因素是由于一个或几个参与者滥用其支配地位造成的。当少数经营者控制某一特定市场，并以对价格、生产配额或产品进行控制和影响或共享供应来源为目的，订立协议或采取协同行为（concerted practices），市场扭曲现象就会出现，从而抑制商业发展。由于一些当事方的规模和其在市场中的重要性，生产方不得不接受不公平条款，因为在地位上他们不可能拒绝合同或通过谈判获得更有利的条款。通过对类似的当事方给予不同的待遇，或者普遍性地采取欺骗性做法，不正当竞争行为也可能涉及那些通过合同条款给予特定生产方或某一类生产方不当优惠或歧视性待遇的情况。某些情况下，当排他性条款（第三章第18—21段）过度限制竞争时，也可能会引发反垄断问题。

57 　　反垄断法可作为一项综合的经济上的公共政策得到适用，并可在特定情况下用于特定行业（如食品和饲料加工行业），甚至适用于这些行业内的特定商品。通过反垄断法规，反竞争行为、不正当和欺诈行为，以及被视为不公平或不合理的特定合同条款或做法可能会被禁止或受到制裁。

（五）人权

58 　　国际人权义务会影响各国政府如何规范订单农业，也可能影响各方订立并履行协议的方式。企业有责任尊重独立于各国能力或意志的人权，以履行其自身的人权义务。政府可以将订单农业协议所提供的机会视为可以实现社会目标的实用手段。基于人权的角度来看，有几条原则应该纳入农业生产合同的谈判和实施之中，诸如订单农业之类的商业模式应该包括参与（participation）、责任（accountability）、授权（empowerment）、非歧视（non-discrimination）、透明（transparency）、人格尊严（human dignity）和法治（rule of

law）这些原则。参与、授权和非歧视原则对于增强弱势当事人（尤其是女性）在谈判和签署这种合同时的地位是非常重要的（参见第二章第 56 段）。尽管女性是某些商品的主要生产者，但她们通常不能参与制定决策，并且在多数情况下，她们会将签署合同的权利让位于男性。通过促进和便利女性获得谈判和决策平台、农业生产资料和创收机会（如订单农业协议），政府应该充分认可和支持女性在农业中的作用。通过便利小型农村的农民获得进入市场的渠道，以及为他们创造出获得体面工作和赚取收入的机会，订单农业有可能改善他们的生活水平。反过来，逐渐增加的（社会）稳定性以及农民预测自己生活水平的能力，可能创造出提升整体人权和环境权益保护的潜能。

59 在众多与订单农业紧密联系的人权中，其核心之一便是食物权（the right to food）。在 1948 年《世界人权宣言》（the Universal Declaration of Human Rights）第一次将该权利在国际上进行表明后，食物权就已经在一些国际法律文书以及各国宪法和法律中得以承认。《经济、社会及文化权利国际公约》（ICESCR）是一项具有约束力的法律文件，截至 2014 年 9 月，162 个国家成为该公约的缔约国，比其他法律文件更全面地讨论了食物权。联合国经济、社会及文化权利委员会（The UN Committee on Economic, Social and Cultural Rights）在其《第 12 号一般性意见》（General Comment 12）中进一步解释了获取充足食物权利的核心规范内容包括：① 食物在数量和质量上都足以满足个人的饮食需要，无有害物质，并在某一文化中可以接受；② 此类食物可以可持续的、不妨碍其他人权的享受的方式获取。订单农业对食物权实现的影响，以及食物权对订单农业的影响，间接取决于各国政府如何把国际性人权义务纳入国内政策和监管框架之中，直接取决于订购方和生产方如何把符合食物权的条款纳入合同中。如上所述，企业有自身独立的责任来尊重人权，这应该体现在该领域最佳的合同实践中。

（六）劳动法（labour law）

60　　劳动法是国内立法中与订单农业紧密联系的另一领域。如果生产方雇用工人以协助他们生产农业生产合同中规定数量和质量的产品，则劳动法的规定可能会发挥重要作用。在这种情况下，生产方需要适用有关农业生产的国内劳动法规，包括规范生产方与其雇员关系的劳动法规。需要注意的是，因为生产方经常雇用工人协助其进行农业生产合同下的生产活动，所以这些工人可能属于生产方的责任范围内。

61　　此外，如果国内立法将订单农业定义为劳动关系，则劳动法可能影响订单农业活动（参见"导读"第43—46段）。但是订单农业的本质在于生产方，作为独立的当事人而非订购方的雇员，根据订购方的指示进行生产。因此，如果在一种雇佣关系中涉及生产方和订购方双方，他们并不能被视为订立了《指南》范围内的农业生产合同。尽管如此，劳动关系的界线在特定情况下很难划定。

（七）获取自然资源

62　　根据产品所在地区及其种类，订单农业可能涉及获取土地、水、森林资源或野生产品的问题。对于许多农业生产合同而言，土地的可利用性是生产最必要的组成部分。土地权利的性质——所有权或其他权利，以及权利持有者的身份（尤其是持有者是农业生产合同的一方当事人还是包括政府在内的第三方）可能会导致出现许多问题。特别对于与原住民生产方（indigenous producers）* 共同参与订单农业的订购方而言，自由、事先和知情同意的概念（FPIC）非常重要。FPIC 是指"一种原住民的集体权利，即通过自己自由选择的代表以及习俗性或其他性质的机构作出决定的权利，以及在政府、行业或其他方，对可能影响他们习惯性拥有、占有或使用的土地、领土和资源的项目批准之前，表达的同意或否决的权利"。

所有权以及其他形式的控制权可能需要承担公共规章下的一些义务。除了环境要求外，公共土地管理可以对种植或饲养的产品（包括农作物和牲畜）进行限制。另外，根据适用的法律，一些与土地权特征有关的问题可能会出现。例如，在不同的法律体系中，租赁合同（tenancy agreements）可能是一种受到管制的合同类型。土地的获取（access）和保有（tenure）经常受到国内特别的关于获取土地的立法的调整，无论其属于民法、土地法规还是独立的立法。尽管土地立法可能规范影响农业土地的不动产权利（real estate rights）的获取，各国也规范其他自然资源的获取，这些自然资源包括水资源、森林和渔业资源，它们对农业发展至关重要。

---

* 这里的 indigenous 指的是长久以来居住在该地的本土居民，这类居民往往具有其族群自身的习俗和规则，例如在美国的印第安人或新西兰的毛利人。我国不存在完全对应的情况，可能最接近的情况是少数民族的聚居区。——译者注

第二章
合同当事方、合同的成立和合同的形式

1 本章探讨农业生产合同的成立以及合同的当事方。第一部分介绍参与农业生产合同的当事方的范围。第二部分概述合同的成立,包括要约(offer)、承诺(acceptance)和确认(confirmation)的关键要素。第三部分论述农业生产合同的形式和内容。

一、合同当事方

2 《指南》所涵盖的农业生产合同(参见"导读"第35—36段)通常涉及处于双边关系中的一个生产方和一个订购方,但有时其他实体可能加入该协议,进而产生一个多边合同。在其他情况下,第三方实体可以基于一个独立但相关联的合同与农业生产合同的一方进行商业贸易,上述独立的合同将对于农业生产合同的履行发挥作用。下面第(一)部分和第(二)部分研究了承担这类合同下特征义务的主要当事人(即农业生产方和订购方)。第(三)部分概述了可能参与合同的其他当事人,他们与合同利益相关或是以其他方式影响合同的订立和履行。

3 为了更好地理解当前的分析,重要的是要考虑到农业生产合同与国内立法之间的交叉点。因此。国内法给予合同当事人缔约资格的方式(作为个体或者集体),对适用于该当事人的法律制度和适用于第三方交易的法律制度有着重要影响。事实上，在为农业生产合同制定特别立法的国家（参见第一章第7—10段），当事人的性质是界定这种合同类型范围的要素之一。下面所说的农业生产方和订购方的概念指的是农业生产合同下各自所处的经济和法律地位，而不是根据国内法律或带有特定目的的法规（如补贴或许可证）而确立的地位。

还应当牢记的是，国内法规范的问题涉及自然人和法人进行经济活动以及订立合同的能力。每一方当事人的形式和法律结构将进一步确定其在税法或公司法下的义务，对此这里并不加以讨论。但需要指出的是，农业生产合同有时会包含一些条款，这些条款规定生产方、订购方或双方当事人表示应妥善遵守这些义务，并承担不遵守该义务所带来后果的全部责任。 4

（一）农业生产方

农业生产方可以各种方式进行定义，甚至在某一国家内，特定的法律法规会根据这些法律法规的背景或目的适用不同的标准，在一些重要领域尤其如此［例如，土地保有（tenure）和管理、获得财政补贴的资格、适用的税收制度、社会保障计划、竞争法下可能的特殊地位，以及环境、健康和卫生法规］。然而一般情况下有两个标准尤其与农业生产方的定性有关，即生产出的产品性质以及生产活动本身。 5

1. 独有的特征

依据不同国家的情况，"农业"这一概念可能涉及土地、森林、海洋和淡水资源的利用。通常情况下，它是指从特定部门（identified sectors）获取初级产品（primary products）的活动，例如作物栽培（包括专业化栽培，如园艺、花卉、葡萄栽培）、畜牧业、 6

林业和水产养殖，以及直接来自这些活动的产品（如牛奶、蜂蜜和丝绸）。在许多国家，有一种分析方法侧重于对"生物周期"（biological cycle）的控制，"生物周期"是以植物和动物产品的生物发育（biological development）为目标所进行的一个或数个活动。

7 另一项在国内法下一般被用于确定生产方资格的标准有这样一个假定，不论生产方的规模和结构，生产方都可以在独立和专业的基础上进行生产，无论他是个体还是某个团体的成员。正如导读部分第43段提到的一样，雇员不在此定义之内，因此也不在《指南》的调整范围内。这种活动的专业性目的可以用各种方式进行定义。首先，它可以是作为一个"企业家"（entrepreneur）的生产方，或其所经营的一个"企业"（enterprise），这意味着这种有组织的活动涉及一定程度的财务风险。其次，可以参照活动的经济目的，包括产品的销售以及产品和服务的交换。最后，该定义可能会排除专门用于家庭消费的生产。

8 农业活动一般发生在土地的某一部分，或是在生产方控制和管理的设施上。这种控制可能涉及实际的所有权或使用权，以及国内法下的相关权利。生产方也可以从私人或公共实体处租用土地。在许多法域内（尤其是在发展中国家），个体或团体经常居住的土地，在传统或习惯的土地保有形式下，没有任何正式的产权。无论其性质如何，生产方需要有保障的土地保有权（tenure rights），以使其能够安全参与生产活动并在坚实的基础上订立合同。

2. 法律地位

9 国内法律根据农业生产方活动的性质或其法律地位，对其适用不同的规定，一般在生产方不从事商业活动时，会为他们提供更多的法律保护。保护的基础取决于法律体系和特定的国家的有关规定。

　　许多国家会对"民事的"和"商业的"法律条文（body of law）进行区分，并根据民法的一般规定来调整生产方地位和活动的大多数方面。然而当生产方根据特定的公司结构进行活动时，"商业"法规将会适用。受到民事法规约束的农业生产方有权加工或销售其产品，但这种行为仅仅只能作为生产活动的附属活动。除财政收益外，"民事"法律身份还涉及特殊规定在某些事项（如农业土地租赁、破产或法院管辖）上的适用。当事方能否或在多大程度上会被视为商人或专业人士，将会决定一般的法律义务（而非规范商人间交易的特殊商业法规）是否适用。

　　在许多其他法域内，在其他活动中，农业生产方的地位并不受制于一个特定的法律条文。相反，在下列主体之间则会产生区别：① 偶尔参与农产品交易，对出售的特定产品或相关市场缺乏或仅有有限经验或知识的人；② 在商业基础上进行活动，对某些实践或产品具备知识或技能的生产方，或参与交易的通常业务运作的有经验的专业人士。如果生产方被定性为"商人"或农业公司，适用于商业活动的法规将调整合同的成立、履行和救济措施。例如，商人一般要受到有关销售中所交付产品质量方面违约责任（default obligations）的约束。另外，除非特殊法规另有规定，可以不要求商人遵守适用于可执行协议所需要的书面形式要求。而且，商人可能无法享受由有关不公平条款与实践的特别立法或反欺诈法（statutes of fraud）所授予非商业性当事人的扩大性保护（extended protection）。

3. 开展农业生产活动的形式

　　生产方可以在个人或集体的基础上开展其活动。随着农业作为赚钱和营利活动的发展，生产方组织生产的方式越来越多地受到法律手续（legal formality）的约束。农业制度形式和法律结构可能与其他部门相同，但大多数国家会专门为农业生产方设计法律形式。每一特定的形式都包含一系列不同的权利和义务，并且从商业角度来看，它对活动的管理和潜在发展可能产生决定性的影响。根据本章的目的，农业生产方一般可能采取的法律形式可以分成两大类，这取决于生产方是采用单一经营事业（undertaking）的形式，还是采用数个经营事业（undertaking）联营的形式。

(1) 个体生产方（individual producers）

13　　世界各地的农业部门通常由中小型实体组成，其中大多是家族经营性的事业。因此，在鼓励大型企业发展以应对增长的生产力需求的同时，许多国家还在推行维持中小规模农村企业的公共政策。应该特别关注小微型企业，也要注重给予特定人群权利，如女性或青年企业家。此领域内可用的政策选择包括简化和减少开设和经营企业必需手续的成本，从而能够鼓励生产方取得正式的地位，无论是作为个体企业家还是基于公司形式。

① 自然人与合伙（natural persons and partnerships）

14　　一般而言，在资本规模、雇用的员工数量及生产量方面，个体生产方通过小型生产结构进行运作。在世界上大部分地区，农业企业不需要按照特定的法律形式注册公司。然而，某些类型生产往往需要进行登记以获取许可证、执照或公共认证。登记会附带产生一些义务（如税收和会计责任），但也会提供一定程度的保护，通常是通过提供社会保障福利（social security benefits）及面向正规经济部门（formal sector）的公共项目（public programmes）来给予保护。因此在一些非正规经济部门占优势的国家，它们会实施简易的登记程序，这种程序提供了一定程度的法律认可，进而有利于获得正规银行机构提供的信贷以及获取其他形式的国家支持。

在个人所有并经营的农业经营事业中，个人专业能力和资产组成了一个单一实体，债权人可以以此为基础获得来自农业生产合同的债务人支付的担保。生产方及生产方的整个家庭可能会面临重大风险。但是根据所适用的法律，某些家庭财产或土地本身可能免受债务追偿程序（debt recovery proceedings）的扣押（attachment）。此外，除了农业活动中固有的风险（如天气因素的限制），个人经营的事业所面临的风险还与该个人的身体状况和健康有关。

通常情况下，两个或两个以上个体生产方联合其资本和技能进行创收活动，进而以一个单一的实体出现，但它没有独立的法律人格（legal personality）。实践中可能会出现许多这样的情况（例如，在一个家庭或一群邻居之中）。这种类型的经营事业，在大多数法律体系中被认为是合伙企业，将会被视为由合伙人共同所有。若没有具体的协议，则合伙人平等分配利润和损失，每个人需承担其他人决定、债务和违约引起的连带责任（joint and several liability）。这一特点可能带来风险，但在团体内部也会产生相互监督的效果。某些形式可能允许成员只以承担有限责任的方式参与。

尽管法律上没有要求，但就有关出资（capital contributions）、利润和损失的分摊、职责和管理责任等事项而言，书面协议一般对于调整合伙人之间的关系是有帮助的。从订购方的角度来看，书面协议因为清晰透明而会带来额外的收益，特别是关于获得授权而代表团体订立合同和处理交易的个人的地位。

② 公司结构（corporate structures）

公司结构特别适合集体控股的资本，并代表了一种普遍的农业形式。小型投资者团体可能更喜欢简单的公司结构（如有限责任公司）。在许多国家，个体生产方也可以选择成立一人公司（single-owner company）。在公司形式下，公司股份的转让（如基于股东死亡）可以促进其活动的连续性。设立一个公司即创设一个独立的法人实体，从而将所有者的私人财产（通常是土地）从公司的财产中分离出来，并且所有者对公司债务承担有限责任。然而必须指出的是，建立一个有限责任公司并不会保护生产方对抗所有的责任。在国内法允许的情况下，债权人往往寻求获取对于债务或合同下其他义务的个人担保［例如，获得生产方签署的汇票（bill of exchange）或有关非农业财产的抵押］。

19　　许多国家对于拥有有限数量生产方（例如，最多 10 名成员，通常是亲戚、家人或邻居）的小型经营事业设置了特殊的公司结构，在这种小型的经营事业下，这些生产者会以提供劳动力和资本的方式由个人直接参与生产，或者也会将那些并非生产者的自然人纳入经营事业之中。除了在某些限度内，这些特殊类型的生产方组织进行"商业"性质活动（如交易或加工产品）的能力可能受到限制。这一性质的限制可能就解释了为什么订单农业合同是一种适合于农产品分配以及将生产方更好地整合入供应链的工具。

（2）生产方组织

20　　农业生产方通过创建生产方组织，如协会（associations）或合作社（cooperatives），可以结合他们各自生产单位的资源，甚至不会丧失其个体自主权。在《指南》背景之下，生产方组织的概念旨在广泛地涵盖所有由个体生产方共同管理或销售的生产形式。即使在实践中和在国内法下，也存在着大量其他种类的组织名称和组织形式，在所有可用的形式之中，协会和合作社被视为最广泛的组织类型，它们可以作为生产关系的一方。

  根据法律提供的适当的法律形式，生产方作为一个团体共同努力，可以寻求商业融资、订立保险合同、雇用劳工、申请政府补贴或其他公共政策项目、制订认证计划、获得其他法人实体的股份，并且采取各种不同措施来建立、加强、提高自身生产能力。具有法律人格的组织可以购买、持有和出售不动产或者动产，可以成为合同一方当事人并在法律程序中采取措施。 21

  在法律意义上成立一个生产方组织通常要求在内部凝聚力、最低限度的技术和财务能力以及管理这些方面有一定的团体成熟度，并且认识到其目标和实现目标的方法。这反过来可能会导致强烈的互相依存和额外的社会压力，从而鼓励所有成员实施最佳实践。并且一个法人组织的形成和运作对成本和债务有一定影响。因此一些国家采用简单的法律形式用于拥有小规模生产方成员的团体，进而允许他们和买方进行正规的贸易。公共机构及非政府组织实施了特殊项目和政策来促进和维持小生产方组织。同样值得注意的是，一些与这种组织进行交易的私营部门参与者，特别是基于公平贸易或平等贸易计划，会通过合同关系中承担的特定义务进而侧重于赋予小生产方更多的权利（如对该团体提供推广服务和支持）。 22

  传统团体或原住民团体的成员根据农业生产合同可以共同生产并交付产品给订购方。一些国家按照成文法，认可特定习惯法意义上主体或传统团体的法律人格。团体可以作为生产方组织，其成员可以拥有自己的财产，而团体负责人有权代表整个团体订立合同，或者其成员对整个团体的财产拥有共同所有权。在大多数情况下，没有书面文件证明团体的身份或内部关系，但在其内部有关于团体或成员的身份或身份识别的常识。通常和这种团体进行交易的人 23

（如订购方）也可能拥有这方面的知识。然而在这种情况下，书面的协会协议是更可取的。

24　　不同类型的组织可能有重要的宣传作用。根据公认的结社自由原则，订购方不应限制生产方加入生产方协会或与生产方协会订立合同的权利。同样，订购方不得参与针对行使这些权利的生产方的报复性或歧视性的行为。这种行为通常会受到国内法的制裁，并且根据规范农业生产合同的特定立法，它被明确谴责为一种不公平的做法。在这样的法律之下，通过禁止在合同中纳入保密条款（confidentiality clauses）以及由此产生的无效性，针对生产方加入协会的行为的保护将得到进一步加强。

25　　生产方也可以以非正式的方式加入，不需要登记或遵守法律规定的正式要求，也不需要正式地定义成员之间的关系以及如何代表这些成员。当个人代表生产方团体与订购方进行交易时，这可能导致高度的不确定性。当其中一位处于领导地位的生产方负责将其邻居生产的产品聚集起来，同时将订购方所提供的生产资料交付给邻居，并负责向其他生产方付款时，就可能存在上述的这种不确定性。处于领导地位的生产方是代表整个团体作为一个单一实体进行行动，还是代表每一个体生产方进行行动，需要提前说明，因为团体成员的违约会造成不同的影响。在某些情况下，代表团体行动的人对团体成员造成的违约可以以个人名义承担责任。在这种情况下下，团体内部的惯例以及默示的授权会有重要意义。

① 非营利机构（non-profit entities）

26　　农业非营利机构在增强其成员关于信息、管理、培训和推广服务、研究、宣传等领域的能力方面可以发挥作用。接收和分发生产资料、执行整地服务（land preparation services）以及通过质量管理来监控合同履行（contract performance），他们也通过上述方式为生产组织提供服务。他们可充当生产方和订购方之间交易的引导者（facilitator），有时对其他当事人（如向生产方提供信贷的银行或管理公共发展计划的政府机构）也可以发挥作用。根据其特定形式，这种机构可能接近于合作社。但是，由于其非营利性特征和目的，自愿性质的协会、自助团体及类似机构不能向其成员分发利润。应当指出的是，在某些国家非营利机构在一定条件下有权进行创收活动，而在其他国家这一能力则受到限制。

机构和其成员之间的关系以及运营规则由其内部章程（internal statutes）规定，尽管协会的法律行为能力和对第三方的责任范围是由国内法确定。法定代理人与第三方进行交易以及代表所有成员承担义务的权利则是基于各成员在章程下的授权。有时，它在农业生产合同本身当中就能得到反映。除了作为其成员的代理人向订购方承担义务，协会还可能是农业生产合同的当事方，作为引导者以自己的名义承担特定的义务。

② 合作社

根据相关的法律体系，合作社作为经济实体，结合了商业和非营利的特征，对于世界各地许多国家的经济和农村发展发挥了重要作用。在某些地区的某些特定商品，农业合作社聚集了大量的生产方并且经营着大多数生产活动。然而根据其成员、目标和活动的不同，它们可以采取多种形式。在规模以及技术和经济能力方面，合作社之间会有很大的差异。

农业合作社可以履行不同的任务。它可以销售其成员的产品，甚至组织生产过程本身。而且有时合作社可以提供一些服务（如规划、技术援助、提供设备、提供生产资料和质量管理）。随着合作社取得更多的业务和财政实力，向成员提供的活动和服务可以扩大到包括如集体认证或获得第三方认证、开发专门的产品和标签以及从事下游活动（如预加工、转化和包装）。这些活动通常是通过商业子公司（纵向一体化）或基于合同联盟和网络（横向一体化）来进行。合作社还可以将生产方协会聚集在一起，而不仅仅是个体生产方。

30 　　在许多国家，合作社由特殊的法律制度进行调整，特别法规可以适用于从事农业或特定农产品生产的当事人。在其他国家，合作社则由规范公司机构的一般法规调整，有时还要依据合作社的各项原则进行特别适用。内部章程调整合作社和其成员之间的关系，这种关系的调整基于成员以财务股东和主要（有时是专属）受益人或用户的身份参与合作社的情况。基于这种双重性，在某些国家合作社和其成员的关系被视为具有自成一类（*sui generis*）的独特性质，有关合作社的规则可以适用于某些特定问题（如所有权的转让、价格、合同期限以及不履行的救济措施）。

31 　　合作社各方可确定不同的角色、义务以及风险分配，这取决于合作社章程所反映的目标和成员制度以及与产品买方交易中的商务策略。若合作社将生产成员整合在一起（如共同持有或控制农业地块），则合作社为以其自身名义签订一份农业产品合同。在此种情形下，其对订购方直接承担合同责任，而其内部个体的违约行为将按照合作社的内部规则进行处理。

32 　　单独或按照一定章程组织进行生产的成员，可为销售或出口他们的产品而加入一个合作社。合作社的角色和责任根据不同因素而可能有所变化，包括其章程、适用法律，以及该合作社是从成员当中获得产品产权，还是担任成员的代理人。一方面，在后一种情形下,合作社充当代理人的行为通过农业生产合同直接约束合作社成员,同时合作社对以其名义进行的行为做出直接反应。另一方面,当合作社成员为转售或加工农业产品而将产品产权直接转让给合作社时,合作社对成员提供的服务也经常与其和订购方缔约的农业产品合同下的内容相匹配。但是需要重点注意:购买产品的商业机构也会直接对生产方提供服务,即绕过合作社。在此种情况下,可能出现的不同参与方(生产方、协会、合作社或商业买家)将按照相关的合同中明确的方式承担不同的义务和责任。

(二) 订购方

为本《指南》之目的,订购方即委任生产方生产并提供特定程度的指导(如原料之供应、服务、财务以及生产过程的控制等)的一方当事方。通常来讲,订购方制造或加工产品,并将其销售至最终消费者(这种情况正在越来越多地出现在那些具有品牌的超市中)或者为深度加工及后续销售而销售给供应链上其他参与者。而那些最终消费者(无论个人或通过合作社的方式集体购买)直接和农业生产方交易的特定交易类型则不在本《指南》的范围之内。订购方也可以是批发商或出口商。除了商业实体,其他类型的订购方也可包含在内(如合作社以及特定场合下的公共机构)。在某些对特定商品有公权力进行管制而不得私下交易的国家,也可能会有一些特定的豁免,允许生产方与商业订购方订立合同。 33

订购方的法律形式以几种不同的方式产生影响。它可能作为一个受特定国内法调整的特定类型合同的决定性要素,继而决定了与订购方的关系所适用的规则。其身份通常将影响其与农业生产方所签订合同的特征与(各方权利义务的)平衡。 34

1. 私营企业结构

订购方经常是一个商业实体,基于商业目的从事活动。一些规 35

范农业生产合同的法律通过引用该商业状态来定义此种合同,将订购方定义为"加工者"(processor)、"产业方"(industrial party)或"农商"(agribusiness)。此种法律可能要求其以特定的"商业"实体形式设立。在某些法律下,参与农业生产合同的订购方可能被用整合者(integrator)、买方、金融机构或其他术语来定义。

36 订购方可能在规模、商业模式以及所有权等方面差异巨大。他们可能是在当地市场与有限数量的生产方和供应链买方进行交易的小商人,但他们也经常可能是进行大规模国内或出口市场运营的实体。由于食品供应链的高度集中和全球化运营,订购方可能是某个有着国际市场的企业或者集团的一部分。集团中单个实体间的关系、策略以及协作基础可能依赖不同的机构形式和合同架构。最常见的情形是,一个跨国企业可能通过由国内外资本共同出资的合资公司的形式,在生产地注册或设立并进行本土化运营。订购方也可能是一家外国公司,直接在其位于海外的主要办公地点或通过其在当地设立的分支机构进行运营。在后一种情况下,由于各国规定不一,可能需要密切关注适用于该机构的法律。

37 按照传统形式,公司由商业投资者全资所有或控制。但对于特定机构而言,社会需求则是其商业目的之基础,从而形成了所谓社会企业(social company)的基础。此种企业经常会由一家为配合生产而沿着供应链开展活动的生产方组织形成。在其他情形下,生产方组织可能会与其他投资者(可能包括公共机构)通过持有公司股份的方式形成联营企业。资本构成将影响公司的策略、运营方法以及与生产方间的交易。

38 合作社也可能作为农业生产合同中订购方的一种形式。如上文所述,在成员接受合作社提供的各类服务时,成员会向合作社提供产品,并将成员对产品所拥有的产权以独占(exclusive)的形式转让给合作社。根据所适用的国内法,成员与合作社间的关系可能会由特定的合作社法律调整,或由根据合作社原则进行改写的一般合同法调整。若合作社与非成员交易时,合作社会按照一般合同法或可适用的特定立法,以订购方身份参与交易。

2. 公共机构

公共机构很少直接作为当事人参与农业生产合同,而更多地是以其他方式参与,例如参与合同谈判(下文第87段进一步探讨)。但在某些情况下,公共机构也会以订购方的身份参与农业生产合同。公共机构是为学校、医院、军队或其他公共服务所需而购买农产品的机构买方(institutional buyers)。为紧急援助项目而运送食品的国际人道机构也是农业商品的主要购买者。虽然大多数的供应都是在商品可立即交付的现货市场(spot market)中获得,但许多国家增加了对协调生产环节的关注度。一方面,这种情况源于对产品质量进行进一步控制的普遍关注,对生产方具备相应认证资质或提供认证产品的常见要求,以及在某些情况下投保产品责任险的要求。另一方面,这构成了为支持特定类型生产方而制定特定政策(例如在持续一段时间内为当地的小生产方或家庭农业提供稳定的市场)的基础。

但在很多情况下,政府机构也会通过适当的采购流程选定一个私营合作伙伴并与之缔结合同来获得相应服务,包括组织采购活动及按照特定要求组织供应。在该模式下,尽管公共机构会设定相关规则,但它不直接参与与单个生产方缔结的合同。这些合同会由私营订购方所订立,无论是一家商业公司,还是一个为社区带来好处而非仅仅追求私人利益的非营利机构。

41 　　在其他情形下,公共机构也可能直接和生产方建立关系,以减少潜在的交易费用,因为不会有中间方的参与。许多国家对此种采购流程进行了特殊规定,包括为选择缔约方而进行的竞争性招标流程。但是,若采购低于一定数量,或采购特定种类商品,也可能存在非正式的直接签约。不论是上述的哪种情况,都可能会适用一些特定的要求,并对合同的成立和价格产生显著影响。此种交易的法律状态及制度在不同国家有不同规定。通常情况下,在普通法制度中,一般意义上的合同法仍然适用,除非相关公共法规有特别规定。在大陆法制度中,公共机构或者被视为具有私法主体的权利能力来进行活动,或者这些合同可能被视为受公共法规或行政法调整的特定行为。

42 　　为协助订单农业的使用,政府机关可采用不同方法避免危及这一关系的财政稳定性。比如,政府可以采取免税措施或对与小农主体缔约的订购方发放补贴。类似地,协助农民获取信息,并开设培训研讨班来让他们学会决策和市场营销技能也可以有效提升订单农业的吸引力。

(三) 其他参与方

43 　　除了某些情况下特定实体代理合同某一方（如生产方组织代表个人生产方缔结合同）,生产方外的许多参与方和订购方也会参与农业生产合同中,并对其施加影响,或被生产关系所影响。这些参与方可以是供应链上的某个参与者,也可以是利益相关的第三方。

1. 供应链参与者

44 　　供应链参与者包括所有在供应链中对最终产品增加价值的实体,这一概念从生产、转换和处理,直到最终的消费（比如通过提供商品、财务、服务、信息以及专有知识）,进而构成了整个生产环节。参与者可能通过机构或合同关系相互连接。农业生产合同促成了供应链的运营与其他结构和参与者的直接联系,反过来也受到参与者对(整个结构)施加的影响力和紧张关系的影响。

(1) 参与者之间的联系

农业产品合同的各方可以通过多种方式与供应链上的其他参与者联系起来。在多方合同中,其他当事人直接介入生产活动中,且各参与方的角色和责任程度经常会在合同中明确规定,且同时规定了一方违约后可能对其他各方合同关系效果的影响。 45

其他各方也可能在另外单独的合同安排中与生产方和订购方有联系,旨在帮助其在农业产品合同中履行其义务。比如,对由生产方雇用的工人,或产品供应商(如种子)或订购方为履行其对生产方的义务所需要的服务(如运输或采收)就适用此种情形。作为雇员、分包人或代理人,每一方原则上只对其缔约方承担责任。 46

但在某些情形下,农业生产合同中可能需要特定第三方的介入,从而使得不同的合同关系之间相互依赖。此种情形可能存在于合同要求生产方购买某个指定供应商的生产资料,或生产方需要向第三方提供个人担保以确保履行其合同义务。在这些情形下,合同关系相互连接,进而意味着不履行或瑕疵履行某一个合同可能会造成相关合同的不履行状态(参见第三章)。 47

最后,供应链组成了其中各方之间特有的连接关系形式。在供应链中,参与者互享共同利益,并履行相应的合规机制来保护此种利益。若其中一方无法履行,则损害赔偿既有可能从合同本身产生,也可能从所适用法律制度的强制规定中产生。在供应链中,这种紧张状态可能来自于将供应链连贯结构与法律概念以及各方在合同关系中意思自治的现实后果相匹配的问题。若更侧重于其中某一 48

方,则必然会影响另一方面,更大的连贯性则会减少各方意思自治的空间,反之亦然。但某些法律制度也会认可农业生产合同中,基于合同外责任、合同本身或法律规则(如第三方受益人合同)而产生的合同各方特定义务对第三方可能造成的影响。

(2) 参与者的类型

49　　各类当事方(可能)会与农业生产合同相关联,这取决于其特定地位以及当地市场的特性。在高度一体化的关系中,订购方提供生产所需的大部分商品和服务,而在其他场合下,其他参与者将扮演更积极的角色。随着全球供应链正逐步转变为消费者驱动的模式,在最终消费者阶段所适用的要求将对供应链上不同参与者的义务内容有强烈的影响。在国际层面上,发达国家市场中的安全和质量标准或企业社会责任的要求要比生产活动所在地国家所适用的标准要高,在特定情况下,这会影响产品的替代市场的可获得性。

50　　除非订购方生产并将生产资料运送至生产方,物质生产资料(如种子、种植材料、幼崽和饲料、化肥和兽医用品)通常从第三方供应商处购买。订购方可能先行购买生产资料并运送至生产方,也可能要求生产方从某个特定的供货商购买生产资料,或对此并不做特定要求。在某些情形下,生产资料可能受制于第三方的知识产权(参见第三章第95—104段)。

51　　服务提供方经常作为合同一方的分包人。例如,生产方可能会将庄稼收割业务分包给第三方,或订购方将生产过程中的场地监控业务分包给第三方。若某个特定生产环节所适用的技术受到第三方的知识产权的保护,也会出现这种情形。

52　　农业生产合同经常作为生产方和订购方从小微金融机构、商业银行、社会贷款机构或基于公共计划的政府部门获取信贷或融资的手段。付款的担保可以基于农业生产合同,例如,生产方可对合同中的预期收益设置留置权(lien)以获得信贷机构的预支款项。订购方此时可能代表生产方对银行提供担保,或者基于生产方转让给银行的权利,订购方可直接向银行支付相应款项以清偿对生产方所负担的债务。在其他相似的情况下,如果生产方因欠缺相应手续或文件而无法获得机构的信贷或融资,订购方可以为生产方的生产过程提供相应的融资。特定农业生产合同会组织对各方履约情况的密切监控,将其与对生产方提供信贷或放款联系起来(例如为了生产资料的购买),以通知订购方或其他以协作/帮助者(facilitator)身份介入的当事方。当农业生产合同作为政府资助的开发计划之一部分,并且其中公立或私立银行机构所提供的融资支持由政府担保之时,上述对于履约情况进行监控,并将其与提供信贷联系起来的情形,就会经常出现。

保险人也会成为农业生产合同中的相关方。在消解诸多相关风险方面,保险能够发挥重要作用。它的承保范围可能包含许多风险(如火灾、偷盗、病虫害、自然灾害、财产损失或由第三方造成的设备损害),以及包含履行合同的主要行为人的生命和健康。但是,覆盖上述风险的保险并非总是存在的,然而就算存在这类保险,许多生产方(尤其是小农业主)可能也无法承受其高额的保险费。在某些国家,合同各方需强制购买特定险种,并且农业生产合同也会提供这方面的特定义务(参见第三章第165—168段)。保险产品通常由私立机构提供。当然,大型合作社或共同体(mutual entity)也会提供相应保险产品,或以微险种(microinsurance)的形式提供保险,两种方式都可以使保险费用更加低廉。在一些国家同样存在公共保险计划,该计划提供对私营保险服务的担保机制,或补助最低险种，并将此与公共计划中的信贷发放联系起来。在保险计划之外，国家也会采取特别的介入措施，对大规模自然灾害所造成的农业损失提供一定程度的补偿。

54　　第三方验证在交付时为合同各方提供独立及专业的产品相符性检测（这也适用于订购方交付的生产资料），并且可根据情况在生产过程的关键环节进行相应检测。农业生产合同可以就第三方验证作出约定，该项验证由专业技术机构提供必要的中立保证和技术保证。它也可以由公立机构（如商品委员会）、非政府机构（non-governmental entities）或私立机构（private entities）进行。当事方也可以决定在对产品相符性产生不同意见时诉诸第三方验证。

55　　第三方验证可以基于认证方案及特定系列的认证标准。遵守强制标准的情况通过公共执行机制进行监控，与此同时，遵守私营自愿性标准的情况则基于与相关认证机构签订的认证合同。有的时候，订购方会为生产方支付相应的认证费用以保证其产品带有符合相应标准并获得通过认证的标签。但更多情况下，认证费用由生产方承担。认证过程由各自的标准方案确定，并包含了数个在不同时间阶段进行的管控（比如现场检验、提取样本进行生化检测、审计及文件核查）。若发现不合规之处并且违反相关标准，认证方案一般会提供一系列措施来使得认证主体变得有资格申请（从采取补救措施的指令到可能导致否决或撤回认证的制裁措施）。在涉及农业生产合同下订购方的救济措施时，有必要使其与认证方案所提供的执行机制适当地一致或协调。

56　　附加服务（extension services）通常旨在通过支持生产方组织的设立与运营、农业经济和管理技能的培养，或提供市场情况的信息渠道，来强化生产方的生产能力。这些服务也会包括通过帮助识别潜在的合作伙伴以及帮助协商并起草合同的方式，促进（生产方）与订购方的关系。在生产过程中，附加服务会有助于更好地遵守相关规范，并且在缔约方之间出现冲突时提供帮助。附加服务通常由生产方组织、非政府组织或作为特定农村地区的社会经济开发项目一部分的公共机构提供。特别开发项目经常聚焦于特定类型的生产方（如妇女、原住民团体以及贫困和没有土地的生产方）。在这些特定情形下，订购方也可以提供附加服务，尤其在其承诺公平贸易标准（fair trade standards）的情况下。

2. 其他相关第三方（interested third parties）

其他各方也会持有相关利益，而这种利益会影响缔约方在农业生产合同中履行合同的能力。生产方的土地保有权（tenure rights）以及使用权可能是不确定或不稳定的。如果这些权利受到挑战，生产方可能无法按照合同继续履约。相似地，若生产方租得该土地，土地所有权人通常需要被告知某些特定要素，或可能需要对这些要素进行授权（如种在土地上的特定种类作物及收割工作，或进行生产所使用的设施）。基于合同或适用法律所产生的特别情形下，土地所有权人可能会对作物本身主张权利（例如留置作物以充抵未付租金）。农业生产合同经常包含关于生产方对土地所拥有的产权的条款，并且有时土地所有权人会签署这份合同。其他债权人（通常是银行机构）也可在生产方出于融资目的将土地作为贷款质押（pledge）且未能履行其偿还义务时，对土地主张相应权利。

同样，订购方债权人的权利也会影响农业生产合同中生产方的权利。比如，在订购方破产时，生产方请求支付产品费用的权利劣后于第三方债权人对产品销售所产生收益的债权。但某些特定的国内法会通过向生产方提供优先权的方式来对生产方提供特别的保护。

59　　农业生产合同中的缔约方通常不得修正、处置或以其他方式影响第三方的权利。但这是出于订购方和生产方双方的利益来确保双方相应权利之明晰，并且在适当的时候解决其中可能产生的优先权问题。特别条款也可能会被包含在农业生产或另一份单独的协议中，约定放弃作物上的权利或转让支付权。必须注意的是，合同中涉及特定第三方的条款不得影响第三方可能主张的权利。

二、合同的成立

60　　合同包含了缔约方根据协议而产生的法律义务。要约和承诺的概念在传统上一直被用来确定缔约方是否以及何时达成协议，当一份要约得到承诺的时候，合同即已订立。或者在某些情况下，缔约方的行为能够足以证明合同的订立。[①] 合同成立的过程对建立合同关系而言非常重要，因为它形成了在合同期间约束缔约方的义务。缔约方的特征以及相应的经济地位和议价能力在合同（权利义务）的平衡中起到了主要作用［参见上文第（一）（二）部分］。

61　　合同的成立包含了一系列的步骤和要素，包括谈判和初步信息交换，要约的送达和相应的承诺，以及合同的缔约准备阶段。作为通常情况下的最佳做法，整个合同的成立过程应当按照公正、透明和诚实信用的方式进行。[②] 诚实信用（good faith）尽管不被广泛认可为合同成立的原则，但它可能涉及适用（或避免采用）特定行为，也影响在谈判过程中的信息交换程度。为达到在合同关系中的

---

①　对国际商事合同而言，在 UPICC 第 2.1.1 条中规定了相似的规则。
②　对国际商事合同而言，在 UPICC 第 2.1.15 条中规定了相似的规则。

透明，一些形式的先合同文件（pre-contractual document）（例如参与同一产品生产的生产商列表、先前生产商的列表、订购方信息、生产方和订购方的权利和义务、生产的投资、生产费用、预期收入、监管模式、环境责任以及其他）可能会有用。

（一）要约与承诺

在农业生产合同的语境中，要约通常包含了订购方预期的合同条款。基于给生产方充分评估未来合同内容的立场，很多情况下推荐的做法是：在签订合同前用充足的时间将要约以书面方式展现出来，这就使得生产方得以充分地审阅（订购方）提出的条件，并根据情况向相关人士或机构咨询。在特定立法中，要约甚至必须以书面形式作出，且在某些情况下，为确保有效性，要约的内容应反映最终合同的内容。

因为只需要对要约作出承诺就足以使合同成立，要约必须充分描述清楚并且内容确定以作为合同的条款。① 法庭不会判决执行一份缔约方意思表示不明确，且无法从要约和承诺中确定意思表示的合同。合同中任何关键条款的模糊、不准确和不确定性都会使得合同无法执行。作为一般规则，标的物、价格、支付条款、数量、质量以及期限等主要条款必须足够精确，这样各方相应的允诺和履行才能够得到合理的确定。在对农业生产合同有特别规定的法域，这些描述性的条文必须被完整地包含在提交给生产方签字的书面文件中。

但所有的协议总会因为语言和通讯中的不确定因素，存在一定程度的模糊和不明确的地方，尤其是包含多种语言的国际交易。虽

---

① 对国际商事合同而言，参见 UPICC 第 2.1.2 条引用之案例批注 1.

然与前文所述的农业生产合同中良好的实务操作不尽一致，但一些表面上看非常关键的条款（例如货物的精确描述、价格①、履行时间②和履行地点③）可在某些情况下从要约中省略，而不会使其不够准确。只要缔约方愿意接受合同约束，且缺失的条款可通过对其他合同语言的解释、引用缔约方建立的实践习惯④或诚实信用原则、公平交易原则以及合理原则⑤加以确定，法庭即可判决执行该合同。

65　　在一些法律制度中，开放数量的合同（open-quantity contracts）则会引起一定的麻烦。例如，一些合同[''产品或需求合同''（output or requirement contract）]会根据订购方的需求或生产方的产量，来确定合同项下所约定的产品数量，而这类合同可能也会受到特定规则的约束。其中，独占性（exclusivity）可能会作为此类合同得到执行的先行条件。但是，若仅仅是数量条款不甚精确，与完全缺失数量条款的合同相比，法庭仍可以依赖合同以外的证据来提供所需的精确度。因此，应当仔细留意以明确数量和潜在的独占性问题。

66　　初步谈判（preliminary negotiation）指的是在对要约作出承诺之前，缔约方进行议价交流及其他活动。相应的，每一个要约都是初步谈判的一部分，直到该要约被承诺。在因谈判期过长而引发的争议中，法庭将审查每个要约、反要约以及缔约方的行动来确定其是

---

① 对国际商事合同而言，在 UPICC 第 5.1.7 条中规定了相似的规则。
② 对国际商事合同而言，从 UPICC 第 6.1.1 条中可推定相似的规则。
③ 对国际商事合同而言，从 UPICC 第 6.1.6 条中可推定相似的规则。
④ 对国际销售合同而言，在 CISG 第 9 条中规定了相似的规则。
⑤ 对国际商事合同而言，在 UPICC 第 2.1.2 条中规定了相似的规则。但对国际销售合同而言，参见 CISG 第 14（1）条。

否在完整且精确的条款上达成合意,并且该条款能够被法院理解。

不论初步通讯是否构成可承诺的有效要约,或只是初步谈判的一部分,在农业生产合同的语境下它都是一个应被谨慎考虑的问题,尤其是在双方议价能力有明显差别的情况下。单纯的意思表示、估计、广告或宣传单、价目表以及预先拟定的协议[比如"协议将来达成协议"(agreements to agree)或"同意谈判协议"(agreements to negotiate)]在外行看来可能就是确定的要约或有约束力的合同。国内法会参照多种因素来确定此种通讯行为的法律效果,包括使用语言的原本含义、缔约方的交易历史①、通讯对象的(特定)程度②、当地惯例和交易习惯、缔约方的社会关系、议价条款的客观完整度、协议的标的物,以及信息的受众会依赖通讯而做出的行为的可预见性。

"协议将来达成协议"即默示了合同双方将要谈判并缔结合同的义务。尽管一些法律制度对此类协议较为熟悉,且认为其有法律效力,但在其他法律制度下,此类协议可能会因其在涉及合同条款的终局性及缔约方有意图受法律约束的意思表示等方面不够精确而不具备可执行力。在某些情况下,缔约方可能最终确定了条款,但在最终的书面版本起草完毕并在晚些时候签订之前,缺少被约束的意思。在其他情况下,缔约方可能会在谈判过程中就一系列的条款另行签订协议,但只要一个关键条款仍在谈判中,合同就不会成立。初步协议可能会在之后被视为谈判的一部分,而该谈判可能会产生出一份要约(可能是最终的要约,也可能不是)。从另一方面看,商事实践发展出了不同类型的先合同义务(如意向书、协议备

---

① 对国际销售合同而言,在 CISG 第 9(1)条中规定了相似的规则。
② 对国际销售合同而言,在 CISG 第 14(1)条中规定了相似的规则。

忘录等），它们中的一部分也可能有其本身的约束力特征。

69 谈判可能会在非正式环境下发生，这种非正式环境包含非语言通讯（non-verbal communication）、交易历史、文化差异、习惯以及其他因素。缔约方可能预留一部分条款待未来商讨，并不将其视为议价的核心条款。相应地，如果缔约方受约束之意思表示已经明确，在多数法律制度下缔约方则视为已经缔结了具有约束力的协议。在其他因素中，一方或双方的部分履行也可以视为此种意思表示的强有力证据。

70 额外的谈判也可能发生在合同草签（initial contract）之后。从相关的方面来看，可以注意到缔约方有时会在合同中插入"完整合约条款"（entire agreement clauses）。根据该条款，一份合同文件将反映缔约方完整的协议，并排除任何其他单独的文件或协议。此种条款旨在强化合同双方权利和义务的确定性。

71 在一般合同法中，承诺人（受要约人）单纯地对要约的承诺足够使合同成立。一份声明（statement）——或者在某些法律制度下，承诺人（受要约人）的特定行为表明其接受要约即构成承诺。① 在开始履行即可成为承诺的合理方式的情况下，承诺人（受要约人）应当在一定时间内向要约人发出接受要约的实际通知。一般而言，即便在不同法律制度中存在不同的解决方案，要约可以在其到达之后且承诺人作出承诺之前被撤销。对适用 CISG 的国际合同中，解决方案则是：要约若明确表明其不可被撤销，或承诺人有合理理由认为要约不可撤销且（即使在承诺作出前）依照要约进行

---

① 对国际销售合同而言，在 CISG 第 18（1）条中规定了相似的规则。

了相关活动，则要约不可被撤销。①

（合同）适用的有关法律可能会在合同履行完成条件上设定必须遵守的额外要求。这种情况在需要政府部门批准才能生效的合同中较为常见。在某些情况下，可能需要第三方的同意，比如需要生产所在地的土地所有权人的同意。同样，也可能需要配偶的同意。此外，为保持合同的有效性，习惯法可能会要求合同遵守一定的形式，比如，处分行为可能需要团体代表的同意。 72

包含额外条件、限制或其他修正的对要约之回复通常被视为拒绝原先的要约，进而成为一个反要约。② 对于在接受要约的同时又对原先条款作出非实质性变更③的回复，这种回复的法律效力问题存在着大量的争论。在一些法律制度下，除非要约人在没有不当延迟之下反对这些差异，则合同已经缔结，包括承诺中对要约的修改。④ 但是如果要约方拒绝了这些修订，且缔约各方仍然在履行合同，则不确定何种条款（即那些包含在初始要约中的条款，或包含在所谓承诺或反要约中的条款）能够适用。 73

（二）行为能力和同意

对于一份农业生产合同而言，为了使其有效且可被执行，合同缔约方无论是自然人还是法人，都必须在缔结合同时具备相应的行为能力。国内法中对法律行为能力的规定通常是强制性的。 74

作为一个使合同有效的额外要求，缔约方必须在合同成立之时给予有效的同意。有瑕疵的同意以及相关的补救措施同样由国内法 75

---

① 参见 CISG 第 16 条。对国际商事合同而言，在 UPICC 第 2.1.4 条中规定了相似的规则。
② 对国际销售合同而言，在 CISG 第 19（1）条中规定了相似的规则。
③ 对国际销售合同而言，在 CISG 第 19（3）条中规定了相似的规则。
④ 对国际销售合同而言，在 CISG 第 19（2）条中规定了相似的规则。

的强制性规定进行调整。

76　　在农业生产合同中,一个潜在的敏感话题是:生产方在缔结合同时,对合同条款及其隐含的含义是否具备足够的理解能力。缺乏知情同意(informed consent)可能会造成有瑕疵的同意［例如,这可能会被解释成一个认识错误(mistake),不论是事实上还是法律上的认识错误,或被解释成欺诈(fraud),继而使得合同可撤销或引发其他补救措施］。缔约方的交易情况以及生产方的个人情况将在以下情况下起到重要作用:认定特定情形下生产方是否缺乏知情同意;基于所适用的法律,认定哪种理由可以作为撤销合同的依据;认定有关合同以及可使用救济的后果。

77　　在农业生产合同的语境下,对生产方而言一个极其相关的因素是:基于读写能力或语言能力而理解合同条款的能力。事实上,文盲和语言障碍对于生产方的知情同意而言是最常见的障碍。在实践中,可以看到的是,在谈判过程中,第三方引导者对于确保合同条款以生产方能够理解的语言来解释和起草起到了非常重要的作用(参见下文第86段)。缔约方应当认识到如果其中一方不理解合同的条款,该合同可能会被认定为是可撤销的合同。

78　　从这个角度看,合同不应当一概禁止生产方披露合同中的条款以及条件,并因此阻止生产方向能够给他们提供关于合同公正性、重大风险以及法律风险相关建议的第三方进行咨询。因此,某些法律制度明确否定了一般保密条款的效力。即便它们没有被明确否定,按照一般合同法其也可能被认定为不公平。

79　　其他相关的方面包括生产方能够有效获得农业生产合同的相关信息要素,以及生产方评估这些要素在合同下特殊地位的隐含含义。订购方是否有义务提供此类信息、有何种程度的义务提供此类信息也可能不尽一致。在一些法律制度中，基于一般的诚实信用原则①，订购方的确有义务在协议成立前提供某些信息要素。专门的部门立法（sector-specific legislation）也会设定强制性的形式及内容要求来实现这一目的。一方应当披露的信息程度应当与其对另一方的重要性相当，而披露方则已经或应当知道此种重要性。对于那些与在谈判合同中缺乏经验、无法方便获得合同相关信息的小农进行交易的订购方而言，这一考虑具有特别的相关性。

对于生产方而言，所涉及的风险可能有方方面面，从直接的影响（direct effects）到错综复杂的后果（complex consequences）。生产方的个人行为能力以及相关经验将非常重要，因为可能会涉及不同的问题（如农艺、财务及法律问题）。在这种情况下，引导者在强化生产方的行为能力方面起到了非常重要的作用。同样，在一些国家，立法要求披露合同对生产方产生的风险。对于缺乏认知、误解或对特定隐含含义或风险产生认识错误（尤其是与盈利能力相关）是否在事实上造成了缺乏知情同意，（法官）将根据适用的法律、事实状况对具体案件进行具体分析。

需要注意的是，一些法规提供了旨在在订立合同过程中加强保护生产方的特别机制。例如，一些法规赋予生产方在缔结合同后的一定期间内（某些法律规定是3天，但也会有更长的期限，例如1~2周）取消合同的权利。生产方可以在充分考虑合同的隐含含义，并可能在咨询第三方后，行使这一权利。此类法规要求披露生产方的取消权，生产方取消合同所必须遵守的方式，以及取消合同的截止期限。

---

① 对国际商事合同而言，从 UPICC 第 1.7 条中可推出相似的规则。

82   若从建立长期良好的合作关系的立场上看,良好的实践通常会推荐订购方以透明*的方式从事相关行为,并在缔结合同之前提供给生产方任何相关信息,这些信息不仅仅涉及合同履行,而且涉及重要的隐含信息以及对生产方可能的潜在风险。由欺诈、认识错误或胁迫而签订的合同也可以由受害方提请撤销。若涉及认识错误,错误的认识本身必须与事实或者与合同成立时的法律相关,而不是与某一方对未来的预测或判断相关。① 所以,对未来谷物价格、产量或天气状况的不正确预测不构成使得合同被撤销的认识错误。进一步讲,这类错误本身必须具备非常严重的性质,以至于如果仍按照合同原先约定来执行,则会被认为是不可接受的;或者如果合同的一方参与了造成该合同错误的过程之中,则其就无法获得法律保护(故此种情况下,另一方便可以认识错误为由提请撤销合同——译者注)。② 类似地,若一方代表人的陈述意在使另一方陷入错误并使本方从另一方的损害中获益,则也会达到欺诈的程度。③

83   在议价过程中以胁迫或不当影响(undue influence)的形式造成的不当压力也会使得合同可撤销。通过不给受害方以选择而强迫其同意议价的威胁可能从受害方的相对方发出,或者从谈判外第三方发出。在某些情况下,经济胁迫(economic duress)或商业强制(business compulsion)也可构成不当威胁(improper threat)。但是,如果合同另一方不知道该不当压力,并按照合同进行了实际履行,受害人的撤销权则因此消灭。不当影响可能发生在一方受另一方支

---

* 在该语境下,透明性(transparency)指的是针对相关商业行为,当事方能够获取足够信息的能力。——译者注
① 对国际商事合同而言,在 UPICC 第 3.2.1 条中规定了相似的规则。
② 对国际商事合同而言,从 UPICC 第 3.2.2 条及其评注中可推出相似的规则。
③ 对国际商事合同而言,从 UPICC 第 3.2.5 条中可推出相似的规则。

配的情况下，或发生在特定关系下，可以合理推断受害方参与了与其自身利益不一致的谈判中。在农业背景下，不断变化的市场状况可能在特定情况下产生一些以遭受经济胁迫为由的索赔请求（例如威胁将供货商排除出市场）。声称存在胁迫的一方通常必须表明其接受合同条款是非自愿的，且当时情势使其没有选择，且是由另一方的错误行为（wrongful acts）所造成。错误行为可包含将一方排除出市场的威胁，或剥夺一方生计的威胁，或为私人利益威胁提起刑事诉讼或监管措施。

(三) 在合同谈判中介入或辅助的角色

如前文所述（第43—59段），在合同谈判中存在各种类型的主体，有的可能会参与合同，有的会与订单农业的运营过程利益相关，有的则以其他方式参与这个过程。若订购方和生产方之外的主体成为协议的一部分（例如公共机构或财政资助者），合同条款一般会依赖该主体所设定的条件，或者需要提请该主体的批准。 84

1. 生产方组织

在许多订单农业方案中，订购方和个人生产方进行交易。大多数交易基于订购方在附合合同（contracts of adhesion），即格式合同中预先拟定好的条款和条件，几乎不给生产方留有谈判的余地。相反，在交付大宗货物的合同谈判中，生产方组织往往具有较高的议价权。进一步讲，生产方协会或联合体一旦有了充足的代表性，就可以扮演倡导者的角色，并强化其成员在与订购方交易时的地位。在一些情况下，生产方组织和购买者在商品基础上、在某一特定领域和时间段内达成专业性的合同条款，这会形成个体合同可以或应当适用的示范合同或标准合同。 85

2. 引导者

86 在某个特定环境下，不同的机构可能扮演引导者的角色（如政府机构、生产方协会和非政府组织，或开发机构及个人）。引导者可以在帮助缔约方设定互利条款方面发挥特别重要的作用，尤其是在合同缔结前和缔结时给生产方提供支持和建议，并且能够在订购方和生产方之间建立互信，这样他们才能够完全理解合同的条款。引导者不应当为缔约方作决策，但是可以根据授权在与另一方谈判和签订合同过程中代表订购方或生产方。他们也可以作为非正式合同缔结时的见证人。

3. 公共机构

87 若存在部门的特别立法，公共机构则有权将农业生产合同双方召集到一起并监督合同订立的过程，并审查其符合特定形式与实质要求的情况。一些法律制度基于不同的公共政策目的，提供正式批准或合同备案（需要支付相应费用）。一种可能的应用是向潜在第三方公示某特定生产方与另一订购方签订了独占性的合同。根据不同法律制度，提交公共机构审核可能是自愿的，其目的在于确定合同符合相关形式要求。公共机构也可以有更广泛的职能，参见本章前文所述（第39—42段）。

4. 中间方

88 大多数订单农业的安排由生产方或订购方的代表来谈判或缔结。通过代理或代表的方式缔结的合同对被代理、代表双方均有约束力。对于授权形式以及代理人超越代理权限的行为造成的纠纷由国内法中关于代表或代理的规则处理。此种规则在不同法律制度中大不相同，甚至每个法律制度都有一套自己的代理规则。

89 对于生产方而言，在某些特定情形下，区分公司代表（例如雇员或代理人)和作为公司分包商的自主承包人(autonomous entrepreneur)可能并不容易。但是这一区分有着非常关键的法律意义,因为其意味着不同的责任和救济措施。若一承包人自动成为订单农业协议的主要缔约方,其将承担来源于生产方或其自身履行不能的风险,并会联系到与发包公司之间的供货合同。相反,单纯的中间方不会对农业生产合同中的义务承担任何责任。这就强调了明确个人在谈判并缔结合同中地位的重要性。除非能够明确从特定关系及(交易)历史等状况中推断出个人的地位,推荐的做法是获取有关该个人的正式身份文件以及该人事实上获得授权代表另一方的正式文件。

如上文所述(第85—89段),生产方在某些情况下也可以被代表(例如被生产方组织或者以其名义做出行为的引导人所代表)。这里需要再次强调的是,应该建立明确的授权委托关系。从这一角度我们建议,在签订农业生产合同时,雇员或者代理人应明确自己的地位,并且不仅要签署自己的名字,还要加上诸如"谨代表……"(for and on behalf of)的字样,并且后面紧跟着写上授权委托人的姓名。通过这种做法,雇员或代理人可以避免自己以个人身份承担合同项下的责任。一些更加详细的措辞也可以并入农业生产合同正文中。

90

三、合同形式和内容

作为最基础的原则,合同一般不以任何形式或内容的要求作为条件。① 但是在某些法律制度中,对这方面可能会适用一些强制要

91

---

① 对国际商事合同而言,UPICC 第 1.2 条规定了相似的规则。

求。同样,应当考虑到的是:合同的形式和内容可能会因为多种因素而表现各异,比如参与方、特定商品、适用惯例等。本部分探讨一系列与农业生产合同形式和内容相关的常见实践方式及规则。

(一) 合同的形式

92　　大多数情况下,合同会采取书面协议的形式——无论是一份单独、完整的文件还是一系列的邮件、发票以及其他通信文件。当一方读写能力有限,伴随合同的会是对该合同的口头解释。① 有时,因为行业惯例、当地实践、缔约方的愿望或其他情形,产品合同可能就是一份口头的或"握手"(handshake)合同,在没有任何文件的情况下就达成了。②

93　　作为良好的合同实践方式,我们鼓励用书面、直接及简洁的合同来提升缔约方协议的清晰度、完整度、可执行性以及有效性。我们应当将精力用于尝试减少可能的复杂度,以保证那些读写能力有限的缔约方能够完全理解合同的内容(例如,在签订合同前,由中立第三方在其面前大声阅读合同内容)。③ 不断推动透明度、公开交流以及订购方与生产方间的密切合作不仅是合同成立阶段的关键原则,更是伴随着合同的整个存续过程。类似地,在某些地区,使用完整的书面合同文本也许并不常见,所以满足通过信任而订立口头协议的需求也就显得十分重要。比如,缔约方缔结一份口头协议时,往往会在一个与双方没有经济利益关系的第三方面前缔结合同。这可以使双方同意的条款更容易得到证明,继而帮助双方克服在履行口头合同时遭遇到的困难。

---

① 对国际商事合同而言,从 UPICC 第 1.2 条可推定相似的规则。
② 对国际销售合同而言,从 CISG 第 11 条可推定相似的规则。
③ 对国际商事合同而言,从 UPICC 第 3.2.7 (1) (a) 条可推定相似的规则。

合同自由（freedom of contract）的基本原则赋予缔约方缔结合同并确定具体内容的自由。① 为减少交易费用，订购方经常向多个生产方发出要约，目的是与他们缔结一份拥有标准形式的农业生产合同，该合同会使用格式条款，并援引其他文件中的标准。生产方也更愿意缔结标准化的合同，尤其是当他们知道他们的同行也参与了同样的合同安排时，他们可以通过这种方式来共同融入该种文化模式。

但是，缔结合同的法律自由往往被经济自由的缺乏所遮盖，这种经济自由的缺乏表现在无法就具体条款进行谈判，或拒绝一份合法但经济上严重不公平的合同。目前存在的担忧是，不可谈判的附合合同（non-negotiable contracts of adhesion）通常按照强势方的意愿来起草。相应地，国内法对合同解释的规则会规定，合同中任何模糊不清的地方将按照不利于合同起草人的方向去解释。相反，若对合同的平义解释（literal-minded reading）会对某一方有超出合理程度的偏袒，则适用的法律会允许对合同进行更加自由地解释（a more liberal interpretation）。在双方谈判地位差异悬殊（gross disparity）的情况下，若相关准据法允许，受到（不利）影响的一方可以撤销合同或请求法院按照合理的商业标准或公平交易原则修订合同。② 当然，若考虑到实际进行诉讼的难度，以及尤其是对小农生产方而言的大打折扣的实际获得的（诉讼）救济，通过诉讼达到对生产方的事后（拉丁语 ex post facto）保护的实际意义和经济效益往往被高度质疑。需要注意的是，因为"差异悬殊"而产生的合同撤销与修订（的规则）并非在任何地方都被接受。

---

① 对国际商事合同而言，UPICC 第 1.1 条规定了相似的规则。
② 对国际商事合同而言，UPICC 第 3.2.7 条规定了相似的规则。

96　考虑到合同缔约方之间在经济力量上存在的潜在差异、信息不对等以及不正当竞争行为，有些法域对农业生产合同所要求的形式采取了特别规定，以致力于提升农产品供应链的作用。由于不同国家对规制农业生产合同的法律传统、法律规则及标准存在各种各样的差异，可能会在民法总则、土地法、一般合同法、农业合同特别法以及部门立法或产品特别法中找到各个法域相应的规定。所采用的特定要求也涵盖了从合同可读性（readability）标准到合同主要条款等各方面。

97　为减少可能的误解，合同应当使用双方都熟悉的语言撰写，并应当尽量避免复杂或模糊的条文，以便于所在地区内具有平均教育水平和经验的生产方理解。某些法域还规定了字号大小以及应当使用的章节、标题以及目录来帮助理解较长的文件。技术条款（technical terms）的使用可能会被判定为非法，除非生产方在日常的商业活动中经常使用它们。

98　农业生产合同可能会详细规定产品标准或者处理（handling）标准，或包含其他技术条款。在此种情况下，有些法域要求合同对双方签订书面文件中的特别条款进行充分的解释，并将那些通过引用而并入的文件（documents incorporated by reference）作为附件一并提供。其他披露要求可能会强制要求订购方向生产方披露特定的实质风险。同样，这些有关合同形式的义务超越了一般合同法的规定，继而最小化由于经济地位不均衡或信息不对称而导致的误解和不正当竞争行为。

（二）合同内容

99　多数法律制度中的一般合同法除了要求合同缔约方具有足够的身份信息以及合同客体以外，并未对合同生效所需的具体内容提出进一步的要求。但是有些适用于农业生产合同的特别规则通常会额外增加对内容的要求，以保证透明度，并将一些关键信息提供给缔约方。这些往往与合同缔约方核心义务的内容和范围相关，并且可能会涵盖其他特定方面，这些方面决定了协议所带来的利益和风险能否达到总体平衡。

一些规章对缔约方应在合同中纳入的事项进行了更详细地规 100
定，比如要求缔约双方使用标准格式合同。在这些情况下，程序性保护（即合同缔约方将涉及特定事项的条款包含在合同中的义务）可能会和实质性保护（即合同缔约方将包含特定内容的条款包含在合同中的义务）一并实施。某些法律制度也要求缔约方应当明确可供选择的争议解决方案，有时还要求缔约方在诉诸任何具有约束力的机制前先进行调解。

在符合任何可适用的法律之规定下，以完整详尽的方式处理缔 101
约方合同关系中的关联因素，这一举措符合缔约方的利益。尽管农业生产合同可能会因为不同的农产品、供应链环节、法律制度以及社会规范而有多样的形式，但大多数书面协议中都存在一些重要的合同要素以提升合同透明度并传递完整的信息。在实践中，可以观察到不同类型的订单农业、不同商品和不同国家的合同条款与条件，存在着趋同的趋势。

缔约方。大多数合同以确认缔约方的身份作为开头。在农业语 102
境下，这通常包含生产方和订购方的姓名和联系方式。此外，还可能包括在特定合同中对生产过程中的土地或牲畜的描述，明确如面积大小、地理位置或特定种类牲畜。对农业生产合同各方的更全面的讨论，包括第三方、生产方协会以及政府监管者，请参见上文第一部分。

103　目的。目的条款经常十分简要地列出缔结合同的原因（如"种植番茄的合同"）。该条款会明确生产方生产和订购方购买的产品。在将"对价"（consideration）或"原因"（cause）作为合同义务生效要求的法律制度中，在本部分合同插入一段概述或至少确认合同双方相应义务的条款可能会有用一些。合同目的通常也会在初步陈述（initial recitals）或序言（preamble）中进行说明。在某些情况下，合同序言也会被用来解释合同内容以及缔约方的意图。①

104　生产场地的确认。农业生产合同通常会确定生产场地。与土地相关，合同中所提及土地的特定规模以及地理位置（通常基于土地注册信息确定），可能决定了合同的内容以及缔约方的义务范围（如当货物交付以及购买义务指向的是来自指定地点的完整产品时）。

105　合同缔约方的义务。合同应当明确生产方和订购方双方的义务，而且事实上大多数农业生产合同的内容通常由缔约方义务组成。在书面文件中，其可能存在于不同部分。一般生产方的义务可能包括对生产和处理的要求，使用并支付特定生产资料以达到市场需求，交付的地点和时间、质量标准，以及其是基于量（即数量）还是基于土地亩数订立的合同。生产方的义务也包括遵守订购方的知识产权（例如交易秘密以及受专利权或其他保护的种子）。订购方的义务通常包括确定或提供产品生产资料（如种子、化肥、土地、技术辅助服务、生产监管、产品质量检测标准的信息，以及接收货物。对缔约方义务的完整讨论详见第三章）。

106　价格和支付条款构成了缔约方议价的核心，而且是缔约方义务

---

① 对国际商事合同而言，从 UPICC 第 4.4 条可推定相似的规则。

的重要组成部分,值得在此单独进行阐述。相应的,一份合同通常约定了待付款项,或包含一个后续确定价格的条款。按照良好的实践方式来看,合同应当有着明确及透明的定价方式。若缺少了缔约方特定的协议,相关适用的法律可能会授权一位裁判者(法庭或仲裁员)按照法律中的默认标准推定合理价格。① 其他条款包括订购方向生产方支付款项的时间、方式等的说明(对价格和支付条款的进一步讨论参见第三章第 145—163 段)。

类似的,提供生产资料的义务,作为义务条款的一部分也值得单独阐述。合同应当合理明确物质上的生产资料投入(physical inputs)。尽管并没有明确的规则说明其如何确定,但通常做法是通过技术规范或商标来指向特定的生产资料。不管合同中如何描述生产资料,考虑到整个合同条款,其必须以足够特定的方式来描述,才能确定该条款的执行力。若生产资料由订购方提供,则是整个合同至关重要的一环。除非原材料价格由政府部门设定或调控(例如防止过度溢价),这一条款由缔约方形成合意来确定。作为合同中的关键条款,未能确定或缺少对原材料的定价基准可能会导致无法达成合意(参见第三章第 67—68 段)。

107

确定订购方提供的生产资料的价格是一个十分重要的事项,应在合同中明确解释。应当在充分考虑相应市场价格的情况下确定价格,并考虑订购方对生产方应付账款的定价机制。因为生产资料的价格与交付给生产方的价款经常密切相关,一份起草完整的协议会从逻辑上将生产资料的描述和定价与协议中整体的支付条款相联系,以清晰地比较各方面的成本和支付的价款。如果未能这样做,

108

---

① 对国际商事合同而言,从 UPICC 第 5.1.7 条可推定相似的规则。

可能会导致订购方基于缔约方预期范围外的默认条款，继而采用不同的支付方案。

109　**免责条款**。农业生产合同在突发事件面前显得尤其脆弱，这些突发事件会造成合同履行不能，或履行合同的困难远大于订立合同时所能设想的程度。合同可明确在不可抗力（force majeure）情形或情势变更下的损失风险，若有可能，可约定投保义务（详细讨论参见第四章关于不履约的抗辩理由的内容）。

110　**救济措施**。合同可能会包含在一方无法履行合同义务下的特定救济措施。缔约方可以设计在不同情况下违约的救济措施，但应当注意，准据法可能会对合同的救济措施采取特定的限制（详细讨论参见第五章关于违约救济措施的内容）。①

111　农业生产合同中其他相关要件包括：经常与订购方提供生产资料的义务同时出现的责任限制条款或免责条款（这类条款会限制或免除因生产资料不合格而引起的责任）；废弃物处置责任的分配；潜在环境责任；取得并遵守公共许可的责任；接替者（successors）和转让合同权利的条款；续约（renewal）条款；以及禁止对原始合同予以口头修改的整体性条款（entirety clauses）。②

112　**合同期限**。合同期限可能按照准据法和生产周期的不同而有所差异。对未明确期限的合同，可以基于作物种类推定合同履行期限。比如种植玉米（一种一年期作物）的合同默示限制在 1 年期。从另一方面讲，赋予一方（一般是生产方）财务义务的合同可能意味着更持久的合同关系，以及对订购方续约并持续购买农产品的预期（参见第六章第 4 段）。

---

① 对国际商事合同而言，UPICC 第 3.2.7 条规定了相似的规则。
② 对国际销售合同而言，CISG 第 29 条规定了相似的规则。

续约。续约可能会因缔约方另行达成延长既有合同期限的协议而产生，也可能因在最初合同中设定自动续期条款而产生，或因在合同到期之后以持续的履行行为默认了合同的延续。在某些法域，对口头合同续期超过一年的情形，可能会被要求将该超过 1 年期限的合同予以书面化（参见第六章第二部分"合同续约"）。　113

　　合同终止。合同终止意味着解除缔约方合同中相应的义务。其可能由双方达成一致而自动解除合同，或因另一方不履行合同而导致合同自动解除。为提升合同的清晰度和确定性，应当明确合同终止的情形以及程序性要求（如通知期限）①（参见第六章第三部分"终止合同"）。缔约方也可以约定在一方违反合同义务时所采用的不同补救措施（参见第五章第 23—27、85—89、127—148 段）。　114

　　争议解决。任何合同关系都可能因未能履约而产生争议，这种未能履约的事件可能由于缔约方违反合同义务，或是由于非因缔约方行为的外部因素。相应地，生产合同中应当在一开始就包括了争议解决的办法。通常形式包括司法程序、仲裁以及友好程序如调解或和解。这些条款有助于增加关于合同解释、执行以及终止方面的程序性确定度（对争议解决机制的进一步讨论请参见第七章）。　115

　　签名。在书面合同中，应当有单独的一部分列明缔约方的签名，且应包括合同订立的日期和地点。良好的实践是缔约方应当在有见证人在场的情况下在文件上签署自己的姓名。　116

（三）违反所要求形式或内容的后果

　　准据法无论要求农业生产合同以书面方式作出或者是提出其他形式上（如足够的可读性）或实质上的要求（如包含缔约方特定　117

---

① 对国际商事合同而言，UPICC 第 5.1.8 条和第 7.3.2 条规定了相似的规则。

义务的条款），其一般都会明确不遵守此类要求的相应后果。

118 　　在某些法律制度中，书面形式是必需的。这可以被设定为合同生效的一个条件，若未能达到该要求，合同将被宣告无效。另一种情况是，书面性要求只是作为证据目的，而口头合同一般是有效的。但是如果合同的存续和内容出现争议，缔约方通常应当以书面形式证明合同内容（但存在可能的例外情形），若无法证明，则可能会导致合同无法履行。

119 　　如果准据法没有对违反形式要求的后果进行相应规定，则在不同的法律制度中，相关的解释方法亦有区别。广泛的趋势是将合同自由作为首要原则并对该原则的例外（例如形式要求）进行严格的解释，这就会导致书面形式可能仅用于证据或公示之目的。

120 　　根据不同的准据法要求，违反其他形式要求可能会导致不同的制裁：从合同整体被宣告无效，到民事或行政处罚（罚金、取消订购方的许可或取消订购方在公共财政所支持的订单农业计划下可享受的利益）。特定的法律制度可能会允许法院对合同进行重新修正。

第三章
缔约方的义务

本章将研究农业生产合同中缔约方的义务。生产方的主要义务是按照合同的说明和要求生产并将货物交付至订购方,其中经常会由订购方提供生产资料和资金支持。订购方则负有购买产品,或按照合同约定支付在商品生产过程中相应服务的酬劳的义务。农业生产合同经常赋予订购方监督生产过程的权利,其中包括提供生产资料、进行指示、提供技术方面的指导。

农业生产合同中缔约方承担的一般义务可大致分为两类。第一类义务直接与待生产货物的物理属性(质量、数量、交付时间)或与相应的支付酬劳(价格、支付时间)有关。这些义务可称为"产品相关义务"(product-related obligations)。第二类义务则更加与产品生产过程(比如生产方法、运用的技术、工作环境)直接相关,并且可能还包含更细致的管理措施。其中一些义务可能更直接地旨在达成商品所需的物理特征(播种时间和方法、数量、化肥的使用方法)或旨在满足特定的安全标准(如杀虫剂使用、卫生状况),但其他义务可能和产品质量联系不是那么紧密,而是和产品或生产过程中的无形因素联系更为紧密(例如符合环境和可持续标准、社区利益、性别和原住民群体问题)。这些义务可称为"与生产过程相关的义务"(process-related obligations)。

重要的一点是,需要了解生产方和订购方的义务通常紧密相关，这会导致一方的履行经常取决于另一方遵守规定的情况。的确，各方的每一项义务可能会与另一方的某项义务相对应或相关联。例如，订购方提供技术指导的义务会与生产方服从这些指导的义务相衔接。因此，本章将从合同目标和履行阶段共同探究生产方和订购方的义务。首先是缔约方风险分配的关键方面。其次探究农业生产合同中缔约方的核心义务。很多义务可能在农业生产合同全过程中的某一阶段，或特定时间点发生，在讨论各项义务时，我们需要高度关注并强调各项义务发生在不同阶段或时间点的可能性。

4 　　本章最后一部分将分析在履行农业生产合同中任何阶段都可能发生的义务和问题。对缔约方而言，在履行合同的整个过程中知晓这些义务至关重要。本章更侧重于个人生产方和个人订购方之间的农业生产合同。正如第二章第一部分"合同当事人"所讨论的那样，合同安排（contractual arrangements）可能比此种双方安排（two-party arrangement）更加复杂。

5 　　本章重点关注合同条文本身所引发的义务。但是缔约方应当始终留意从其他来源所引发的义务（参见第一章"法律框架"）。比如，若生产方雇用员工，生产方应当符合准据法中劳动法和社会法的相关要求（如工作时间、社会保险、工作场地的安全状况以及禁止童工等）。尽管相关法律已经将这些义务作为公共监管制度的一部分加以规定，但农业生产合同也通常对这些义务进行详细规定。

一、风险分配

6 　　缔约方在合同中的义务与其意图分配和弥补风险的方式紧密相关。从概念上讲，当缔约方起草合同并包含一方或另一方应当承受的义务时，他们也在给一方或另一方分担其面临的风险。合同存续期间缔约方所面临的主要风险包括两大类：①"生产风险"，即产品因生产过程中可预见或不可预见的事件所导致的产量损失或短缺；②"商业风险"，即经过运输或营销的产品实际市场价值可能低于或高于缔约方在确定价格或价格计算公式时所预计的价格。

（一）产品风险分担

在生产阶段出现的事件（如恶劣天气）可能导致歉收或颗粒无收［对意外事件（supervening events）的讨论另参见第四章第2—4段］。这些事件统称为生产风险。通常情况下，合同会包含何方承担风险及何方有责任保证达到合同所要求产量的详细条款。这些条款以及因此产生的义务必须结合准据法所默认的风险分担来理解。 7

若要完全理解农业生产合同中的产品风险分担，了解持有和转移货物产权（title of goods）的法律含义至关重要。货物产权一般被认为是货物的所有权（ownership of the goods），故而转移该项权利即意味着转移所有权。一方当事人对货物的默示权利之一是作为所有权人通过销售或其他方式处置该货物的权利。所有权另一项重要的后果是所有权人可能需要自行承担货物腐败、丢失或损坏的风险（deterioration, loss or damage to the goods）。拥有该项产权的一方是否承担生产风险取决于合同约定和准据法，但按照某些法律制度的默认规则，这些风险由持有货物产权的一方承担。 8

从这一角度看，农业生产合同中的产权可遵循两种模式进行。在第一种模式下，与通常的销售合同相似，生产方拥有特定货物并将其交付至订货方。在第二种模式下，订购方在整个生产过程中是原材料和其转化产品的所有权人。在后者情形下，生产方的地位类似于服务提供者。对两种模式而言，双方的义务取决于何方在相关 9

时间点拥有货物和原材料的产权。

10 在某些法律制度下，若购买方占有或接收交付货物，则发生产权转移。在这些法律制度下，损失风险的转移通常发生在转移占有或交付时。在一些其他法律制度下，默认规则是损失风险附随于对货物的实际控制（physical possession）之上。持该立场的理由是占有货物的人通常是适格的货物保管者。这在诸如租赁（lease）合同、借贷（loan）合同、保管（bailment）合同或储蓄（deposit）合同中较为常见，其中使用或保管货物一方承担风险，而非货物所有权人。在符合诚实信用义务的情况下，处理货损风险的默认规则通常可以通过合同条文进行改变。

11 对订购方而言存在两处需要特别关注的地方。第一，对订购方而言，生产方对土地和产品有充分且有效的权利至关重要。第二，订购方必须知道产权何时发生变动。这一与产权相关的问题可能在事实上会很复杂，因为那些在未来才会被生产出来的货物具有可替代性（即可直接被替换）。对于生产方对土地和货物的权利而言，一般会基于保护第三方利益的目的而适用强制性条款。但是，订购方要求生产方保证生产方对该土地具有合法所有权、对产品拥有充分产权且没有第三人主张产品权利、土地占用权（land tenure rights）、担保权或其他权利的情况也较为常见。

12 生产方尤为关心的问题之一是有些合同在赋予订购方农作物产权的同时，试图让生产方在农作物交付前承担所有的损失风险。所以，在很多农业生产合同中，生产方在农作物生长过程中对农作物根本没有任何合法权利或产权。这一合同的设计目的在于在生产方的债权人对生产方行使债权时，保护订购方对农作物的财产性利益,并且保护(农作物)遗传物质中任何可能的知识产权*(参见下文第95—104段对知识产权的进一步讨论)。但是许多农业生产合同也将农作物损失的风险(如天气或病害导致的损失)施加于生产方。换句话说,若农作物有收成,订购方则拥有之;若农作物歉收,则生产方有责任且毫无补偿。此种合同形式是风险转移的经典例子,因为其保证了订购方在避免生产风险的同时能够对农作物享有权利。生产方关心的另一个问题是,即使在订购方占有并取得产品所有权时风险也不会转移。在此种情况下,若供应链下游第三方拒绝(接收货物),则风险仍由生产方承担。

(二)商业风险分配

农业生产合同中的"商业风险"(commercial risk)意味着产品因市场价格或商品需求的变动而不可能产生预期收入的风险。两种风险都可能削弱缔约方收回投资的能力,并且会损害项目的财政可持续性(financial viability)。　13

订单农业中订购方的基本动机是控制商业风险。一方面,其通过协议固定价格或至少预先确定一个价格计算公式以防止对其不利的价格波动;另一方面,其通过要求(生产方)遵循预先确定的数量、质量和产品标准来减少价值链上潜在消费者拒绝购买的风险。订购方寻求的特定市场和商品以及商业结构将影响一份农业生产合同所建立的整合程度。紧密整合的合同关系(tightly integrated relationships)对于在寡头垄断市场(oligopolistic markets,即被一小部分企业控制的市场)中销售的产品,或者在订购方发展出一条特　14

---

* 这里的知识产权指的是农业公司在优选作物种子时可能产生的知识产权,因为选择特定基因进行培育的方法也受知识产权法律的保护。——译者注

定的产品线并要求原材料和生产方法特定化，继而导致在最终产品上形成一个特别的市场身份的情况下，较为常见。这种紧密整合的关系通常转化为各种各样的特别义务（如生产方只能使用订购方指定的生产资料和技术的义务，参见下文第66段）。为了保证产品达到订购方精确化的市场要求，合同通常要求生产方获得合同所约定的生产方式的特定知识，并且按照订购方的特定要求对装置和设备进行一定的投资（参见下文第75—77段）。

15　　在生产过程所涉及的各环节中，生产方通常会受到密切监视和检查。通常而言，订购方会确保对整个生产过程中的生产资料、技术以及产品具有独占权以及可能的财产权（如完整的所有权、专利权或财产权）。

16　　合同除了提供控制、缓解和分配市场营销失败所致风险的方式外，还会考虑因价格波动而引发的商业风险。从订购方的角度来看，主要风险在于固定在合同中的价格或由合同约定定价公式所计算出的价格（参见下文149—158段）可能比同等质量商品的市场价格要高。如果对于最终产品的需求是弹性的，或者竞争很激烈，订购方可能不会对消费者涨价，这也导致其所获得利润可能低于预期。相反，从生产方的角度来看，若合同价格低于市场价格，或者在不断上涨的费用（如上涨的工资、电费或油费）下合同约定价格不足以保护生产方利润，则该合同的吸引力将大大减弱，甚至对生产方非常不利。在每一种情况下，缔约方都有违约的可能。对于普通的商品，因为可以更方便地从替代来源处获取或者被更方便地卖给其他买家，违约风险则会更大。若生产越复杂，缔约方之间的相互依赖则更为紧密。

17　　商业风险很大程度上由合同建立的价格机制控制并缓解。若缔约方越是能够设计出在价格波动情况下保护合同缔约方共同盈利的机制,就越能够建立起稳定的合同关系。对缔约方而言,重要的是应时刻牢记:糟糕的市场信息经常会导致不稳定的定价和糟糕的风险管理,这也强调了在合同谈判时需要成熟的商业计划。

(三) 独占性 (Exclusivity)

为了同时控制生产和商业风险,缔约方经常通过独占性义务的方式强化交付义务和定价机制。在此种语境下的独占性意味着生产方承诺只和某个特定的订购方进行交易。更多情况下,独占性不仅要求将商品交付至订购方,还要求订购方提供所有或者大部分的生产资料。独占性的概念与交付至订购方货物的数量紧密相关(参见下文第24—41段对数量的详细讨论)。 18

独占性义务经常是合同所基于的商业模式的必然结果。比如,若订购方保留了对货物的产权,其结果自然是所有的产品应当返还至订购方(不排除少数的例外,如允许生产方保留一小部分供自用)。如果产品由生产方合法拥有,则结果就大不一样。但在这种情况下,许多农业生产合同仍然要求生产方有义务将产品只交付至订购方。对此的理由是,生产过程中的基本生产资料是由订购方提供的(如播种或种植材料以及技术支持)。此种义务也可能产生于订购方购买所有产品的承诺。 19

但是生产方必须意识到将整个生产过程独占许可给单一合同相对方的风险。在与订购方的独占许可合同中,生产方通常会损失绝大部分或全部的经济独立性,因为其需要依赖订购方以获得市场渠道,也要依赖订购方开出的价格、生产资料和信用的条件。通过此种经济上的依附,生产方很容易因害怕失去订单而对订购方可能的权利滥用或其他不公行为(unfair conduct)毫无办法。为防止此种 20

情况发生,在国内法中通常会有一些特别保护性条款。

21 若定价机制或支付方式不再能确保足额的利润率,或违约带来的可能利益大于违约责任的成本,那么独占性条款本身可能就不足以保证合同的履行。市场价格的变动、提前付款或即时付款的可能性也会鼓励那些机会主义的生产方违反将产品交付至订购方的义务,并将产品销售给第三方。此种被称为"私下销售"(side-selling)的行为更可能在存在独占交付义务的情况下发生,也可能在合同要求一个固定交付数额的情况下发生。如果订购方拥有对产品的所有权或合同针对整个生产过程,则私下销售是被禁止的。但重要的是将完全的私下销售同另一种情况区别开来:即基于确定数量所生产的产品,且存在超额生产(在此种情况下,多出来的产品可能会在第一次被订购方拒收之后被卖给第三方)。在实践中,若生产方违约所能够获得的收益大于违约所带来的损失,私下销售通常会发生。为避免私下销售,订购方会在交付方面给予生产方一定的灵活性,允许生产方保留一小部分产品用于合同外销售。但生产方仍有义务补偿订购方所提供的生产资料和服务的费用。

二、缔约方的核心义务

22 在农业生产合同中,生产方的首要义务是按照合同的约定和要求生产产品。此种义务可能涵盖了大范围的子义务(sub-obligations)和要求。与生产方义务相随的是订购方购买产品的义务,或是如果订购方拥有产品所有权,其有义务接受产品的交付。所以,订购方的首要义务是支付价款。在生产过程中,订购方也会有一些相应的义务(如提供特定生产资料和监督生产过程的义务)。

(一) 产品

约定的产品数量和质量是生产和交付义务的核心。缔约方承担的产品相关义务的范围非常复杂。比如,(产品)数量不仅要与所提供的生产资料数量相当,还取决于其质量。产品数量和质量不仅仅取决于生产方所采用的维护标准,而且取决于其生产过程中所应用的生产方法、方式(而这种生产方法、方式又经常由订购方确定)。缔约方关于提供生产资料和生产方法的义务的范围,决定了各方所承担的损失风险、短缺风险或低质量风险的情况。本部分将深入研究与产品数量和质量相关的问题。 23

1. 数量

订购方经常同意支付给生产方全部产品的费用。但有些合同却规定订购方只购买未来产得农作物的一部分、特定数量、最小量、比例或可变数量。有些合同规定购买数量将基于农作物生长过程中田野测试的结果来确定。类似的规定也可在与畜牧业相关的农业生产合同中见到。 24

(1) 购买所有产品

订购方获取"所有"产品意味着有多种可能的计量方法,其含义应当明确表示。如果"所有产品"意味着某块特定土地上产出的所有农作物,则具体位置和土地表面积(如果有可能的话)应当在合同中规定。如果"所有产品"意味着依据订购方提供的生产资料(如种子和种植材料)而确定,也需要在合同中明确表示。类似的,在要求订购方提供动物的畜牧业农业生产合同中,一般预期(the normal expectation)"所有产品"指的是所有(由订购方提供)这些动物。这当然应在合同中清楚地表明。缔约方也可能将"所有产品"定义为生产方生产出来的所有东西。 25

26   "农作物"通常是某一特定季节的作物,也可以是多季一熟或者一季多熟的作物。合同应当约定"农作物"包含什么。一些规定交付全部农作物的合同包含预期生产的数量。其一般会考虑可能影响作物生产的不确定因素。若作物因天气原因遭受部分损失,关于不可抗力的条款也可能会对数量进行调整。

27   生产方向订购方交付所有作物的义务意味着订购方对产品的独占性权利(exclusive rights),也意味着向第三方出售产品是不被许可的(参见上文对独占性的讨论,第18—21段)。生产方向订购方交付所有作物的义务要求生产方在订购方独占的基础上与其进行关于产品的交易。但这并不能够推定订购方也只能和该生产方订立合同。尽管对缔约方缔结独占合同关系没有特定法律上的障碍,但更常见的情况是订购方和大量生产方缔结合同,这样使得总产量更大,并且降低单个生产方生产失败带来的风险。

28   在独占合同(即生产方必须将其所有的、或特定地块上的所有产出交付至订购方)中,任何形式的私下销售都将构成违约(参见第五章第89段)。更多情况下,即使生产方没有和第三方进行交易,只要生产方因缺乏勤勉导致交付的货物数量有限,或作物质量较差,则无论其是否与订购方订立独占合同,生产方都可能违反其合同义务。

29   从订购方的角度看,因生产方私下销售所引发的主要顾虑是:订购方无法从其他渠道(这些渠道事先并没有根据订购方要求生产作物)获得符合合同所约定要求的替代产品。更多情况下,货物可能包含订购方的生产资料,故而订购方会想要保持对其的控制权。订购方可能通过规定生产方仅可在其产品与要求不符而被订购方拒收的情况下向第三方销售该产品,以保护订购方不为这类风险所困扰。若产品包含了订购方拥有知识产权的生产资料，合同也会为防止私下销售而规定产品必须销毁。

在合同中可明确规定禁止向第三方销售产品，也可通过规定生产方须为订购方保留所有产品，以及通过订购方作出购买所有产品的承诺以间接达到该目的。在许多规定了向生产方交付所有产品的合同中，这一点因显然无需证明而并未明文规定。但是，由于"私下销售"是许多订购方的主要顾虑所在，故而建议在订立合同时对其明文规定。

农业生产合同有时会在具有约束力的独占条款合同中规定一些明示的例外。例如，若在订购方同意的前提下，（生产方）可以向第三方销售产品。订购方若通知生产方其自身无力购买合同约定的数量，也会成为一个合同规定的较为常见的例外。除此之外，有限的例外有时也允许生产方将一小部分产品留待自用或在本地市场上出售。

(2) 仅购买部分产品时

为了保证对订购方稳定、持续的供应，合同经常会包含一定的购买数量，可能只占生产方产品的一部分。这允许合同双方提前知道在该合同下需要多少数量，尽管其可能会使得生产方遭受减产的风险。但取决于不同的法律制度，除非另有约定，法律可能会规定订购方有义务确保生产方能够达到其生产义务要求（比如避免订购方要求生产方生产其在一般情况下被认为无法完成的数量）。超过合同数量的产品原则上由生产方自行处置。

如果生产方的义务没有延伸到其所有农产品，则一般认为生产方有将额外产品销售至第三方的自由。所以，大多数此类合同并不包括对转售第三方之限制，但也有例外。比如，明确约定不得与任何第三方订立农业生产合同（取决于合同条款、订购方是否同意）。若生产方有权将约定数量之外的产品转售第三方（无论是特定数量或者所有产品中的特定比例），对订购方而言通常会有优先否决权（right of first refusal）。在此种情况下，较好的做法是明确此种权利如何行使（时间期限、通知义务等）。为防止农作物腐败，生产方应当迅速了解是否允许将额外产品销售至第三方。

34　　某些合同包含交付一定比例的全部产品的义务。这一比例足以体现生产方的生产能力（生产方能够生产这么多的农产品），并从另一方面印证了详细规定合同条款的必要性，合同会包括关于生产方法、质量要求或订购方提供的原材料等相互义务（mutual obligations）。

35　　农业生产合同同样也包括交付特定数量产品而非全部产品的情况。如上所述的订购方仅购买一定比例的农产品的情况，同样，若订购方仅购买一定数量的农产品，这一特定数量通常会大到有必要签订一份规定农业生产合同缔约方相互义务的合同。

36　　有些合同包含订购最小数量产品的条款。此处有时会提及一个特定的"最初最小值"（initial minimum）数量，它似乎表示缔约方会考虑进行额外的交付，但缺乏对法律义务的进一步说明会导致不确定性，这完全可以通过在合同中提供相应指导而避免这一问题。若合同规定生产方有义务种植一个特定的最小数量的产品，则其应当明确超量产品应当如何处理。

37　　农业生产合同经常包含要求生产方应当达到一个配额（quota），而这一安排基于生产方之间的分配。这种分配通常由订购方确定，而该订购方也会与其他的生产方有着类似的约定。这一配额也可能源于法规规定。若存在一定配额，则该合同应明确该配额是否设定了最小要求、最大要求,或同时设定了最小要求和最大要求。订购方主要会关注防止不足额生产,但超量生产也会成为一个问题。生产方应当了解为了达到该配额有怎样明确的要求。如果配额是最小数量,则合同应当明确订购方是否会购买部分或所有的超量产品。同时合同也应当明确表明生产方在达到所需配额之后是否有权自行处置额外产品。对生产方而言,利用该条款意味着存在其他市场,但事实并不一定如此。配额也可以设置一个最大值,约定生产方不得生产超出该配额数量的产品。配额也可能同时作为最小数量和最大数量要求。在此种情况下,订单可能规定若未能达到最小数量,则生产方将被罚款;若超过相关配额,则相应减少价格。为避免对引用"配额"一词而产生的误会,必须明确选择在合同中使用何种配额系统。

对合同双方而言,在合同订立后一段时间内再确定数量可能更为有利。比如,合同可能规定:数量将由订购方根据其收到的订单稍后确定。这可能出于几个目的,例如为了对冲未来市场需求、价格以及未知产品数量造成的不确定性。这一机制通常将影响农产品生产的一般不确定因素考虑在内,但这又给生产方带来了更高的风险,因为实际支付价格可能低于订立合同时一方预期的价格。生产方也应当了解生产数量可能低于预期的风险,因为播种和种植的决定必须在收割前几个月就作出。

包含待确定数量的合同必须规定如何决定数量和何时作出该决定的基准,否则该合同可能因为过于不准确而难以执行(参见第二章第63—65段)。① 在许多法律制度中,只要存在一个公平定价的

---

① 对于国际商事合同而言,从 UPICC 第 2.1.2 条和第 2.1.14 条中可推断出类似规定。

基准,缺乏数量条款本身并不一定使合同无效。① 因为合同至少要给予缔约方一些最基本的义务,而一份所谓的合同若赋予订购方不受限制地决定购买产品数量的自由裁量权,这在很多法律系统中则很有可能会使合同无法履行。② 无论在哪里,约束农业生产合同的特别规定或行为准则通常将明确数量的规定包含在合同所需的约定清单中。有些时候,只有某些特定类型的确定数量的条款才被允许。某些规定还包含了可能的容忍程度。

40　　但对于缔约方来说,允许订购方在其将会取得的生产数量上拥有一定程度的裁量权,可能也是对双方都有利的。为了达成该目的,法律通常会提供各种明示或默示条款③ 来确保订购方承担一些义务,最起码也会要求诚实信用和公平交易义务。缔约方以往的实践以及行业惯例和交易习惯也可以用于限制订购方的选择。④ 缔约方也可以自行约定一个估值作为最小和最大产量。

41　　无论用何种方式来确定交付数量,合同通常规定产品必须来源于生产方自己的生产过程。从第三方购买产品来达到所要求的数量通常不被允许,因为产品必须按照订单中约定的地点、原材料和生产方式来进行生产。

2. 质量

42　　在农业生产合同中,生产方有义务使产品达到订单和公共法规规定的相应质量标准。除了合同中明确条款之外,法律也会对生产方施加一项义务来确保其商品符合适销性 (merchantability) 和生产

---

① 对于国际商事合同而言,从 UPICC 第 5.1.7 (1) 条中可推断出类似规定。
② 对于国际商事合同而言,从 UPICC 第 5.1.7 (2) 条中可推断出类似规定。
③ 对于国际商事合同而言,从 UPICC 第 5.1.7 (1) 条中可找到类似规则。
④ 对于国际销售合同而言,从 CISG 第 9 (1) 条中可找到类似规则。

方应当知道的符合特定目的适合性（fitness for any particular purpose known to the producer）的一般标准。① 取决于合同的条款和缺陷的属性，达到所需质量要求的义务可能会成为一项必须严格遵守的义务。

生产方必须同时达到生产过程和产品两方面的质量标准，若无法达到，则可能会导致不符要求的产品（non-conforming goods）（下文第109—117段将进一步讨论）。产品质量逐渐依赖于生产过程的质量，故而在合同实践中，生产过程中的质量监控正逐渐优先于交付时的质量控制。各种技术标准会要求建立一个质量监控体系（包括政策目标的确定，对产品质量的规划、控制、保证以及提高），法律有时也会有这样的要求。

(1) 确定质量

质量要求通常由那些能够影响价格甚至市场或经销渠道的不同特征所定义。比如，同一类商品中"高级优选"（high premium）、"优选"（premium）和"标准"（standard）之间的差异可转化为不同的价格以及不同的市场。这些特征可能会包括所有的物理性质（如颜色、大小、形状）、内容（如低脂牛奶、无籽葡萄）以及对某一特定目的的适合程度（如能够抵御某种病毒的种子、不含有目标市场所禁止的化学物质的芦笋），同时也会包括任何生产过程要求。这些特征的确定可能基于生产所在地，同时也可能包括起源地的名称。质量特征可能在生产过程开始前进行认证，也可能会在质量和价格都已确定的最终检查中进行验证。

---

① 对于国际商事合同而言，从 UPICC 第 5.1.6 条中可推断出类似规则；对于国际销售合同而言，CISG 第 35 条规定了该规则。

45　　对不符合要求的产品进行评估，不仅可以依照合同中明确约定的条款和所适用的法律规定，也需要考虑订购方及其代理人提供的包含技术指导在内的指导［例如订购方提供的生产资料、合同中规定的与生产过程相关的义务、最终产品所要求具备的特征、技术支持、能力建设（capacity-building）以及提供给生产方的培训］。

46　　某些法律会对责任限制条款进行相应的限定，所以包含诸如生产方仅对货物不符要求负责，并放弃追究订购方对第三人承担由于货物不符要求而产生的责任之类的条款可能并不总是可执行的（参见第五章第六段）。此外，在一些国家，若产品缺陷和订购方的指示相关联，则不允许将产品缺陷的风险转移给生产方。在不同的准据法中，订购方的责任与其所做出的指示的级别相当。

（2）质量标准

47　　质量标准可能会以一种通用的程式化语句、或在附件中进行更详细的规定、或以纳入外部标准的条款等形式在合同中予以规定。缔约方通常被建议格外注意生产方在这一层面上的义务，但细节的程度以及标准的选择则和产品种类有关。确定所需质量的方式也不一样，比如，对土豆、剑麻或羊奶的质量确定方式就不同。若这些特定条款技术性很强，订购方应当保证生产方理解这些条款。若有必要，在协商合同时即应给予适当的解释。

48　　在实践中，合同有时对质量要求约定得不够准确。比如有些合同中规定产品应当达到"良好质量""最高质量"或"可接受质量"。看起来这三种表述存在程度上的差异，但是其模糊性在争议中很可能成为难点的来源。其他频繁使用的表述如"适销的"（merchantable）或"可出口质量"，符合"国际质量要求"或"进口国要求"。这些标准都可能会有不同的解释。

其他合同则会设置一些精确且客观的质量要求。例如，产品所需具备的特征可在更加具体的条款中进行表述 [如 "保持低亚麻油酸特征的谷物"（low-linoleic identity preserved grain），或 "最大水分含量6.5%"]。以交付蜂产品订单为例，该订单可包含对蜂蜜、蜂王浆和蜂花粉等分别进行详细质量要求的精确表述。供应奶制品的合同会明确可接受的品种，怀孕奶牛先前哺乳期所产奶的最大值，某些动物先前哺乳期所产奶的最小值，以及不被接受的形态缺陷（morphological defects）。合同也可以规定允许拒收货物的具体违约情形。

在质量要求特别详尽时，在合同最后附上特别附录以规定质量要求是一种十分简便的做法。强调所要求质量标准的重要性的一种方式是明确表明该附件为合同的一部分。若质量要求需要在那些描述不同等级或类型以及相应数值或百分比的表格中明确说明，则将其作为一份单独的文件要比规定在各类合同条款中更加方便。

引用其他质量标准也是另一种描述质量要求的方式。这些标准通常由某个专业协会制定，或根据国内或国际的规定进行制定。若相关的话，合同可能引用由不同政府制定的分类、等级或其他要求，或由政府部门或其他公共机构所制定的标准。若订购方是某个已经确定了一般标准的供应链上的一环，则订购方应当确保生产方已被充分告知此类标准及其内容的存在。私立标准（Private standards）如良好农业规范（Good Agricultural Practices，GAPs）被定义为 "对农场运行过程中环境、经济和社会可持续发展的规范，并且能够保证食品和非食品农产品的安全和质量"[①]。采用如 GAPs

---

① 参见 http://www.fao.org/prods/gap。

这样的私立标准能够检测某一领域的生产方产品的符合要求的程度，这种监测会考虑生产方在特定农田对农产品应给予的注意程度和专业程度。

52　　规范农业生产合同的特别规定或行为准则通常会要求将质量标准作为合同的一部分。某些规定要求对尺寸、重量、成熟度或汁水含量进行特别规定，对有能力进行解决质量争议的机构进行确认，对产生不符要求产品的后果进行规定，并要求订购方确保生产方完整理解质量标准要求。某些规定则要求其符合法定标准、尊重动物福利和环境保护、禁止转基因生物，或倡导本地产品或生物产品。某些法域则对农田抽样程序有着详细的规定。除了对农业生产合同所做的特别规定外，更多的一般性规定以及私立标准也经常在设立质量标准中用到。为避免后续争议，应当充分精确地对质量要求进行表述。

53　　在农业生产合同中，"适合通常目的"（fitness for ordinary purposes）大多数是基于符合强制性的国际农业标准，尤其是（但不仅是）在产品提供至国际市场之时。这些标准更应该在合同中明确引用，这样得以使合同更加明确并减少任何可能的诉讼费用（参见第一章第45—48段）。

54　　在很多法律制度中，一般合同法会提供适用于农产品质量的履行标准的默认规则。在某些法域可能适用的标准之一就是要求货物应当符合订购方的"合理期待"。比如在国际层面上，销售合同的一般原则是，在缺少明确的质量标准的情况下，销售方必须将货物在适合同类型货物一般使用目的的前提下进行交付。① 货物必须同

---

① 对于国际销售合同而言，从 CISG 第 35（2）(a) 条中可找到类似规则。

时符合任何销售方在订立合同时可明知或默示了解的特定目的,除非有证据显示购买方不能或不必依赖销售方的技能及判断来使用该货物以达成目的。① 除此之外,若履行合同的质量既未被修补,也未被合同所确定,则一方有义务在该情况下按照合理方式且不低于平均水平地履行合同义务。②

尽管默认规则可以填补合同中的漏洞,但起草清晰的质量标准条款才最符合缔约方的利益。在国际合同中,在所涉及国家的默认规则差异较大时尤为如此。比如,对订购方所在国法律制度(无论其是否为合同的准据法)中"适销的"一词的含义可能就有着丰富的案例法或学说解释,但这一词语对生产方而言可能仍不具有明确的意义。如"适销的"这一术语可能会导致不确定性,并成为一个不幸的误解的来源之一(更深入讨论参见第一章第 35、45 段以及第五章第 63 段)。

55

生产方和订购方可选择在声明(disclaimers)和责任限制(limitations)中对产品不符要求的责任的范围加以限制。③ 这可用于限制该种责任,即由货物描述(express description of the goods),或依照准据法所暗含的义务(implied obligations under the applicable law)与检测产品是否符合要求的标准不相关联而导致的法律责任。例如,生产资料提供者有时会通过排除所谓间接损害(consequential damages)(即并非由提供者行为直接导致的损害,而是由这些行为引发后果所导致的损害)以限制其责任范围。这些条款的有效性经常被国内法院所质疑,并且各国法律体系就该条款的可执行性也有

56

---

① 对于国际销售合同而言,从 CISG 第 35 (2)(b) 条中可找到类似规则。
② 对于国际商事合同而言,从 UPICC 第 5.1.6 条中可找到类似规则。
③ 对于国际销售合同而言,从 CISG 第 6 条中可推断出类似规则。

着不同的规定（参见第五章第37段）。

(3) 产品安全性

57　　根据不同的准据法，生产方和订购方可能有安全保障的相关义务，比如确保可追溯性（traceability）、防止或限制某些杀虫剂的使用，或者确保牲畜的卫生状况。产品安全与产品质量息息相关，并且已经成为衡量产品是否符合要求的重要标准之一。① 在农业生产合同的语境下，在产品被交付至订购方时相关风险才会扩散，或在供应链最终阶段被消费或作工业用途时风险才会实质化，这种情况下产品安全就可能与该类危害的预防相关联。产品安全不仅影响订购方，也影响可能接触到危害的、与生产方在整个交易过程中完全没有接触的第三方。

58　　缔约方遵守安全标准的能力很大程度上取决于其按照法律要求评估风险并采取管理措施的能力。缔约方遵循安全标准的义务可涵盖整个生产过程。取决于风险监测的时间以及相应的补救措施的不同，可使用的救济也会不同（参见第五章第56—57、65—66、106—109段）。

59　　包装和标签很大程度上也会影响农产品安全。食品信息的可获得性不仅极大程度地确保了消费者的健康，还可给消费者提供做出知情的选择并安全使用食品的基础。若（相应）认证能表明产品符合标准，则（包装和标签）这一功能尤为关键。若法律赋予消费者知情权，由这些权利产生的义务延伸到整个生产链中，在生产链的任意一环，都需要将信息注册并充分反映在包装上。

(4) 与认证要求的联系（link with certification requirements）

60　　在一些农业生产合同中，生产方可能会有进行认证并保持某一

---

① 对于国际销售合同而言，从CISG第35条中可推断出类似规则。

方案下认证的义务。认证与质量保证方案有助于订购方监管履行过程,并帮助其检测产品早期是否符合相关要求的问题。若生产方被要求进行认证,产品合同和认证合同间的关联会导致潜在的重叠义务。生产方或订购方与第三方认证机构可通过合作来确保其合规性。在一些情况下,监控生产过程分两步,内部保证由生产方完成,认证机构则进行外部保证。

在由第三方保证的认证方案中,通常会给合规方提供合规证书。这可能与生产地点和方式相关,也可能与被检测的特定产品相关,或二者皆有之。证书通常会一并赋予在产品上使用徽标或标签的权利。有些标签仅能用于商业环境,而其他则会用于"企业对消费者"(business to consumers)的关系。获得证书可能意味着一种宝贵资产,这一资产在产品进入市场时尤为重要。很多情况下,订购方可能要求这些证书作为接受产品的条件,而在其他情况下,这些证书仅影响最终价格,并不给予订购方拒绝产品的权利。

61

(二)生产过程

农业生产合同一般设定了生产过程如何进行的义务,尤其是对生产方而言,但也同时针对订购方。缔约方承担的生产过程相关义务差异巨大,且许多与产品质量和安全有着不同程度的联系。比如,遵守环境标准会对产品造成直接影响,或与一般可持续性的问题(general sustainability concerns)相关。在考虑违约情况的可用救济时,这一因素就会与之特别相关(参见第五章第52—59、86、91—91段)。本部分将探讨与生产过程相关的义务。

62

1. 提供并使用生产资料

生产资料包含所有最后被纳入农业产品生产的实体的因素(如种子、种植材料或肥料)和无形的因素(如技术支持或训练)。本

63

部分将首先探讨对农业生产合同而言较为常见的一般义务,然后探讨与特定生产资料相关的特定义务。

(1) 一般义务

64　　对于生产资料而言,各方之间分配责任的方式各有不同。这往往基于合同中的明示或暗示条款,以及根据准据法和行业实践的默认规则。

65　　订购方提供生产资料时,通常不要求生产方在参与生产过程时支付相应生产资料的费用,否则生产方一般无法承受这样的费用。此外,订购方在保证生产资料可获得性、质量和价格等方面处在更有利的位置。尤其是对大型的农产品订购方而言,规模经济可以通过购买更多的生产资料并出借给生产方的方式来保持低成本,并且这些节省下来的费用可以传递给生产方,进而减少生产成本。订购方同样也能够具备获得机械和运输设备的现成渠道,而生产方往往并不能够获得这些设备。理想状态下,这些因素组合在一起能够带来更高的生产力和回报,并且赋予订购方履行这些义务的正当性。但相反的是,生产方可能会因为订购方所提供的生产资料的价格和质量水平,并且这些生产资料并不能反映所能获得的最优的价格或质量。若是如此,这样一边倒的交易可能大大减少生产方的选择,并给农业生产合同的执行力打上一个问号。

66　　当生产方需要使用订购方的生产资料时,生产方可能需要遵守相应义务。第一,接收生产资料的义务。这一义务与检查生产资料完整性的权利(如保留样本和记录)和通知明显缺陷的权利(包含可能的损害赔偿)一并产生。第二,生产方有义务保管这些生产资料。取决于义务类型和缔约方的特别要求,这一义务涵盖范围可能会非常广泛,尤其对于相应的损失风险,生产方可能会因此被要求购买相应保险。第三，生产方可能有义务遵照订购方的指示来使用这些生产资料。这可能会带来一些附随义务（如遵守使用过程中必要的预防措施；保留记录并遵守相应的行政义务（administrative obligations）；仅为合同之目的使用生产资料；按照合同相应返还未使用的剩余生产资料；不通过转售或私下使用等方式改变生产资料的用途等）。相反，使用其他来源的生产资料通常是被禁止的。

生产方也有可能有支付生产资料费用的义务。除非另有约定（例如通过从生产方最终产品中扣除等方式），由生产方向订购方购买的生产资料，无论是有形生产资料或相应的服务，生产方都必须为其支付费用。由于生产资料价格经常和货物价格相关联，一份起草得很好的合同可以合乎逻辑地将生产资料的相关描述和定价与合同的总价格条款联系起来，这样很容易对比所有的成本和支付要素。若无法做到这一点，订购方可能需要另一套支付方案，这套方案会基于准据法中的默认条款，而并不必然经过双方的协商。

一个能够提高生产资料定价透明度的机制符合各方的利益，即使价格可以通过默认规则来确定。一个明确的价格条款在必要时也可以具有较高的灵活性。不仅可以设定为一个确定的价格，也可以基于市场价格的变化再后续确定。此外，生产资料的价格条款可按照每一次交付分别确定，或者可基于整个协议来确定。若缺少明确条款，有多种方式可用于确定生产资料的价格（如习惯和贸易惯例、缔约方过往的实践以及通过合适的市场价格来确定合理价格）。例如，支付生产资料的价款可能会按照约定的时间表进行，但十分常见的情况是，生产资料价格在最后一次交付后，从生产方的到期货款中扣除。生产资料成本及支付货款的关系应当在合同中明确体现出来。生产资料的运输成本可由任何一方承担，但这需要在合同中明确规定。有些法域对生产资料价格进行规制，以防止不公正定价或违反竞争法的情况出现。这些规定是强制性的，缔约方不得在合同中偏离这些规定。

69　　合同也可能规定（生产方）应当在订购方交付生产资料时立即支付相关款项。但常见的情况是，合同中并不包含这一即期付款（immediate payment）条款。生产方通常会从赊销付款条件（credit terms）中获益，这样生产资料的价格将在交付后从订购方应支付的货款中相应扣除。这就相当于生产方提前收到各类生产资料，而使用其最终的货款来偿还相应生产资料的费用。第三方提供的生产资料通常直接（由生产方）向供应商支付。

70　　值得注意的是，订购方提供的生产资料可能会使得生产方陷入困境。这些生产资料可能存在缺陷（例如劣质植株、虫蛀种子等），而这也使得生产方难以生产出符合合同质量或数量要求的产品。在可能的情况下，取得独立机构对生产资料的质量认证有时是可取的。订购方的生产资料可能会比生产方能够从另一货源购买的相似生产资料更贵一些。而在订购方延迟交付其承诺的生产资料时，也会出现问题，延迟交付可能危及整个生产过程以及生产方达到合同要求的能力。

71　　合同也可能要求生产方提供某些生产资料。生产方提供的这些有形生产资料可能要从订购方推荐的或指定的生产资料供应商处购买。此外，订购方通常会提供土地。若货物在生产方的土地上产出，受某些法律制度管辖的合同会包含一项条款，该条款下生产方声明其是该土地的合法拥有者，对该土地上的产物享有完全的产权，或声明任何人不得对该土地上的产物主张权利［例如基于土地保有权（land tenure rights）、对农作物或其他产物的抵押权等影响生产方对农作物的权利]。通过承诺这一条款，生产方会以明示或暗示的方式确定因其任何形式的虚假陈述（misrepresentation）所应承担的所有责任。若生产方并非土地的所有权人，而是从某一土地所有人手中承租而来，可能建议要求土地所有权人在合同上签名，以避免土地所有权人后续主张生产方对承租地块上的农作物或牲畜没有权利。

生产资料可能也会由第三方提供，若其无法提供生产资料，或提供的生产资料有缺陷，并因这类不符要求的生产资料影响了生产过程，将可能导致合同一方承担产出产品不符要求的责任，或者承担违反生产过程相关的义务所产生的责任。① 在合同没有相反约定的情况下，一方因第三方不足额或不适当供货所致产品违约或产品不符要求而对另一方所承担责任的程度，取决于法律是否将第三方违约所造成的后果视为合同一方所能影响或控制的风险范围之内。

（2）与特定生产资料相关的特别义务

① 土地、设备和固定资产

在大多数农业生产合同中，订购方对用于农业生产的土地并没有权利，尽管在某些情况下，订购方可能会提供土地及固定资产或对其有相应的利益。但更多情况下是由生产方提供土地，无论是生产方自己所有或者通过租赁第三方的土地（或渔场）来拥有相应权利。有时土地为国家所有，尤其是在公共发展项目中，订单农业将在公私合作的过程中产生。通常在这种情况下，订购方将按一定比例直接管理土地，该部分土地会包含加工设备。剩余土地将分配给生产方，无论是个人还是集体劳动的团体。

---

① 对国际销售合同而言，类似规则在 CISG 第 79（2）条有所规定。

74　　如果生产方租赁了一块土地，生产合同存续期间的一个重要事项即与租赁有关（第六章第10段将深入讨论这一事项）。若生产合同期限内租赁终止或由于其他原因失效，生产方可能无法继续履行其义务。确保承租权对生产方与订购方之间建立稳定关系而言至关重要，而且在这一情形下，同样有必要考虑习惯法和传统法（customary and traditional law）。

75　　许多合同要求在特定的设施中进行生产（或收割后的操作）。有些合同可能会明确对设备的具体要求或规划，尤其是畜牧产业合同（参见下文第105—123段之深入讨论）。生产所在的特定位置可能会是产品的重要属性之一（例如当其与原产地命名相关时）。订购方通常不会接受在不同于合同中规定土地之外所生产的农产品。

76　　有些合同要求生产方建立新的设备或扩建并改善已有设备。接受这些义务通常建立在生产方的一些假定（assumptions）之上，包括订购方对其进行相应补偿，这些假定应当在合同中明确约定。其中一个特别需要关注的地方是，是否仅在生产方和订购方之间缔结了多季合约的情况下，建设费用和扩张费用才具备经济上的可行性。不论是否在合同中进行约定，生产方的一般预期会是，其与订购方的合同期限会长到足以使生产方对设施的建造或扩张具有经济上的可行性（参见第六章第4、35段对其所进行的深入讨论）。这些预期除非另有明确约定，否则将默示视作合同的一部分。

77　　订购方的其他附随义务可能包含以下任意一种：保证第三方对设备进行融资；订购方按时完成，或订购方对设备建设承担因迟延履行而支付相应罚金的义务；如果订购方提供设计方案或劳工，确保设计的妥善性并对缺陷提供担保的义务；保证设备符合工业标准和政府规定，或确保获得政府批文或许可。

② 实体生产资料

订购方通常在生产资料的选择过程中起到主要作用。订购方有 78
多种方式提供或控制生产资料。例如，订购方可能直接提供生产资
料，或对生产方提供特定的技术规格要求，或提供生产方可以购买
或使用的品牌。合同可能要求生产方从第三方供应商获得相应的生
产资料。订购方可能提供相当数量的实体生产资料，生产方则一般
会提供土地、实体设施、水、能源和劳务。

本国法律可能会对提供生产资料这一事项进行默认规定。例 79
如，除非缔约方另有规定，订购方可能有提供种子以及生产过程中
必要技术支持的义务。这些默认规定一般会被缔约方修改。

若订购方有义务交付生产资料，其必须交付符合合同约定的生 80
产资料。这一义务不仅包括要与合同中明示条款的要求相符合，而
且还要求生产资料符合该类型生产资料的一般使用目的。① 若合同
要求超出一般使用目的的特别目的，本国法律也会规定相应的义
务。② 关于订购方是否可以选择不适用超出准据法规定的默示义
务，在不同国家有着不同的规定。若合同要求生产方从特定第三方
获取生产资料，则订购方有义务确保这些生产资料适宜使用。

若合同明确约定如何使用订购方所提供的生产资料，那么一般 81
由订购方承担由不当指引而造成的不能履行的风险。③ 除非生产方
通过经验或者其他方式对如何适当使用生产资料有相应了解，否则
订购方通常有义务提供此类信息或其他技术支持。例如，由于饲料
数量和质量对产品的成功生产至关重要，如果订购方提供饲料，则

---

① 对国际销售合同而言，类似规则在 CISG 第 35 (2)(a) 条有所规定。
② 对国际销售合同而言，类似规则在 CISG 第 35 (2)(b) 条有所规定。
③ 对国际销售合同而言，从 CISG 第 35 (2)(b) 条中可推断出类似规则。

其有义务保证饲料的质量以及适用性。同样需要明确的是，订购方不仅有义务提供饲料，同样有义务将其储存、烘干、处理、装车并承担其他处理费用。如其他订购方应承担的义务一样，这一要求是多层次的。订购方不仅必须承担相对于生产方的直接义务，也必须考虑向供应链下游买方承担的关于饲料的适宜性和可接受性的次级义务（secondary obligation），而且还要考虑政府规章以及产业标准。此外，即便订购方不直接对提供给生产方的饲料负责，这些次级义务也可能要求订购方监控生产方使用的饲料，以确保其符合订购方其他关于合同、产业标准和规章制度的义务。

82 订购方除了对生产资料负有义务之外，还需要遵守一些附随义务。如果订购方明确约定了相关生产资料，除了满足合同条款之外，一般还需要遵守与产品和安全相关的行政规章。例如，对于畜牧业而言，订购方通常有义务根据政府规定对动物的健康状况进行认证，以及如果相关法律有所要求，需从相应的政府部门获取认证证书。这些认证标准可能不仅来源于政府规定，也可能来源于行业要求（参见第二章第54—55段）。订购方可能也需要负责为牲畜投保责任险和意外险。此外，由于牲畜一般属于订购方所有，订购方可能会负责为其提供药物以及兽医服务。谁负责移走死亡动物应当在合同中加以明确，但是和其他义务一样，准据法可能会要求订购方承担该项义务，以保证此种（对死亡动物的）转移遵守相应的卫生规范。并且订购方也可能负有保证整个供应链卫生和安全生产义务的责任。兽医用药也因此必须在整个供应链中符合各类政府规定、行业标准以及相应的标识要求。需要了解的是，不论订购方是否负责提供生产资料，这些义务都是存在的，所以订购方有义务监控任何药品，以履行其在政府和供应链方面的义务。

进一步讲，订购方可能对生产方和可能的第三方承担其他潜在 83
的法律责任。首先对订购方所拥有或提供的生产资料而言，若该生
产资料对生产方以及可能的第三方造成了伤害，订购方需要承担相
应的侵权责任。这些情况可能来源于（订购方）提供了有缺陷的种
子或其他生产资料（如化肥以及杀虫剂）。需要注意的是，订购方
很少能够将潜在的侵权责任排除在合同之外。此外，若订购方的生
产资料不符合相应的政府规定（如与转基因作物使用相关的规定），
其也可能遭受行政处罚。此种责任是处在订购方和生产方的合同关
系之外的，并不属于缔约方之间任何豁免或限制责任的情形（参见
第五章第6段）。

生产资料的交付时间会影响到生产方达到产品要求的能力。所 84
以建议在合同中明确生产资料交付的时间和地点，以及未按时交付
所造成的后果（如价格和产品调整）。

在一些生产资料交付中考虑到意外事件（如天气）并对交付时 85
间做出一些灵活调整可能会更好一些。在一些行业中，将该种灵活
性作为惯例也可能十分常见。畜牧业生产合同（husbandry production
contracts）中，赋予订购方一定的灵活性则是一种典型的做法（如
交付幼崽以替代年长牲畜；清洁设施；确保充分和安全的卫生条件
等）。这种灵活性可以在合同一般条款中予以表明（例如要求"及
时交付"）。即使这一点在合同中并未明确说明，它仍有可能在合同
中以默示形式体现出来。

合同也可能规定生产资料需要在交付时经过一系列验证程序 86
（例如对幼崽称重），这一过程可能在缔约双方或第三方在场的情况
下进行。这一义务可能来源于合同的明示规定，或来源于贸易习惯
或惯例，或来源于某些国家对诚实信用以及公平交易的一般义务的

规定。

③ 融资

87　　有些农业生产合同包含由订购方或第三方进行融资的条款。此类融资可能以多种形式进行。例如，订购方可能同意向生产方预支现金，甚至向生产方提供贷款。生产方通常承诺为订购方的原材料付款，但此种支付经常受益于赊销付款条件，双方同意原材料价格将在交货后从订购方应支付货款中扣除。此类以及其他形式的资金支持也通常以从最终货款中扣除的方式偿还。

88　　（订购方）在交付产品之前预付相应价款对于生产方抵偿生产过程中的费用而言至关重要，而且订购方通常会要求这一预付款只能用于此种目的（而非个人或家庭用途）。预付款可以在不同时间支付。预付款一般在合同订立后支付，以资助整个生产过程，但其数额可能更加有限，并在收获前几天支付，以资助交付前最终工序所产生的特定费用。这些预支项将从最终应付货款中扣除。另一种资金支持的形式可能包含购买原材料的信用额度（credit lines）。

89　　这些不同的资助形式有时是无息的，但通常情况下（在认可支付利息的法律制度中）需要计算利息。在计息的情况下，支付利息将是生产方需要承担的另一项义务。订购方通常将利息从最后的应付货款中扣除。合同应当明确利率以及其他与融资相关的可能费用。订购方可能要求生产方对全额债务提供个人担保（因为若生产方是公司，则其只承担有限责任）、提供第三方个人担保或对土地进行抵押。

90　　预付款可能占到交付产品应付货款的很大比例。如果预付款失去控制，则生产方负债水平可能上升至不稳定水平。在某些准据法下，订购方可能有义务保证生产方有合理可能性偿还贷款以及预付款。① 相应地，农业生产合同的缔约方应当了解不同法律制度会对特定形式的信贷进行规制，以保护借款方。若存在专门针对农业生产合同的规定或行为准则，其可能要求融资安排在特定条款中出现［如融资方的身份、融资数量、融资目的、融资时间、利率（若适用）、相应费用、偿还计划以及担保］。

订购方所支付的预付款数额可能会很大，而生产方的违约风险也是如此。订购方需要基于（合同）关系的特点和历史、生产方的可信度、在特定法律制度下可获得的保护以及执行机制的效率等种种因素来评估风险。对包含个体小生产方的非正式交易而言，订购方通常主要依靠个人关系以及信誉。然而在正式交易中，他们通常寻求通过保险或担保利益来弥补（生产方）不偿还债务所带来的风险。在某些法律制度中，农产品生产资料供应商有权在符合相关手续要求下，对农作物有一般留置权或特别留置权。

④ 服务

订购方可能会对生产方就生产过程的每一个方面提供各类服务（例如土壤或设施的准备，或是技术支持）。此类服务可能也会协助生产方履行合同中义务并提升其履行能力。我们很难对二者进行明确的区分，并且订购方所提供的服务也经常被认为是订购方监管生产过程的一部分。

技术支持通常是订购方提供的服务之一。技术支持可能包含专业的支持或专家的支持，例如包含农艺学或兽医学方面的支持。除了合同中所列明的履行标准外，技术服务也可能需要遵守政府制定的（尤其是安全领域的）履行标准或者遵守受认可的贸易或专业领

---

① 对国际商事合同而言，UPICC 第 5.1.3 条和第 5.1.4 条规定了类似原则。

域的履行标准。这些标准或以强制性规定明示在合同中,或者在合同中默示适用。若生产方缺乏正确使用所要求生产资料的知识,准据法往往要求订购方有义务就使用生产资料提供相应的技术支持(例如饲料和药物)。①

94　　在对生产方提供一项特定服务的过程中,订购方需要遵守合同中可能规定的履行标准。对于确定相应义务的性质、程度以及履行标准,特别相关的要素包括合同价格以及其他反映风险分配以及义务分配的条款;以及为获得预期结果所需承担的风险程度和另一方能影响履行义务情况的能力。② 提供大范围技术指导的订购方,可能会通过就所提供指导所产生的后果做出免责声明的方式,以限制其因不适当建议所承受的风险。但是并非所有法律制度都允许这一免责条款的存在（参见第五章第6段）。

(3) 与知识产权权利相关的义务

95　　生产方和订购方双方都有必要考虑与生产资料和最终农产品相关的可能存在的知识产权权利（intellectual property rights, IPRs）保护义务。知识产权可能由订购方或者第三方所拥有。大自然中所能够见到的基因资源不在知识产权权利涵盖范围之内,因为它们不是人类心智的创造,并不能直接通过知识产权来保护,但是基于基因资源而开发出的发明会得到法律保护。所以,订购方不仅拥有实体上的种子或其他其提供给生产方的生产资料,也可能拥有受专利权、植物品种权（plant variety rights）、注册商标、商业秘密或地理标志所保护的生产资料知识产权的所有权或许可权。一般而言,会

---

① 对国际商事合同而言,从 UPICC 第 5.1.3 条和第 5.1.4 条中可推断出类似的规则。

② 对国际商事合同而言,UPICC 第 5.1.5 条规定了类似的规则。

要求商品的卖方承担使买方免受知识产权权利侵犯的法律义务，并且在某些地域范围内和限度内，使售出的货物无需向第三方承担知识产权责任。

一般而言，当生产资料或者包含在生产资料中的技术属于专利时，则生产方有义务在保护期内防止未经专利权人许可而进行生产、使用、许诺销售、销售或进口专利产品。若生产资料受植物品种权保护，在保护期内未获得专利权人许可的情况下，生产方通常不得以任何目的生产、再生产、增殖（propagation）、许诺销售、销售或推销、出口、进口或为前述之目的储存受保护的植物品种。① 大多数国家都规定或限制了生产方（以重新种植为目的）储存受植物品种权保护的种子的情形。

如果生产资料受注册商标权保护，则生产方不得将通常代表该类生产资料的标识附着于生产资料上。商标的注册通常可以续展，所以只要商标权人按年支付费用，商标保护就将持续。若生产资料包含商业秘密信息，则生产方有义务将该信息保持在秘密状态，并防止其在未经权利人许可情况下向他人披露或由他人获取或使用。②

知识产权的权利许可这一概念，以及包含在农业生产合同中的知识产权权利许可条款的内容，对确定缔约方的义务来说十分重要。许可协议是"知识产权权利所有人（许可方）与以一致的价格（费用或使用费）(fee or royalty) 换来授权使用此类权利的另一方（被许可方）之间的合作关系"。在一份农业生产合同中，订购方可能会是知识产权的权利所有人（许可方）或者是经第三方知识

96

97

98

---

① 参见1991年《保护植物新品种国际公约》（International Convention for the Protection of New Varieties of Plants 1991）第14条。
② 参见1994年《与贸易有关的知识产权协定》（TRIPs）第39条。

产权权利所有人授权许可的生产资料供应方。所以对于特定种类的生产资料而言，订购方的知识产权权利可能会给生产方带来特定义务，以及给订购方带来与此相关的义务。

99　　农业生产合同也可能包含所谓的"警告条款"以禁止生产方使用指定作物之外的种子，禁止其为重新种植而转移或再利用种子，禁止泄露机密信息。合同也可能要求生产方支付一笔相应的技术费用。为防止作物之间的混同，合同可能进一步要求生产方将种子分开保存，并在播撒不同种子的土地间标明边界，或避免第三方在同一片土地上种植同一作物。若提供牲畜，则合同也可能要求生产方采取适当措施，例如设立栅栏（以防止其他动物的侵入），或避免在同一块区域饲养其他动物。

100　　有些订购方会要求生产方根据许可购买其专有的种子和及其种子特征（seeds and traits），或将这些种子收购为预先生产资料（forwarded inputs）。这一做法会导致相关后果，例如决定生产方是否有权将作物用作担保。不了解这些做法背后的含义或选择将其忽略的生产方可能会面临不可预料的障碍或者高额的违约金。

101　　第三方经常对农业生产合同中的生产资料拥有知识产权权利。因此，订购方有时会做出不侵犯第三方知识产权的表示。在这种条款下，即使损失是在生产方的生产场地造成的，订购方也要赔偿侵犯第三方知识产权权利的损失。此外，合同还可以明确哪一方在第三方就侵犯知识产权权利的行为发起法律诉讼时必须采取行动。这是为了尽量减少侵犯第三方知识产权权利的风险。

102　　当订购方是生产方知识产权权利的许可人时，合同可以包括几种不同类型的条款来保护许可人的权利。订购方有时可能会加入一条规定，要求生产方（被许可人）不能在超出许可的地理限制范围的情况下使用知识产权。有些合同还包括这样一个条款,规定订购方(许可人)可以在生产方(被许可人)就该许可内容下的知识产权提出无效申请的情况下终止合同。订购方(作为许可人)有时会在合同中加入一项条款,即订购方无需偿还由被许可人支付的许可费用,即使作为许可证内容主体的知识产权被宣布无效。在订购方违约的情况下,例如当生产方(作为被许可人)想要出售他的产品,但订购方又无法履行购买生产方产品的义务时,知识产权权利可以提供特别的补救办法。然而,鉴于排他性条款和订购方的知识产权权利,生产方可能无法将这些产品出售给第三方。

除了上述义务之外,即使在合同终止后,缔约方也有义务履行一些职责。例如,保守商业秘密的义务可能会继续存在。本《指南》在此建议缔约方纳入这样一项条款,要求即使在争议解决程序中双方也必须保守商业秘密。当争议在地方法院进行诉讼时,这类问题就会变得尤为敏感。当事人可能需要提交含有商业秘密或其他机密信息的证据。在这种情况下,本国法可能会包括关于诉讼程序中的保密性的相关规定,作为对司法公开原则的限制。 103

一般而言,知识产权权利的主体是合同关系中的一个方面,而在这一关系中,订购方会充分认识到其权利,而生产方可能不完全了解所有后果。例如,当订购方是知识产权的权利人时,订购方有时会要求那些接受受知识产权保护的种子作为生产资料的生产方,同意将"种子包装"或"袋子标签"许可证印在或附在一袋种子上,或在购买种子时签订"技术协议",禁止生产方倒卖种子或供应给他人种植。在某些情况下,这种情形可能会使合同中明确规定或暗示一项订购方的义务,要求订购方确保生产方充分了解其自身义务。 104

2. 生产方法、合规以及控制

105　　交货时遵守质量义务通常要求在生产过程中遵循特定的方法。食品和食品生产须符合特定的强制性规定，这些规范反映了那些为保护消费者、劳工和环境而制定的食品安全和质量控制的公共政策。在有关生产设施条件、生产中需遵循的流程以及为保证产品安全性和完整性的处理方面，存在着可能适用的规定。供应链上的参与者一般被要求保存适当的记录，以确定在生产、转换和销售等不同时间下产品状况和所要求工艺的合规性，从而确保产品在产品链上的可追溯性，并提供在供应链上产品符合要求的证据。

106　　食品行业的经营者已经就产品或产品类别、工艺或生产管理系统的特定属性，质量或地理来源制定了大量的私营标准。遵守这些标准通常涉及很高的生产和管理的限制和成本，但也可能是一个获得更高的市场价值和竞争优势的机会。在任何情况下，获得有关良好农业实践的许可证或认证可能是在特定市场上进行销售的先决条件，买方也可能要求卖方在订立合同关系之前具备这样的资质。从订购方的角度来看，要求生产方进行认证是对生产进行控制的重要手段。通常情况下，订购方是寻求认证的一方，由于订购方会参与某一由特定记号或标签进行标识的供应链，会寻求将这一要求应用于与生产方签订的合同中的产品或生产过程。在这种情况下，订购方通常承担认证费用。

107　　生产方也可能是特定认证计划的发起者，只要他们能承受组织、技术和成本所带来的影响。特定（认证）计划旨在通过以下方式使获得认证服务的渠道变得更加方便，包括通过政府机构、非营利机构（例如大学或非政府组织）的支持，有时也包括向农民支付的公共补贴，使他们能够支付认证费用，或为小农提供替代认证系统。某些计划允许团体认证，由不同参与者（例如一些生产方组织）组成的团体在内部实施符合这些标准所需的控制程序，并由认证机构进行检查（也包括在单个成员认证失败下由集体所承担的责任）。

认证对农业生产合同及各缔约方在多个方面起着重要的作用。认证为合同履行提供了证据和法律确定性，它是监控风险和提高履约表现的工具，可以在缔约方不履行的情况下恰当地分配责任，从而有助于减轻双方的风险。如果发现违规行为和侵犯权利的行为，认证机构有权采取一系列措施，从纠正指示到可能导致驳回认证或撤销认证证书的制裁，而这对生产合同中可以获得的救济途径有所影响。 108

（1）特定生产方法

大多数农业生产合同要求生产方除了遵守准据法所规定的安全、环境或社会标准的强制性义务外，还应遵守订购方制定的生产方法。合同可能要求生产方遵守某些质量标准（例如进口国更严格的要求）或企业社会责任原则（例如尊重与劳动相关的人权的原则，包括工作条件、非歧视、结社自由、集体谈判权）（参见第一章第58—61段）。生产方也有义务进行一些与种植农作物或养殖牲畜相关的实际操作，包括提供服务和货物。某些操作可能是生产本身的辅助手段，可能与作物收获之后的期间有关（例如分拣、分级、包装、运输、交付前或交货时）。 109

这些义务可以在订购方对生产过程的详细要求下作为明示义务，也可以在准据法认可的情况下，作为默示义务。这类默示义务源于合同的性质和目的、缔约方之间确立的惯常实践或惯例、诚实 110

信用、公平交易或合理性①，以及可能相关的良好实践和行为守则。生产方的义务要么是交付某个特定的产物②，要么就是应用其技能，尽其最大努力来达到该目的。③ 区别各种情形时可能需要考虑某些特别的因素，例如合同中表述义务的方式；合同条款，特别是价格条款；通常涉及的风险程度；或另一方影响履行义务的能力。④

111 合同可要求生产方与订购方合作，确保遵守生产方法、避免事故发生。例如，生产方可能被要求寻求指导，就发生的问题（如动物疾病或生产延误）提供建议，或提供监测报告。⑤ 准据法甚至也可能将这些义务法定化。遵守订购方指示的义务有时仅在合同的一般条款中加以规定。本《指南》认为这一做法并不总是可取的，因为它可能使生产方在订立合同之前没有机会讨论和完全理解其在合同中的义务。更明确的合同语句可以从不同方面列出生产方必须遵循的订购方指示。列明这些义务有利于生产方关注其必须遵循义务的大体范围，但对义务的具体内容仍有很大的不确定性。

112 合同通常规定可以进行种植或播种的时间。在适当的情况下，合同也要求循环利用耕地。其也可能要求必要的灌溉和排水，以确保作物的良好生长以及最终产品的质量。订购方通常指定生产方应遵循的技术。此外，农业生产合同经常包含肥料使用的条款。有时化肥由订购方提供，合同可以约定不得用于其他作物。除此之外，生产方一般有义务购买订购方推荐的化肥类型。有些更精细的要求

---

① 对国际商事合同而言，UPICC 第 5.1.2 条规定了类似的规则。
② 对国际商事合同而言，UPICC 第 5.1.4（1）条规定了类似的规则。
③ 对国际商事合同而言，UPICC 第 5.1.4（2）条规定了类似的规则。
④ 对国际商事合同而言，UPICC 第 5.1.5 条规定了类似的规则。
⑤ 对国际商事合同而言，从 UPICC 第 5.1.3 条的一般协作义务中可推断出类似的规则。

也会规范肥料的使用。在一些合同中，对施肥有非常详细的说明，其通常位于至少几页长的特定附录中（例如初步的土壤测试、肥料的类型和组合、施肥频率、数量、施肥前的土壤准备）。有时合同会使用更一般化的语句。有关生产方法的指导通常要求生产方采取适当的措施以控制杂草和病虫害。在签订合同之前，考虑到农药和其他化学品可能对环境造成的影响，本《指南》建议生产方了解使用农药和其他化学品的风险和收益。订购方给出的生产方法说明通常包括应采取的必要预防措施的条款。例如，合同可能禁止使用除草剂来控制杂草，或禁止使用那些准据法所禁止或未被订购方认可的化学品和杀虫剂。一些合同会列明可接受的虫害控制产品，并给出相应的使用说明。

收获是生产过程中的关键时刻，合同通常规定生产方必须按照订购方给予的指示收割所有的农产品，并接受其监督。有时生产方会在临近收获前被提供一些特别的培训。收获的时间通常由订购方决定，然而，本《指南》建议（订购方）应与生产方进行一些合作，并留有一定程度的灵活性，因为适合收割的时间很大程度上取决于作物的成熟状况和天气条件。有时合同也要求订购方在收获期间在场。一些合同也包含关于收获后作业的指导，例如清洗产品以洗掉泥土和可能的污染物，或者采取适当措施（例如通过除去植物残留的根、茎）养护收获后的田地。

畜禽类合同对生产方式有特定的要求。在那些典型的特定义务中，动物（通常由订购方提供）必须安置在适当的设施中，其中包含必要的设备，并遵守关于尺寸、卫生、温度或垃圾处理方面的规定标准。设施内需要充足的水用作饮用和清洁。（订购方）也经常对牧场管理方面进行指导。无论食品和药品是由订购方提供还是由生产方按照订购方的要求采购，生产方需要承诺采用订购方要求的喂养标准和医疗标准。当动物出生或因消费而"被终止"，或处置以其他方式死亡的动物时，一些特定规则可能会用以规范生产方的义务。动物产品（如牛奶或蜂蜜）的收集方法也经常受到详细的合同条款的约束。

115 　　在一些特别复杂的农业生产合同中，可能要求生产方依照法律、私营标准（如 ISO 22000）① 以及（在一些情况下依照）合同来确保产品的可追溯性。可追溯性被定义为"在生产、加工和供应等特定阶段过程中追踪食物动向的能力"②。产品可追溯性包括那些关于在整个供应链过程中遵守质量和安全要求的信息。可追溯性对于在生产或消费阶段出现危害时采取纠正性措施而言至关重要，并有助于防止不合规的影响沿着产业链和生产线传播。

116 　　农业生产合同可能包含劳工和卫生条款。合同条款可以规定生产方有责任雇用"充足且高效的劳动力"或遵守强制性的劳工标准。合同中经常会明确表示禁止使用童工。一些合同中包含有关生产方在整个生产过程中必须保持的卫生条件的规定（例如处理产品的人员、动物、容器、储存场所和运输工具的卫生），在一份与之相关的说明中，一般性规定（即不是专为农业生产合同所设计的）也可能适用于生产方关于生产方式的某些方面的义务。大多数农产品以及生产方法都应符合卫生和安全方面的规定。环境法规也可能影响相应的生产方法。

---

① 国际标准化组织（ISO）制定了食品安全管理体系认证标准，称为 ISO 22000。关于 ISO 和 ISO 22000 的更多信息，请参见 http://www.iso.org/iso/home/standards/management-standards/iso22000.htm。

② 这是由食品法典委员会（Codex Alimentarius Commission）第二十七届会议通过，并纳入食品法典程序手册的定义。

行业行为守则（如果存在的话）往往鼓励缔约方在合同中列入所要求的生产方式。有些规定对此在许多方面进行了细化（如农药使用，要求遵守有关环境或劳动力使用的规定，或者重申禁止以超过合理市场价的价格强制购买生产资料）。有时如果合同中要求了特殊的生产或牲畜处理方式，则这些生产或处理方式必须向生产方明确释明。 117

(2) 监控与控制

农业生产合同通常规定，订购方的代表或授权的第三方（如认证的代理人）可以进入生产现场，一部分是直接提供建议，另一部分则是监督合同中规定的生产方法被执行的方式。前述行为有时直接列入订购方的义务中。尽管生产方必须允许这些现场调查/走访，订购方也可以利用这些现场调查/走访直接提供额外的建议；如果合同中对此没有明确规定，订购方的此类权利通常可从核验生产过程的权利中推断出来。 118

为了进行这些现场调查/走访，拥有进入种植区的合理渠道是必要的，而且进入场所的权利经常会在合同中明确说明。多数合同有更多的特别条款来保证自由进入种植区（例如，明确检查权的范围不仅包括作物，还包括收割设备、运输工具和储存设施，或者动物用食品和药品）。合同对路径（paths）和地块（plots）的可到达性也可能有特定的要求。合同中对访问所需满足的条件（例如频率、时间、提前通知和访问记录）进行规定也是常见的。 119

虽然订购方可能希望保留在没有事先通知的情况下随时到访生产场地的权利，但生产方至少会希望收到一些预先通知，以便妥善安排订购方的到访并使之与自己的工作时间表协调一致。合同有时会规定要求订购方（在到访前）预先通知。正如许多合同所规定的 120

那样，这些到访应该在"合理"的时间进行。关于到访这一事项，合同也可能包含更具体的条款［例如规定可以为特定经营活动（例如收获）而到访，或者根据作物成长阶段，增加到访的频率］。

121 通常，订购方对生产进行监督的条款是格式合同的标准条款，即不是单独通过谈判达成的条款。通常情况下，订购方提供与生产相关的指导或手册，或者提供涉及这些材料的合同。

122 当订购方对生产进行广泛的控制时，作为缔约方总体预期的一部分，订单农业的最佳实践可能会使订购方有义务协助生产方履行其合同义务，并避免不必要的风险。进一步讲，合同中默示的一般合作义务① 包含公平行为（fair behaviour）的义务、及时并尽职地采取行动来支持生产方履约的义务，以及传递相关的信息和建议（informed advice）的义务。但是，如果订购方对生产的控制程度妨碍了生产方的独立性，生产方可能不被视为独立承包商（independent contractor），而是订购方的雇员（参见导读第43—46段）。

123 除临时或定期到访外，合同有时还规定，种植和收获等关键作业将在订购方代表在场的情况下进行。在这些情况下，订购方可能有义务保证其代表在适当时候到场，因为所涉行为不能拖延。当订购方使用第三方进行检查时，订购方对其代理人（agents）负责，并有义务确保结果的客观性和可验证性。如果订购方的知识水平比生产方更高，则订购方可能有义务对生产方违反法律强制性义务（例如劳动法或环保法所规定的义务）的行为进行警告。这项义务通常会要求订购方协助生产方纠正缺陷。

（三）交付

124 交付是合同履行中的关键时刻。订购方收货的义务和与之相伴

---

① 对于国际商事合同而言，UPICC 第5.1.3 条规定了相似的规则。

的生产方交货的义务在任何农业生产合同中都是基础且互相依赖的义务。交付义务也可能是产权转让或风险转移等重要法律效力的来源。如果订购方在交付时没有做出适当的保留,其有可能失去对明显缺陷的救济权。若无相反约定,生产方的交付是触发订购方支付货款的必要条件。① 当货物的所有权根据合同转移时,交付货物并不一定表明所交货物的所有权已转移。

接收(货物)包括若干行为,这些行为不仅关系到评估生产方的责任,还关系到评估订购方的责任。收货这一行为包括几个环节:占有、检查货物、接受或拒绝。可以结合通过使生产方有能力履约来进行合作这一职责(the duty to cooperate by enabling the producer to perform its obligations),对上述行为进行审视。订购方未能收货可能会免除或减少生产方的责任。另外,这种失败可能会增加生产方承担的履约成本。

大多数法域的合同法对交货时间和地点的确定都有默认规则。② 然而,在农业生产合同中,无论是明确地同意,还是根据过往行为、习惯和贸易惯例而同意这些条款,都并不少见。③ 良好的做法是,双方通过生产合同中的适当规定来安排交付过程中的各个方面。有些合同没有这样做,或者双方在合同中对交货事项约定得不够详细,这可能会造成困难。合同中这一内容的明确对于确保有序履行缔约各方义务而言至关重要。本《指南》也建议缔约方避免使

---

① 对于国际销售合同而言,CISG 第 53 条规定了相似的规则。
② 对于国际商事合同而言,UPICC 第 6.1.1 条、第 6.1.6 条规定了相似的规则。
③ 对于国际商事合同而言,UPICC 第 4.2 条、第 4.3 条规定了相似的规则;对于国际销售合同而言,CISG 第 9(1)条规定了相似的规则。

用那些允许一方单独决定交付条件的条款。① 生产方可能被要求采取所有合理预期的措施，以确保订购方能够收货。生产方在订购方实际获得货物之前有照顾货物的义务。

127　　大多数法律制度都有关于货损风险的默认规则，这通常也适用于农业生产合同。例如，如果在生产现场或在另一约定地点交货，订购方通常必须自行提货，同时自负提货成本并自担风险。鉴于交货时经常伴随的大量因素（如交货前后的检验、质量认证、称重、分级和包装），默认规则往往不符合缔约方的期望。因此，本《指南》建议在合同中明确约定这些事宜。

1. 时间和地点

128　　确定交付时间可能包括根据预计收获或收集农产品的时间来确定合同中的暂定日期（provisional date），最终日期、时间，一系列期日或期间。在错误的时间或地点交货可能导致产品腐败变质，并且可能进而导致违反订购方与供应链下游环节实体之间的合同义务，继而造成金钱损失。考虑到天气条件的不确定性，生产方很可能难以提前预测精确的交货日期。如果没有确定一个确切的交货日期，合同应该提供一个设定交货日期的方法。订购方通常保留确定日期的权利。由生产方确定交货时间的情况则相对不太常见。另一种可能的方式是预先确定一个日期，但要约定这个日期可能会在一方主动提出或由双方同意的情况下进行变动。合同可以更加精确，并将必须交货的时间精确到小时。

129　　尽管订购方可能会容忍轻微的延误，但延期交货通常被视作一种违约行为。遵守交付时间表对于交付那些易腐败变质的货物来说

---

① 对于国际销售合同而言，CISG 第 60 条规定了相似的规则。

非常重要,但对于(某些)牲畜或木材来说可能并不重要。

130 合同应该指明交货地点。其可能要求生产方在订购方的场所或订购方指定的地点[例如起卸机(elevator)、收集中心或仓库]交付货物。然而,订购方同样也可能承诺在生产方的场所进行交货,这在许多情况下(如交付家畜)可能对于生产方来说是一个更好的选择,因为这样会将运输到订购方的过程中的货损风险转移到订购方。特别条款可能要求生产方确保订购方能够到达货物存储地,或者确认该地点适合装货。有些合同也尝试着将交付时的地点特别精确到某一指定位置。

131 货物必须从收获或生产的地方进行运送,有时首先运到存储地,然后运到交货地点。合同将规定谁负责运输货物,谁承担费用。有时生产方需要组织运输,有时合同则规定产品将由订购方雇用车辆进行运输。合同也可以约定订购方代表生产方雇用承运人。对于费用问题,合同可能会规定短途运输到临时存储地的费用将由生产方承担,而运往交货地点的费用则由订购方承担。当然也可能存在其他的运输成本分担方式,并且运送到交货地点的成本也经常由生产方承担。另外,在合同中指定谁负责装货和卸货可能会比较实用。

132 交付可能涉及多种类型的收获后的操作,每种操作都可能导致一方或双方承担某种义务。例如,质量控制往往要求按照订购方的要求、适用的标准或规定对产品进行分级。

133 在交货之前,产品必须以适当的方式包装。订购方经常对这一问题进行具体要求。合同可以规定,如果只是为了区别于另一产品,则包装盒(containers)必须标有特定的区分标记。关于包装的指令也可能与防止过度包装的行为有关。有些合同要求包装操作必须在订购方的代表在场的情况下才能进行。包装也可能受某些规范的约束。包装盒可能必须由生产方购买，有时也可能由订购方提供。合同应该明确哪一方承担成本。如果包装盒必须由订购方提供，合同应规定生产方在收获前以正确数量及时交付这些包装盒。

134　　如果产品在交货前需要储存，合同应规定储存条件。一般要求主要对卫生条件、温度、湿度、自然因素防护（如防止日晒、雨淋等）或安全进行规定。合同可以对存储位置进行指示（例如靠近作物生长地的储存地）。可以经常看到仓库及其他类似主体参与货物的分类、包装及标签工作。如果生产方和订购方约定订购方有义务包装货物，仓库可能有效地扮演订购方的代理人这一角色，而这也不能免除订购方安全包装和存储的责任。

2. 接受货物

135　　生产方有义务让订购方在交货时就能检查货物，但合同也可能要求订购方有义务及时检查。这对于易腐败的商品来说尤为重要（例如甘蔗里的蔗糖在收割3天后就会流失）。此外，如果在收货后（而不是在收货之前，例如在生产方的场所）进行货物检查，则延误收货可能会延误检验。这可能会改变检查结果，从而妨碍对生产方责任的评估，生产方就可能依据相应准据法来免除或限制其自身的责任。如果卡车在交付前需要在工厂排队等待数小时，那么生产方可能会以折价销售或被拒收货物的形式遭受损失。在没有不当延误的情况下通知货物已被接受（或已发现问题）事关生产方的利益。同样，根据交付时的货物状况，对其进行检查也是必要的，这就使得货物不受随后订购方处理和储存条件的影响（或者随着时间过去而自然腐败，例如重量减轻）。

136　　数量经常是通过对交付的产品称重来进行确定的。应该允许生产方在可行的情况下监测称重和质量评估的过程。有时缔约方也会同意在交货后不久,由订购方向生产方提供一份文件,说明根据相关标准(如缺陷货物、湿度、糖或酸含量的比例)对货物质量的最终评估结果。有时订购方也会提供称重收据。由于腐坏造成的损失在一定比例内可能是可以接受的。交付时的验证程序结果对于生产方来说非常重要,因为它影响订购方所支付的价格。

在检查期间才确定质量和数量往往会造成重大的物流问题。大型订购方可能一次从数百家或数千家生产商那里采购。这些被要求保持一致检验标准的各大代理商可能会对货物进行检查。他们需要迅速做出公正、准确的决定。就产品质量进行谈判时间通常很少。由于一般是订购方承担检查义务,通常由订购方确保检查过程恰当并及时进行,包括那些订购方的买方直接从生产方处收货的情形。由于货物可能容易腐烂,及时检查并收货若不在合同中明确指明,也会成为合同的默示条款(订购方的默示义务)。检查费用通常由订购方承担。

本《指南》建议在通常情况下,生产方和订购方一起,或者由可信的第三方来监督检查过程。检查过程中经常可能发生欺诈(如操纵产品重量)问题。当双方都参与检查,或由独立的第三方参与,或双方将产品提交认证或仲裁程序时,欺诈的可能性就会减少。生产方应该能够验证作出相关认定的过程。例如,合同条款中一般会包含这样的条款,规定当称量或检查作物或牲畜时,生产方应该能够核查称量或检查过程,并且这种称量应该使用经认证的秤。通常当第三方进行检查时,第三方的认定对生产方和订购方都具有约束力。

检查可在生产方的场所、订购方的场所或其他地方进行。经常会有一条默认规则来确定检查地点，因此，如果合同各方打算另行指定检查地点，则需要在合同中规定。检验方法因货物而异，但其目的基本一致：即确定货物是否符合数量和质量规格。合同中会包含一些条款，规定当缔约方可在合同履行期间对一些合同条款灵活决定或修改，但通常货物的质量不包含在这些条款之内。

140   如果订购方可以无限制地审查和分级生产方交付的货物，则存在滥用审查权的风险。公平的合同条款不应该让生产方任由订购方的武断决定所摆布。例如，合同可以允许生产方按照一定流程选用并对水果筛选和分类，并允许"明示不同意"（express disagreement）的可能性。通常，更好的制度会规定需要由独立专家或政府实体的代表出席审查过程。订购方还必须注意生产方可能的欺诈行为（如企图操纵产品重量，或贿赂负责评估货物数量和质量的人）。合同可能会试图通过提供严厉的救济措施来阻止这些做法，例如损害赔偿和终止合同。但是为了防止这些做法发生，更主要的是通过改进控制程序及采取适当措施来确保审查人员的中立性。

141   如果订购方可以提出合法的不相符索赔（non-conformity claim），在大多数法律制度下，拒绝提货并不构成违约。相反，如果检查过程缺乏公正或者其中存在欺诈，那么订购方因生产方交付"不相符"货物而拒收货物则是错误的。如果未能适当评估其相符性（例如，通过使用错误的参数来评估农产品的安全水平，或者使用不熟练的检查员），订购方也无权拒绝收货。

142   若订购方基于未经证实的或具有欺诈性的货物不相符索赔而拒绝接收货物，则其需要承担故意违约的后果。根据不同的准据法，这些后果通常包括对不可预见损害的赔偿责任，并且如果发生根本违约，则在生产方不再坚持要求订购方强制履行收货义务的情况下，后果还包括对合同的终止（参见第五章第 142—143 段）。第三方（例如认证机构）可能会参与欺诈行为，这也会让他们自己承担合同法或侵权法下的损害赔偿责任。

如果第三方由订购方聘用，则第三方（例如认证者）的错误可能导致非故意的不当拒收。当认证合同由生产方直接签订时（通常情况下），确定谁应该承担因认证人员错误所导致的后果更为关键，尤其是在认证人员是被订购方指定或推荐给生产方的情况下（参见第五章第 144 段）。 143

（四）价格和支付

订购方的主要义务是支付由协议确定的价格，以换取生产方交付的货物或服务。因此，关于生产方所提供的产品和服务的价格条款是农业生产合同中最重要的条款之一。合同的可持续性很大程度上取决于各方是否能够就固定价格、定价结构或价格计算机制达成一致，以充分保护双方免遭一般农业生产及特定商品所固有的商业风险（参见上文第 13—17 段）。理想状态下，由协议确定的价格应该使双方的回报率覆盖固定成本和季节性成本，并使这笔交易有足够的盈利能力继而使其具有吸引力。 144

1. 价格的确定

价格是一个重要条款，若无法确定价格或就价格确定机制达成一致，则可能导致合同无法执行（参见第二章第 63—64 段）。① 但是，即使本国法通常要求合同中规定价格条款，如果有一个框架合同规定了每一季节或生产周期的单独执行协议，或者是一份在履约期间允许重新协商价格的长期合同，那么初始价格条款就显得没有 145

---

① 对于国际销售合同而言，CISG 第 14 条规定了相似的规则。

必要了。

146 生产方应理解价格条款，并能评估合同下的预期款项数额。当订购方提供合同条款时，订购方可能有义务向生产方提供关于价格的完整且易于理解的信息。① 关于农业生产合同的特别立法也可能要求这项义务。不管对价格条款有怎样的基本法定要求，一个明确清晰的、双方都能理解的价格条款可以避免未来的冲突和诉讼。允许生产方或第三方参与计算或验证订购方提供的价格计算方法是一种好的做法。②

147 根据一般合同法和具体的农业生产立法，不公平的价格条款可能受到制裁。③ 特定的规定可能适用于指定的做法。例如，合同可以规定［在所谓的"锦标赛"（tournament）补偿计划下］以其他生产方的表现为基础来确定单个生产方的基本补偿标准。"锦标赛"方式有时易出现操纵和偏袒，因为订购方通常有能力通过提供差异化的生产资料影响合同参与者的表现。这些安排可能看起来是合理的，因为它们给生产方提供了激励措施，但是它们往往被认为是对个别生产方的歧视，故而部分规范农业生产合同的立法禁止使用此类条款。

148 胁迫和议价能力的失衡可能是使价格条款无效的原因。④ 竞争法也可能适用，以纠正农业生产合同的市场失衡，并防止定价权的滥用。自愿行为守则也可以促进公平定价（参见第一章第31段）。

2. 价格确定机制

149 农业生产合同中的农产品价格可能通过那些提供最低或最高价

---

① 对于国际商事合同而言，从 UPICC 第 5.1.3 条可推断出相似的规则。
② 同上注。
③ 对于国际商事合同而言，UPICC 第 3.2.7（1）条规定了相似的规则。
④ 对于国际商事合同而言，UPICC 第 3.2.6、3.2.7 条规定了相似的规则。

格的政府法规来确定，或通过市场价格来确定。若没有政府法规以确定价格，则由双方就价格达成一致。价格条款可以规定固定金额、可变金额或两者的组合。固定价格通常反映生产成本和生产方的表现，根据价格范围（scales），并考虑产品数量、质量和分级等变量。价格范围可以用于激励生产方，但也可能会涉及惩罚措施。在应用激励措施时，也可以考虑应用在生产过程中有关质量、安全、社会和环境目标的特定尽职标准（diligence standards）。

(1) 固定价格

农业生产合同通常会在订立合同时就一定数量的作物或牲畜提供一个确定价格。这通常反映了生产成本和合理的利润。订购方在价格条款中使用交付时市场价是很常见的，如果是这样的话，关键在于需要在合同中明确具体的市场。

固定价格不需要在合同中表示为包含具体货币单位的数字。协议可以规定，订购方支付的价格可能因当地或全球市场价格、订购方的加工成本、订购方销售加工产品所获得的收入以及进出口国家之间的汇率等因素而有所不同。尽管如此，在没有这些限定条件的情况下确定固定价格时，价格确定日与应付款日之间的市场价格变化一般不会影响向生产方支付的数额。当市场价格下跌时，生产方更愿意见到这种预期收入的确定性。但是，如果市场价格上涨，生产方就失去了获得更高价值的机会。针对该问题一个可能的解决方案是将产品分成不同的部分，其中一部分是固定价格，另一部分留给市场定价，进而部分获得市场价格带来的好处。

使用市场价格的主要优点是，可以在合同签署时灵活地确定一个足以反映各方在交付时已经协商过的价格。使用市场价格的副作用是降低了生产方在公开市场上转售的动机，因为在公开市场上他们并不能获得更高的报价。而相应的缺点则来自价格波动，使生产方和订购方的利润都依赖市场价格的波动。

(2) 价格范围 (price scales)

153　　对于一些商品，价格根据不同的业绩衡量标准而有所不同。根据某些关键的履行指标，价格也可能在合同的周期内而变化。对于那些会在基础价格上加上额外补贴或者减去罚金的合同，我们经常能够见到基于数量和质量（在某些情况下还要考虑效率）的变化而设定价格范围，并以此作为考虑因素来调整最终的价格。价格范围以及调整价格的其他方式可以作为生产方的激励或惩罚手段。激励也可能基于生产过程、产品质量和安全、社会和环境目标等要素的特定尽职标准 (diligence standards)。由于生产方必须依赖订购方对这些因素进行评估，因此订购方有义务达到客观的行业标准。① 从功能上来说，当生产方未能满足订购方所要求的质量或数量时，这种价格调整可用于补充或取代已有的合同救济。

154　　当价格条款以生产方服务作为支付基准时，费率通常是先设定一个基准价格，并根据各种绩效因素进行调整。例如，在牲畜合同中，这些因素包括饲料转化率、牲畜死亡损失以及燃料费用。尽管订购方也可能提供饲料以及动物，但价格不是基于生产资料成本，而是基于交付给订购方时牲畜的重量。价格也可能与订购方从产品本身、或生产方交付产品之后通常所获得的收益等灵活的参数相关联。这些参数通常取决于当地或世界市场价格、订购方的加工成本、订购方销售加工产品所获得的收入以及进出口国家之间的汇率。何时衡量这些因素、这些因素如何在价格波动和所招致的风险

---

① 对于国际商事合同而言，从 UPICC 第 5.1.4 条中可推断出类似规则。

方面发挥作用、生产方有权获得的份额也都是合同中的核心条款。

价格可以根据一个或多个因素将固定数量和灵活份额结合起来。在签订合同时，本《指南》建议，订购方以及特别是生产方，应考虑所选定价机制的潜在优势和风险。使用价格范围的一个优势是激励生产方生产高质量的商品，这就会导致双赢，并为双方创造更高的利润。相关的风险则源于价格范围本身的复杂性，当投机者试图滥用定价机制时（例如订购方将产品等级降低以图用更低价格购买产品，或者生产方将质次产品与质优产品捆绑进行高价销售），可能导致价格混乱和市场操纵。 155

提供监督订购方应用价格公式（其中包括例如产品分类和分拣）的机制也是一种好的做法，提供这种机制的途径包括允许生产方参与制定或复核订购方所应用的价格，或通过第三方的介入来进行核算。 156

价格条款应该是透明和明确的。价格条款起草不当会导致纠纷、诉讼、拖延和额外成本，同时也可能导致合同违约，并导致生产方疏忽地误述（misinterpret）或误解（misunderstand）价格计算的方式。欠透明的价格条款可能允许订购方操纵定价机制以减少支付。无论定价机制如何，在协议达成时缔约方都应该理解这种机制。 157

一段时间内，市场状况或货币汇率的变化可能导致商定好的价格条款不足以适应当前形势。考虑到这种情形，各方可以考虑在合同中纳入价格调整条款，其实施依赖预先确定的修订机制，例如参照相关指数或汇率（参见第四章第 18 段）。但如果情势的根本变化在整体上影响了合同的平衡，这些条款可能就无法满足需要。在这种情况下，合同中若规定了艰难情势条款（hardship clause），则可能允 158

许重新谈判包括价格在内的初始条款①（参见第四章第32—33段）。

3. 支付时间和支付方式

159　　合同应规定（关于货物和生产资料）付款的时间和方式。拖延支付或使用其他方法支付可能会对生产方进行必要支出的能力产生负面影响，而且还可能影响生产方在设施、运营支出等单独融资协议下的义务。这些条款一般在合同中予以明确规定。当事人过往的惯常做法和贸易惯例可以作为协议中明确规定的补充。② 尽管付款的时间和方式可以适用默认规则，但是明确规定谁来付款、何时付款和付款的方式可以提高合同的确定性，并减少争议的可能。付款可能发生在交付之前、交付之后或交付后一定天数。如果价格以市场价为基础，那么明确市场价的确定方式和确定市场价的时间则非常重要。在相关情况下，还应考虑生产方有义务偿还订购方提供的预付款（参见上文第87—91段）。

160　　不同的支付条款之间差异很大，这取决于合同类型和当事人的私人安排。例如，一些合同约定当场现金支付，另外一些合同则约定基于进一步的交付、检查和加工而实行分期支付。由于付款通常在交付后发生，生产方即面临着订购方不付款的风险，例如订购方破产导致的无法偿付。如果货物的产权已经通过合同或其他方式转交给订购方，这一潜在问题就会加剧。这种风险在一些法域可通过法律途径进行规避，生产方按照相应法律有权对货物采取留置措施。在其他法域，法律则规定由公共金融机构、保险计划或付款担保的方式提供担保的资金，以保护生产方免受订购方破产的影响。

---

① 对国际商事合同而言，参见 UPICC 第6.2.2条。
② 对国际销售合同而言，CISG 第9（1）条有类似的规定。

订购方不能在合同中放弃这些强制性义务。

  延期付款还可能使生产方面临额外的风险。例如,延期付款可能使生产方难以获得额外的融资,或由于通货膨胀而使成本增加,这对生产方的影响是巨大的。在某些法域,这种风险可通过设定法定付款期限而得以规避,若订购方逾期付款,则生产方自动获得对订购方的利息请求权,这种情况下生产方有权获得比一般情况下更高的利率。若没有针对农业生产合同的特定利率,则由大多数国内法和一些国际法来规定利率。① 161

  付款期限通常与当事方其他义务有关,如检查、包装和运输义务。因此,付款可能取决于付款前必须满足的条件。例如,在付款前,生产方可能需要发出付款通知并提供发票和某些证明,或者等到检查以及卫生状况或其他质量验证(包括潜在的实验室测试)之后再发出付款通知。但是,这样的条件必须符合商业上的合理性要求。 162

  当订购方为出口而购买农产品时,合同可能要求订购方以不同于设定价格的币种付款。如果在合同中没有规定,则所适用的默认规则就决定了交易币种和确定汇率的时间。② 一些国家立法要求合同使用当地货币。货币的选择可能代表了商业交易的一个重要方面,因为不同货币在汇率市场上的价值和稳定性都是不同的。如果在合同中确定了支付货币,则可能有助于双方之间的风险分配。③ 这就解释了为什么使用与合同(或法律)中规定的货币不同的货币 163

---

① 对国际商事合同而言,UPICC 第 7.4.9 条有类似的规定。
② 对国际商事合同而言,UPICC 第 6.1.9 条有类似的规定。
③ 对国际商事合同而言,从 UPICC 第 6.1.9(1)(b)条中可推断出类似的规定。

可能视为一种违约，除非根据准据法予以豁免。①

三、额外的义务

164　在协商缔结农业生产合同时，双方有时就生产、交付和价格支付的核心义务之外的其他义务达成一致。但是，本部分接下来的所述内容并不能覆盖所有种类的额外义务，在实际操作中，缔约方可能需要考虑其他义务。

（一）保险义务

165　虽然许多农业生产合同中因缺乏可用性（availability）或可负担性（affordability）而没有设置任何保险条款，但有些合同会规定保险义务。在这种情况下，合同应首先明确哪一方有投保义务，并说明应购买何种保险（如设施险、农作物和牲畜险，以及在处所可能发生的针对第三方的所有人身伤害或财产损失的责任险，或针对合同主要方的人身伤亡险、健康和人寿险）。

166　保险合同是复杂的法律文书。合同应用最简单的方式详细描述承保范围。仅仅要求一方当事人进行保险而不作进一步详述（例如简单地要求购买"足够的保险"），可能无法保证必要的承保范围。保险条款应至少说明主要的最低承保范围要求，如被保风险（如火灾、盗窃、疾病或冰雹）以及承保金额。对于责任保险，合同应规定保证的最低限额，而人寿保险则应规定保额。应特别注意核实保险条款满足了相关法律的要求。保险法通常受强制性原则和规则的规范。

---

①　对国际商事合同而言，从 UPICC 第 6.1.9（2）条中可推断出类似的规定。

如果保险单或适用的法律载有相应的条款，也可以通过适当的 167
条款在交付时将保险利益转让给订购方。如果适当的话，还可以包
含有利于第三方（如金融机构）的指定保险受益人条款。

可以通过合作社或共保实体（cooperative or mutual entities）获 168
得一些更容易负担得起的保险形式（参见第二章第53段）。世界上
许多地区正在发展小额保险，以提供更易于获取的农业风险保护形
式。天气衍生品（weather derivatives）（如果可用）由于其实施上的
简便性，也可以提供相对可负担得起的保险形式。当某一因素（如
干旱或降雨量）超过或低于一定水平时，风险就会发生，当发生这
种情况时，被保险方会收到预先确定的金额。

（二）记录保留以及信息管理

某些行政义务往往会由生产方承担。例如，生产方可能需要保 169
有一个专门的银行账户来接收订购方按照合同所付的款项。乳制品
动物供应合同可能规定，所有动物必须通过适当的记录验证身份。
订购方可能要求提供有关产品的各种信息通信记录。在一些合同
中，根据订购方对第三方（公共机构、检验机构、客户、金融机构
等）可能的义务，生产方需要定期报告信息。订购方可能要求生产
方在交付时提供此类报告，也可能在履行期间以更频繁的次数要求
生产方提供。一些合同规定了更为综合的管理义务，要求生产方保
留适当的记录（以证明其遵守了不同的义务），并遵从订购方提供
的专业意见以管理其业务。生产方可能需要编制一份业务计划书，
尤其是在其想要获得融资时。

许多合同规定，生产方必须参加订购方举办的培训班，并向订 170
购方提供有关影响产品的后续事件的信息。例如，如果生产方未能
向订购方通知那些降低产品质量或数量的虫害感染，继而导致订购

方的采购计划发生变化、贸易机会丧失或无法采取预防或纠正性措施，则可能会导致生产方的相应责任。

171　　有些合同明确规定了双方交换机密信息的处理方式。无论可能的合同补救措施（如损害赔偿或合同终止）如何，机密信息的披露可能代表了对于双方之间信任的主要威胁，并可能导致信任的最终破裂。但是，要求使整个合同保密的条款并不总是有效的。在某些法域中，如果存在禁止生产方披露合同中的条款、条件和价格的条款，则该条款是无效的。其目的是允许生产方与第三方（如家庭成员、法律顾问、土地所有者、金融机构或政府机构）讨论生产合同条款，以加强（生产方）在信息畅通的条件下作出同意，也有利于市场竞争（另参见第二章第84—90段）。

（三）公共利益考虑

172　　当生产方从国家出租土地时，生产方必须遵守准据法关于保护社区利益的任何法定义务。如果法律有相应的要求，或订购方同意遵守施加该类义务的行为守则、惯例或指引，则这项义务也可以延展至订购方。如果这些义务涉及生产过程（如使用农药、使用环境友好型的生产技术等），那么在订购方没有充分监督生产方行为的情况下，可以提起相关诉讼。

四、义务的转移

173　　一般而言，缔约方可在缔约后转让其合同权利，但未经另一方同意①，不能将其义务转移至第三方。② 对于订购方来说，合同的

---

① 对国际商事合同而言，参见 UPICC 第 9.1.1 条和第 9.2.1 条。
② 对国际商事合同而言，从 UPICC 第 9.2.3 条中可推断出类似的规定。

权利通常为从生产方（义务人）处获得产品的权利。订购方（转让人）有可能仅通过与第三方的协议将这些权利转让给第三方（受让人），因为这一权利不属于人身性质的权利。① 订购方必须确保没有任何合同条款阻止其对于产品的权利或任何其他权利转让给第三方。② 由于合同通常是由订购方起草的（或是为订购方起草的），所以这个条款不太可能出现。订购方是否可以转让其任何职责（如提供生产资料、技术服务或运输）通常在合同中予以明确规定。如果没有明确的规定，订购方通常只能在生产方同意的情况下转移其职责。③

---

① 对国际商事合同而言，参见 UPICC 第 9.1.7 条。
② 对国际商事合同而言，参见 UPICC 第 9.1.9 条。
③ 对国际商事合同而言，UPICC 第 9.2.3 条规定了类似的内容。

第四章
不履约的抗辩理由

1 签订农业生产合同后,履约情况可能会受到某些意外事件(supervening events)的影响。一些意外事件需要特别加以注意,因为它们可能会为不履约提供法定正当理由,或引发其他可能的法律后果。虽然这可能发生在所有类型的合同上,但某些事件对农业生产会起着更大的作用。本章第一部分将介绍此类事件所导致的基本法律争议点。第二部分将简要列举如何通过合同和适用法来表征不同的意外事件。第三部分探讨了意外事件在法律上获得认可的后果,以便当事方在订立合同时可以更好地面对和处理这些事件。

一、农业生产合同中的不可抗力(*force majeure*)以及情势变更(change of circumstances)

(一)影响缔约方履行的意外事件

2 农业生产合同在那些影响生产方履约的特定外部因素面前,显得尤为脆弱。洪水或干旱等自然事件、突然的气候变化或异常的高低温是最为常见的可以部分或全部地破坏生产方的商品的事件。在这方面,气候变化和天气不可预测度的增加可能会导致意外事件较以往更频繁地发生。自然事件还可能包括昆虫或可能对作物有消极影响的瘟疫,或可能攻击家畜的流行病。

其他可能的后发因素尽管在农业生产中不算典型，但也可能影响任何一方履约的能力。立法或政府农业政策的变化，或者更广泛地讲，那些国内或国际局势的变化；小至骚乱，大至革命或武装冲突的剧变；以及影响整个生产过程或运输和其他设施可用性的社会事件（例如罢工）。其他例子包括：政府对特定的农产品的出口禁令可能会阻碍缔约方全面履行现有合同下的义务；卫生或环境法规的变化可能会降低特定产品的价值；对某一特定国家的禁运可能构成履约的主要障碍；通信或运输行业的罢工可能会影响当事方的履约能力；货币的突然贬值或资金转移的冻结也可能影响履行支付价款的义务。那些影响到价格或供给的市场条件波动会导致可能进一步严重影响原有的合同均衡性（contractual equilibrium）的破坏性因素的产生。

此外，通常中期至长期（参见第六章第4—10段）的农业生产合同增加了这些意外事件的可能性，并且各方承诺定期或延期履行（参见第三章第3段）通常也会导致意外事件产生可能性的增加。此外，属于本《指南》范围内的农业生产合同通常意味着生产方和订购方需要在一定程度上相互依赖对方的履约，后者通常需要提供前者所需要的生产资料（如货物、服务或融资）来履行义务。在阻碍产品交付的不可抗力事件下，订购方可能已经履行了与生产资料有关的义务。因此，订购方除了没有收到预期的最终产品外，也已经失去了为履约所付出的价值。简言之，影响到任何一方履约能力的事件通常都会影响另一方自身在合同下的履行情况。

（二）不可抗力与情势变更

虽然上文所述的意外事件可能以各种方式对当事方的履约能力产生影响，但是这些事件从法律角度是否与履约能力相关、在多大程度上相关以及这些事件将对各方的义务和整个合同产生什么样的后果等一系列问题,取决于所适用的法律。

6 一般来说,国内法规定在合同签订后,仅在发生不可预测、不可避免、超出当事方的合理控制范围并客观地阻止其中一方或双方履约的事件情况下,可以提供一种特别救济。例如,(读者)会想到一场特大洪水摧毁了在特定地块上根据合同所种植的所有作物。若法律认可此类事件,则其典型影响即是豁免合同履行。然而,正如下面将会看到的那样,在不同的国内法下,情况也有所不同。

7 虽然每个法律体系都可以使用自己的术语(terminology),但不可抗力不仅在国际合同中已经成为一种术语(尤其是在制定一条具体条款来涵盖这些情况时),而且在统一法的文书、文献、司法或仲裁裁决中也将其认定为一种术语。① 同样,这一术语也在农业生产合同中经常使用,而本章中这一术语既用来表示合同条款,也用来指代在没有这些条款的情况下所适用的默认规则。

8 即使没有那些造成履约不能的意外事件,在合同周期内的情势变化可能也会超出缔结合同时所考虑到的风险。情势的变化可能不一定会阻碍履行,但是如果它们从根本上改变了合同关系的平衡,则会经常构成豁免不履行的理由。面对这种情况(至少对于一般合同法来说),很多法律体系既没有采取具体的规定,也没有发展出专门的司法解决手段(ad hoc judicial solutions)。进一步讲,即使存在这样的规则,其效果可能也会有很大差异,这些效果包括:通过与不可抗力事件相同的法律制度来豁免履行,给予一方或双方终止合同的权利,通过施加重新谈判合同条款的义务或授予重新谈判合

---

① 例如 UPICC 第 7.1.7 条中即使用了这一术语。

同条款的权利来恢复合同平衡,或者在极少数情况下认可在情势变化下修改合同的权利。

不同国内法也使用了不同的表述和概念。"艰难情势"(hardship)是国际合同和文献中常见的术语,用来描述可能引起合同救济或司法救济的特别情势变更,或者用来描述规范这种情况的条款。① 但是,这一术语似乎并没有在订单农业的情境下广泛使用。因此,本《指南》中使用了更为中性的"情势变更"。然而,这个术语应该理解为一种类似于"艰难情势"的表述,即可能当事方或法律认为具有关联性的重大情势变化。

本章同时考虑了不可抗力与情势变更这两种情况。然而,缔约方应当意识到,不可抗力与情势变更之间的分歧可能取决于对案件事实或适用法律的解释。合同条款可以通过提供相应的补救措施(例如定期或偶尔修订合同条款)来弥合这一分歧。

(三) 通过不可抗力条款分配风险

生产合同的缔约方通常可以自由地就不可抗力的具体规定达成一致(不管其措辞如何)而不是依靠所适用的法律提供的一般原则。这些条款在国际商事实践中较为常见,并可用于多种目的,包括限制或者扩大所适用法律的关于意外事件的默认规则及其特性,并且可以修改其所产生的效果,或者就当事方没有明确考虑的具体问题进行规定。如下文详述,在农业生产合同中,一些合同的确至少提及了不可抗力情形。同样,针对这些交易的特性而去量身定制一个或多个条款也并不罕见。然而,鉴于意外事件可能发挥的关键影响,这个问题似乎没有得到足够的重视,而且很少有证据表明

---

① 例如 UPICC 第 6.2.1 条和第 6.2.2 条中即使用了这一术语。

(农业生产合同）具备如同其他产业那样经过深入谈判的和复杂的（合同）文本。

12　　　缔约方必须意识到，在合同中加入风险分配或不可抗力条款并不一定使准据法变得无关紧要。首先，仅在一般条款中提及不可抗力而不进行进一步的约定，则不可抗力将按照准据法进行相应解释。这可能因法域不同而导致不同结果。其次，不同裁决机构和法域可能对合同中列举意外事件的清单进行不同的解释。它们可能被认定为非穷尽性的清单，从而给准据法留下填补空白的可能性。各方可以清楚表明这一清单并非是穷尽的：通过使用诸如"如"（such as）、"特别是"（highlighting, among other）、"包括但不限于"（including, but not limited to）等表达方式；通过简单地添加暂停点或"等"（etc.）；或者附上兜底的最终说明（cover-all final description）。另外，详细的清单，即使附上了概括的兜底性条款，也可能被进行限制性解释，即只涵盖类似于条款中规定类型的事件，因此排除准据法中可能引起相应豁免的其他事件。在其他情况下，列表可能是穷尽的［例如，只提及自然灾害，或明确排除某些在示范清单（exemplary list）中的事件，或对不同事件约定不同后果时］。本《指南》建议希望将这类清单列入合同的缔约方明确澄清这些问题。

13　　　有利于一方的明示的不可抗力条款，可能很难与合同中排除或限制责任的约定进行区分。理论上，差别是明确的，因为根据定义，不可抗力条款处理的是非当事方所能控制的异常事件，而免责或减责条款通常适用于不履行合同的情形。然而，缔约方可能会决定修改那些触发豁免理由的事件的典型特征，甚至在可避免或可预见该类障碍的情况下也去免除不履行一方的责任。然后，免责条款与扩大的不可抗力条款之间的界线可能变得模糊。因此，缔约方应当意识到，在那些松散草拟的不可抗力条款中可能会隐藏着意料之外的责任排除或限制的内容。另外，许多法律制度对责任免除会施加限制（例如，如果免责范围延伸到义务人的故意或严重疏忽行为，则认定相应条款无效；或限制将其并入标准合同的可能性）。

最后，具体立法有时可能会施加其他强制性规则，缔约方不得在其合同中限制这类规则的适用。虽然在这类立法中，涉及不可抗力事件的立法是相当少见的，但若应用到农业生产情境之下，则其仍然可能相关。这种立法可能要求合同至少具备一些必备内容，包括不可抗力条款或为这种情况设计的其他风险分配机制。 14

（四）风险分配以及产权转移

当交付的义务受到不可抗力事件影响时，风险分配可能取决于合同是否就交付和转移货物产权做出了规定，这在销售合同中很常见。在许多国家的国内法体系下，已认定货物（identified goods）的偶然损失（fortuitous loss）风险由其所有人承担。因此，如果产权已经转移给买方，那么作物已经按照合同出售，而不管是否已经交付，而卖方在被免除履行义务的情况下仍然有权获得价款。由于货物转移过程中的灭失更适合概括成一个风险转移的问题，故本《指南》在"缔约方的义务"一章中会对此作进一步讨论（参见第三章第7—12段）。 15

（五）保险以及其他风险规避与分配方案

预测生产中涉及的风险对任何农业企业的经济可行性都至关重要。只要那些能够充分承保这类事件（的保险）是可以获得的，缔约方，特别是生产方，可能会通过针对可能发生的不利事件订购保险来满足这种预测风险的需要。在这方面应该指出的是，保险公司已经开始制定防御措施，通过排除一些极端的不利气候事件，以保 16

护他们的商业模式免受高度不可预测的天气的影响,这种天气模式随着全球气候的变化变得越来越频繁。另外,保险公司也推出了天气衍生品等新产品,进而使风险管理更具创新性。合同偶尔会包含明确要求购买保险的条款,无论是针对一般风险还是针对特别风险(参见第三章第165—168段)。

17　　国内立法可以规定某些种类的强制性农业保险,如不可抗力情况下的农作物保险。对(这类保险)的负担能力,可以通过合作社或互保实体、小额保险的可获得性以及具体的国内保险计划来进行提高(参见第二章第53段)。

18　　缔约方也可以采用较为简单的风险规避机制,这种机制可以通过在合同中加入定期对合同进行修订的条款(periodic adaptation or revision clause)来实现。例如,可以使用价格修订条款来限制货币汇率波动的风险。这些条款经常会根据预先确定的程序表自动进行价格调整,若约定价格所使用的货币的贬值或升值幅度超过约定阈值(通常表现为单位价格的百分数)则触发程序表中的相应内容。其他价格调整机制可以用来限制与市场波动相关的风险。在评估合同条款的整体平衡和公平性时,特别是不可抗力条款时,不应低估这种风险规避机制的可获得性所产生的影响。

二、符合不可抗力以及情势变更的事件

(一)合同实践中不可抗力的一般概念

19　　农业生产合同可能会笼统提及"不可抗力"作为当事方责任的外部限制,有时还会加上"偶然事件"(fortuitous case)等术语。当没有进一步的说明时,将根据所适用的国内法来解释该条款。在

那些法域中，关于规范义务和合同的一般国内法律本身包括了不可抗力这一概念，则缔约方一般可以依靠国内法院对此通常的解释，并且会觉得在合同中明确其范围和含义变得不是那么必须，除非他们打算偏离一般理解方式来约定相关事宜。另外，若准据法不承认不可抗力的概念，它的框架将由整个合同以及那些适用类似条款的国际和国内的合同实践来共同描述。在这种情况下，更详细的合同条款更为普遍，且可能更为可取。如上文所述，列举事件清单（无论是否是穷尽性质的）广泛用于澄清缔约各方的意图。

有些合同还可能使用"不利因素"（adverse factors）或"不利事件"（adverse events）等词语，并可能包含（或不包含）额外的表述，如"违背当事方的意愿"（alien to the will of the parties）或"超出了当事方的控制范围"（beyond the control of the parties）。在某些情况下，可以使用这种表述，而不用具体说明它是仅包含障碍（impediments）还是也包含仅仅构成困难的情形（mere difficulties）。此外，合同通常不会规定这些因素对当事方履约的影响，但如果规定了，他们会预见在这些事件发生后，缔约方应重新谈判。因此，这种条款就更类似于情势变更的条款。20

不可抗力事件一般被认为是超出双方控制范围、不可预见、不可避免的事件。合同中有时会明确提及所有这三项要求，但在其他情况下，只会强调其中一两项要求。然而，冗长而复杂的不可抗力条款可能会引起这样一个问题，即缔约方是否有意排除任何遗漏的要求。那么这种情况下合同就必须依照准据法来解释。当一个不可抗力条款包含一个事件清单，且该清单作为该条款涵盖的各种情况的范例时，这个列表也将有助于解释那些更一般要求的含义。21

一般而言，不可抗力条款通常适用于双方的履约行为，除非合22

同明确约定这一条款只适用于一方。另一个需要考虑的重要因素是：不可抗力事件要在多大程度上影响缔约方履约，该条款才能启用。有时候合同明确要求不可能继续履行义务时不可抗力条款才能启用。还有其他一些具有相同含义的表达方式，例如"阻止任何当事方准确执行其职责"（preventing any of the parties from the exact execution of their duties）或"使本协议无法继续履行的事件"（events that disable the fulfilment of this agreement）。合同可以进一步表明障碍是永久性的还是临时性的，这种区别也会影响障碍发生的后果，并在下面的第三部分加以论述。

23　　若缔约方约定了合理性标准（reasonability test），事件所需要具备的不可控或不可避免性有时会减轻。合同还可以包括关于事件与未履约之间的因果关系的约定，如指出不可抗力事件对履行当事方义务的直接和间接影响都应考虑在内，或只考虑直接影响（例如，包括所有可能直接阻止任何一方明确执行其职责的无法预料的、不可避免的事件）。

24　　如果合同中没有对当事方责任范围加以约定，则由相应的准据法来解决该问题。在这方面，对现行法律制度的比较分析表明，虽然（不同法律制度）采取了不同的模式，但它们仍有一些共通之处。首先，一个决定性的因素经常是，在实践中，意外事件是否属于缔约方的"典型的风险范围"之内（例如，与合约语境下的履行挂钩）。其次，法院通常倾向于对豁免事件的概念进行狭义解释，因此在没有特定的合同条款的情况下，承认相应事件属于豁免性事件在商业合同中是罕见的。

1. 自然事件（"天灾"）

25　　可能影响生产方履约的最重要例子，莫过于那些毁坏将要生产和交付的庄稼,或者全部或部分杀死成群待饲养动物的自然灾害。包含不可抗力条款的合同中几乎都会列举,如洪水、霜冻、干旱、风暴、火灾和地震等自然事件。在这种情况下,列出的事件应该符合一般条款中所规定的条件。相反,其他合同可能明确规定,自然因素属于生产方承担的风险范围。这一条款应与合同本身[例如对某些类型的自然灾害的赔偿(参见下文第 45 段)]或生产方(例如通过保险范围)所设置的任何风险规避机制一起解读。

如果合同(对此问题)保持沉默或只是笼统提及不可抗力,那么必须根据相应准据法来评估那些破坏生产方产品自然事件的相关性。生产方可能很难证明这个事件是在其活动的正常控制范围之外,至少在由于恶劣(甚至极端糟糕)的天气条件造成部分根据合同出售的作物被毁坏的情况下是这样。 26

流行病和害虫(的问题)尤其重要,因为大多数合同都要求生产方采取预防措施,防止农作物受到其侵害,更具体地说,需要生产方遵守订购方的指示。生产方很难证明这种事件在其风险范围之外。而且,不可抗力条款中所包含的事件清单一般也不会提及此类事件。有些合同甚至规定,订购方有权拒绝收获被苍蝇或螨虫侵害的作物,或有权丢弃收获的作物而不向生产方支付任何费用。因此,了解其合同义务以及其所面临的与害虫有关的风险,对生产方而言至关重要。 27

2. 政府行为

行使主权权力的立法机关或其他政府机构的行动可能是干扰当事方履约的另一个典型来源。行使主权的公共机关(包括执行国际决议或决定时)应与作为市场上私行为主体的政府机构区分开来。虽然自然灾害是最普遍(尽管不是唯一)的一个影响生产方履约能 28

力的要素,但政府行为也可能阻碍缔约方履行其义务。合同条款一般可以提及"政府当局的行为",或者更具体地指"任何国家或地方当局的任何作为或不作为"。

3. 其他干扰因素:罢工、战争、社会动荡以及市场混乱

29　　在影响当事方履约的非自然事件中,经常明确提及罢工或其他工会行动或决议,有时包括非法或未经授权的行为。暴民、骚乱以及战争、起义、革命和其他社会动乱经常出现在不可抗力条款之中。一般而言,影响任何一方的雇员罢工很少会被认定为是导致履行不能或延误履行的事件,因为除非合同另有规定,这一因素通常被视为在雇主的风险范围之外。另外,运输或通信等服务的中断(interruption of services)更容易符合一般的不可抗力条款,或被国内法认可为豁免或暂停履行义务的情况。然而,有些合同明确排除罢工,或者要求生产方保证即使在运输罢工的情况下,产品仍然能够到达订购方(订购方自担成本),即使合同规定订购方的义务是在生产方的场所收货。

30　　但是,某些类型的事件通常被认为是不相关的。因此,市场混乱在农业生产情境中通常不被认为是不可抗力或不利事件,也不会在不可抗力条款中被具体列出。但是,缔约方会考虑将来市场可能发生的变化,在其合同中引入价格调整条款、指数条款或基于外部因素的其他价格计算机制(参见第三章第150—158段)。

31　　最后,可能会出现一方(特别是生产方)由于某些个人障碍而无法履行义务的情况。一般来说,如果一方在主观上履行不能(例如疾病),那么除非该履约在性质上是基于人身属性的,否则不会因此理由免除或允许中止该方的义务。在这种情况下,生产方有可能会购买涵盖此类风险的保险。

(二) 合同实践中相关的情势变更

一般而言，具体的"艰难情势"条款通常不属于农业生产合同的一部分。这些条款与不可抗力条款有所不同，因为艰难情势条款所指代的情形通常不会妨碍合同履行，而仅仅是使一方的履行更加繁重。但是，如前所述，合同通常包含价格调整条款，这些条款可能涉及某些货币的相对价值、通货膨胀或其他参数的变化，以减轻后发因素的影响。此外，有时使用"不利因素"或"不良事件"这些术语，而没有具体说明是否只包括履行障碍或是也包括仅构成履行困难的情形。

如果合同中没有规定情势变更的条款，那么传统上许多法律制度对此的回应就是不承认任何救济，除非这样的事件导致履行不能。然而，最近许多法域已经在立法和司法领域对这一规则发展出一些细微的差别。一般而言，在这些法域中触发情势变更规则的事件应具备例外性、不可预见性、不可避免性，并超出各方的控制范围。① 这些事件造成的困难，应给当事一方造成过于沉重的负担或意外。对相关情势变更进行认可所带来的后果在不同法域之间可能会有很大的差异，这将在第三部分进行讨论。

(三) 举证责任

证据问题往往被缔约方所忽视，但在许多情况下，很大程度上确定了争议的结果。一般而言，主张受不可抗力事件（或情势变更）影响的一方须承担证明事件发生、事件符合合同或准据法要求的特性以及事件与不履行之间的因果关系的举证责任。然而，合同条款可以约定将该举证责任转移至另一方。

---

① 对国际商事合同而言，UPICC 第 6.2.2 条规定了相似的规则。

35   合同可能包括更为复杂的程序，例如提交正式报告以供另一方审查、接受（当事件是影响生产的自然灾害时，此种情况下一般交给订购方审阅），或者在双方无法就证据达成一致时，由当地政府就该问题进行决定。

36   实际上，证明履行不能和外部不可避免事件之间的因果关系可能很困难。证明因果关系所需要的可靠的、令人信服的证据类型（例如邀请政府官员进行田间访问并记录情况、拍摄并详细记录不可抗力造成的损失或损害程度、收集的报刊文章等）可能只有在争议发生后才会显现出来。本《指南》建议主张不可抗力的一方应当牢记这一难题，并在证据仍能够获得的时候收集这类证据。事实上，就自然事件是否具备特殊性或不可控性可能会引起争议。对于风暴或其他特殊的气候事件，合同可能需要一份气象站出具的认证。市场主管部门或其他类似机构提供的证明也被援引作为发生了特殊的市场干扰（market disruption）的证明。同样，在处理虫害事件时，可以从相关政府主管部门获取关于病虫害感染及严重程度的证明。

37   证据问题也与在相关后发事件发生时通知另一方的要求有关。要求通知另一方可能给受影响方增加额外义务，这一义务将在下文第46—51段详述。

三、认可不可抗力及情势变更的后果

（一）对缔约方义务的影响

1. 免于履行

38   在大多数法域，承认不可抗力事件意味着该方免于履行受该事件影响的义务。这种（豁免的）后果是基于这样一种假设：使一方对那些已经变得不可能履行的义务或者（在准据法允许的情况下）变得更繁重的义务负责，是不公平的。在这种情况下，准据法可能会认为合同的基础已被剥夺，从而免除了双方责任，也可能仅仅排除未受影响的一方提出的损害赔偿要求。① 这在包含不可抗力条款的若干合同中有所反映，条款明确表明或可从中推定受影响的一方可以免于履行合同义务，或者不因延误履行而支付赔偿或约定的罚金。

如果生产方的交付义务被豁免或中止，生产方是否仍有责任支付所收到的生产资料的费用或向订购方偿还任何贷款，这是订单农业中可能出现的一个重要问题。若干合同在这方面有着明确的规定，说明生产方仍应履行这种义务。这项规定可能会用更一般的措辞来表述，如"所有待处理的清偿和其他账目"或"所有未付款项"，而这些款项的解决应无关于不可抗力事件的发生（be settled independently of the occurrence of a *force majeure* event）。

合同和准据法通常都不会将不履行抗辩认定为情势变更的典型后果。②

2. 暂停履行

经典的抗辩理论是针对即时履约的简单合同而制定的，即在这些合同中后续的履行不能（supervening impossibility）使受影响一方无法再进行任何有意义的行为。然而，最近有一种趋势更倾向于（或开始更倾向于）采取一种破坏性较小的方法，并将该待履行义

---

① 对国际商事合同而言，UPICC 第 7.1.7（4）条规定了相似的规则；对于国际销售合同，参见 CISG 第 79（5）条。

② 对国际商事合同而言，参见 UPICC 第 6.2.3 条注解 4。

务视为只是在障碍的持续期内暂停履行。① 农业生产合同通常也对暂停履行有明确规定。

42　　暂停履行可能采取不同的形式。在大多数已知的合同中，没有明确规定暂停履行对合同期限的影响。但少数情况下，它会自动延长合同的期限，所延长的期限与障碍的持续时间相同。如果当事方因不可抗力事件选择暂停履行，他们可以表明这一事件是否会导致合同期限自动延长，以避免合同解释中的不确定性。

43　　由于不可抗力事件造成的暂停履行不能是无限期的。如果中止期限无限期延长，则视为合同终止。在一段特定时间后豁免履行也被认为是一种可能的解决方案。另一个可能的解决办法是在一段时间之后给予另一方解除合同的权利。还有一种可能性是要求缔约方重新谈判其合同条款（关于合同终止和重新谈判，参见下文第52—58段）。另外一种可取的做法是说明中止期从何时开始：出现障碍时；当事方意识到这一点时；或者——如果存在通知义务，则在通知送达另一方时。

44　　如果生产方仅仅暂停履行交付义务，则可能会产生一个问题，即在暂停期间对方是否能从其他供应商那里采购缺少的产品数量。这一问题的答案将取决于各种因素，尤其取决于是否存在约束订购方的排他性条款。

3. 赔偿（compensation）与补偿（indemnities）

45　　为了实现公平的规则，合同可以提供相应机制，通过部分赔偿另一方的损失而重新分配仅影响生产方的不可抗力事件的风险。这

---

① 对国际商事合同而言，UPICC 第 7.1.7（2）条规定了相似的规则；对于国际销售合同，参见 CISG 第 79（3）条。

可能仅限于特定类型的事件（如冰雹），仅限于特定时间，以及仅适用于特定合同。这一机制也可能包括将订购方收到的保险赔偿进行再分配。另外，据相关报告，一些条款则明确排除了就不可抗力事件对生产方造成的损失进行任何赔偿（的责任）。

4. 额外义务：通知（notice）与减损（mitigation）要求

只有少数法律制度要求受影响的一方将其主张的不可抗力事件通知另一方，而国际文书①和国际合同实践似乎更倾向于包含这一义务。若干农业生产合同明确规定了通知的要求，如果各方希望纳入不可抗力条款，则建议各方在合同中加入这一要求。如果当事方希望在合同中加入规定重大情势变更所造成影响的条款，在这一条款中规定通知要求也是有益的。

缔约方可能希望在其合同中，就与通知后发事件义务有关的一些具体问题进行明确规定。通知应该采取的形式（例如一些合同要求以书面形式）就是其中之一。在合同条款未予约定时，将适用规范合同通信（contractual communication）法律的一般规定。此外，即使实体法认可非正式通信的效力，不同法域的证据法也可能规定额外的要求。

通知应该在什么时间范围内做出也与不可抗力的认定有关。实践中，这一约定从指定特定的时期或日期到一般条款（例如"尽快""立即"等）。在这种情况下，各方可能希望考虑不可抗力事件（或引起重大情势变更的事件）可能导致不可能或难以进行通知、或不可能或难以到达收件人，并在合同中对这一情形加以约

46

47

48

---

① 对国际商事合同而言，UPICC 第 7.1.7（3）条规定了相似的规则；对于国际销售合同，参见 CISG 第 79（4）条。

定。通知送达的地点（例如对方有多个机构）或被通知人（例如特定雇员或家庭成员）等相关要素可能由合同进行规范。当事方还可以约定，若后发事件影响只是暂时的，且仅导致该义务暂停履行的情况下，其有义务就该障碍的结束进行通知。

49　　被认定为不可抗力的事件的发生，可能会引起当事方或受影响方的进一步义务，该义务源于合同本身的关系性质，以及源于双方当事方在不利情况下保持合同关系存续的利益。例如，某些合同明确规定了履行所有应尽的注意义务（due diligence），以将履约的延迟和妨碍的程度减到最低。①

50　　通知和减损要求可以捆绑在一个更完整的合同条款中。例如，这可能会要求在相关事件发生后，受影响方应进一步通知对方，充分描述事件及其原因，提供或更新有关其就避免或减轻这一事件影响所做努力的信息，并在可行的合理范围内，预估受影响方不能履行其受影响义务的时间。当这种非常详细的合同条款适用于双方时，可能反映了一般意义上的合作义务，而这些义务则来源于合同本身的关系性质。不可抗力事件也因此被认为是一项持续进行中的情况，该情况可能会受到各方后续行为影响。

51　　很少有合同明确约定不予通知的制裁措施。虽然这个问题可以作为任何其他的解释或空白填补问题加以解决，但因此我们可以合理假设缔约方不能一直依赖不可抗力（来规避责任）。另一方面，如果（受影响一方）未能进一步通知相对方或未尽一切合理注意义务来最小化其影响，可能会使相对方获得自主提起损害赔偿的权利。

---

① 对国际商事合同而言，从 UPICC 第 7.4.8 条中可推断出类似规则；对于国际销售合同，则是 CISG 第 77 条。

(二) 对整个合同的影响

1. 终止合同

合同或（相对不太常见的情况下）国内法允许一方或双方在发生不可抗力事件时终止合同。该权利可以立即行使，或仅在中止履行宽限期到期后行使。合同也可能在特定的时间段后自动终止，尤其是当合同包含允许自动终止合同的事件清单，且特别将不可抗力事件所导致的履行不能包括在内时。终止合同的权利也可以以通知另一方为前提。此外，合同可明确约定终止的效力，例如将其限制在缔约方的将来履行（future performance）（参见第五章第 26 段和第六章第 38 段）。52

此外，在合同条款中提及重大情势变更使得一方难以继续履行合同义务时，终止合同还经常作为其他救济的替代措施或仅在特殊情况下（例如，当重新谈判失败时，参见下文第 54—58 段）提起的救济。53

2. 重新谈判的权利或义务

即使不可预见的情况妨碍或严重限制履约，缔约方也许希望继续保持其关系，这是长期合同关系中最有趣的一个方面。为了实现这样的延续性，初始协议的条款可以约定在特定事件发生时重新协商合同条款的权利或义务。若合同的条款覆盖了那些并不足以导致履行不能的重大情势变化时，通常会包含此种重新谈判条款。但有时这种救济是以不可抗力条款的形式呈现的，继而偏离了对不可抗力后果的传统理解。54

在当事各方提到"不利因素"但没有就此做出进一步约定的情况下，重新谈判经常是唯一后果。55

重新谈判条款在注重持续合作的长期合同中特别有用。当各方 56

希望纳入这种救济时，本《指南》建议他们也应该约定未能启动善意的重新谈判或未能达成协议的后果。调解委员会或类似机构的介入可能有利于双方在这方面达成一致，本《指南》将在第七章"争议解决"第20—29段对此进行讨论。

57　　缔约方还可能希望确保通过谈判等方式定期修订合同，而不管是否发生任何后发事件。这种规定构成了非常有用的风险规避机制，上文第18段对此进行了详细讨论。

58　　在没有重新谈判条款的情况下，双方总可以在意思一致的基础上决定修改原来的协议或者缔结另一协议。然而，国内合同法通常不会规定在发生不可抗力事件时缔约方有权或有义务开启重新谈判的程序。另外，一些法律制度承认，合同订立时的原始情势的变化可能会特别赋予缔约方这种权利或义务。① 这可能源于明确的法律规定或诚实信用、团结（solidarity）或合作（cooperation）等一般原则。

3. 司法修改（judicial adaptation）

59　　最后，应提及法院介入并将合同按新情况进行修改的可能性。一般来说，国内合同法不希望见到这种结果。不可抗力的立法规定通常不会预见以重新分配双方风险为目的的任何司法干预。

60　　然而，一些法律制度使一方或双方有权在出现不可预见和无法控制的情势变更时向法院提出申诉，要求对合同进行修改。但值得注意的是，当法院有其他选项时（如通过促进当事方之间的重新谈判程序或终止合同），（通过法院对合同进行修改的）后果一般不太可能会发生。

---

① 对国际商事合同而言，请参考 UPICC 第 7.1.7 条"不可抗力"以及第 6.2.3 条"困难影响"，并对比不同之处。

第五章
违约救济措施

一、救济措施概述

本《指南》中使用的"救济措施"（remedy）一词是指法律或合同规定的，以保护受害方的利益免受另一方不履行所致之损害后果的任何法律措施。当导致不履行义务的行为或事件不在义务人（负责履行义务的一方）的控制范围之内时，不履行义务的责任可能会被免除（参见第四章第6段）。但是，如果因为义务人的故意行为（例如私下销售）或属于其控制范围内的事件（例如破产）而导致义务人不履行义务，不履行义务的责任就不能免除，并构成违约。法律将使不履约的违约方承担相应责任，并且向受害方提供救济。

本章涵盖针对违约（即无法免责的不履行）的救济措施。作为国际国内通常适用的一般规定，如果不履行义务的责任因为超出不履行方控制范围之外的障碍而被免除，则任何一方都可以诉诸除索赔以外的任何救济措施。① 尽管有些救济措施（即赔偿金钱损失）是专门为违约而设计的，但只要是免除不履约责任的情形不影响这些救济措施的适用，那么不论在不履行义务可以免责或无法免责的

1

2

---

① 对国际销售合同而言，CISG 第 79（5）条规定了类似的规则。

情况下，都可以采取许多其他救济措施。例如，取决于履行不能是最终的还是暂时的，不可抗力可能排除或不排除特定履行（这一救济措施）。当目标是延续合同关系并恢复对合同的遵守时，救济措施可以要求受害方的合作。当受害方想要寻找市场替代品并寻求合同终止时，就没有必要继续合作了。

3　　在许多（尽管不是全部的）法律制度中，受害方可以利用的救济措施必须与违约的严重性相当。一些法律制度将使用更严厉的救济措施（例如解除合同）的情形限制在以下范围：违约行为实质上剥夺了受害方根据合同有权所预期得到的利益（在可预见范围内）；违约是故意的或轻率（reckless）的；受害方没有理由相信之后会进行任何履行。① 本《指南》将这种特别严重的违约表述为"根本违约"(fundamental breach)，在一些国内法中可能被称为"重大违约"或"实质性违约"(material or substantial breach)。

4　　本章将考量以司法干预为条件的救济措施、私人执法者（如仲裁员、争议解决机制、行业协会、证明人等）可适用的非司法救济措施以及直接适用于双方的自行执行的救济措施。非司法救济措施通常由当事方在合同中直接提及的私人争议解决机构，或者通过引用与特定争议解决机构有关联的行为准则或技术标准而间接提及的管辖机构（参见第七章关于争议解决方法选择的进一步讨论）来实施。这些救济措施补充了当事方设计的传统合同救济措施，扩大了其范围和职能。它们也可能与非法律制裁（例如声誉制裁）相互作用，从而提高其有效性。但是，使用法律救济并不一定意味着诉

---

① 对国际商事合同而言，《国际商事合同通则》保留了在根本违约下终止合同的救济措施（参见 UPICC 第 7.3.1 条）；对于销售合同而言，CISG 采取了相同方式（参见 CISG 第 25 条）。

讼，也不意味着诉诸法院或独立的第三方执法者，一些法律制度允许所谓的"自行执行的救济措施"（self-executing remedies），由受害方直接启动该救济。此外，当事方可能事后就违约情形采取的措施达成一致，尤其是如果友好的解决方案允许双方纠正错误，规避未来错误或限制违约的负面后果。当双方不同意解决方案时，可能会决定采取其他措施。有些导致诉讼或司法干预（开始仲裁或法庭程序），有些则不（例如当事方诉诸调解或仅私下约定终止合同关系）。

关于救济措施规定的法律来源可以在合同本身、格式合同以及相应限制或提高合同自由的准据法中找到。各缔约方也可以通过援引来纳入相关标准（参见第一章第26—30段），若不遵守这些标准可能会需要采取具体的救济措施。适用的法律可能会提供特定的限制，继而限制救济措施的使用（例如在订购方已经要求特定投资的情况下终止合同）或扩大现有的一系列救济措施（例如适用于合同违约的罚金）。 5

在适用法律规定的范围内，当事方可以自由选择救济措施，确定其层级（hierarchy）和顺序（sequence），并以不同方式加以限制。合同当事方可以选择是否在合同中明确每种具体救济措施使用时需要满足的条件，或者将选择权留给受害方。他们可能：① 限制可用救济措施的数量［例如，通过免责声明（waivers of liability）或免责条款（exoneration clauses）禁止某些类型的损害或赔偿要求］；② 修改法定救济措施的内容和范围；③ 分配救济措施，只允许一方能够寻求该救济措施。但是，界定和限制救济措施的自由不是无限制的。在适用的合同法（例如关于不公平合同条款的规定）、竞争法、特定部门的法律（如农业法）或者近期出现的不公平商业 6

惯例法（unfair commercial practices law）下，当缔约方关系具有高度的地位不对称时，为了保护弱者，可能允许这种对于默认规则的偏离。

7　　此外，救济措施的主要目标并不总是为受害者提供补救。理想情况下，一个设计良好的救济制度应该确保遵守履行标准，不仅通过阻止违约（通过违约责任、终止合同或其他不利后果加以威胁），还应通过鼓励履行（通过促进主动的错误检测和纠正）来遵守相应标准。救济措施同时适用于与产品标准和过程标准相关的违规行为，并在内容和范围上有所不同。产品标准关注的是最终产品的物理特性，特别是数量、质量和安全。过程标准涉及生产货物的过程（生产方法、所使用的技术、工作条件），也可能包含生产方在生产过程中必须遵守的环境和社会义务。这两个标准之间的相互依赖程度各不相同，也影响到违反过程标准与产品不合格两种情形下救济措施之间的联系。过程标准经常适用于整个供应链，当发生违规行为时，这一标准要求供应链参与者之间加强协调。产品的可追溯性清晰地展示了这一点，产品可追溯性要求当事方确定地块和批次，并通过单一的门户或平台保存加工和分销记录（参见第三章第115段）。若发生与可追溯性义务有关的违约行为，需要农业生产合同之外的许多当事方（包括加工方和分销方）进行相互合作。

8　　同样，认证和质量保证计划可能要求生产方建立一个完整的控制和监测系统，以确保所有过程符合规范，包括分包商所开展的活动（参见第三章第105—108段）。违反这些义务可能导致采取救济措施，来强制生产方建立监测系统或重新规定其框架以实施相应过程标准。这些救济措施的主要目的是确保相关方案能够被遵守，而不是使受害方得到赔偿。

救济措施可能仅为督促履行将来义务。若一方违反约定，则相对方有可能停止继续履约（例如，如果订购方在交货前或交货时即应付款，则生产方可能在订购方提供第一笔分期付款后才开始发货）。暂停履行是否能够促使对方遵守合同，还是仅仅是在未来终止合同的前奏（参见下文第18—20段）因具体情况而异。

9

（一）不同类型的补救

救济措施可根据其内容以及它们在多大程度上可以确保合同承诺得到遵守而分为三大类。第一类，一些被称为非金钱救济（in-kind remedies）的救济措施，其目的是为受害方提供与履行合同相同或相当的效益。这些可能包括：特定履行（specific performance，即履行法律或合同规定的特定义务，例如立即采取行动在规定时限内播撒特定农作物种子）；通过修理或纠正性措施清除缺陷；更换不合格货物。采用这些救济措施时，合同关系仍然存在，而且尽管采用了非金钱救济措施（例如延误履约的损失），通常违约方也应向受害方赔偿由于违约行为而产生的任何其他损失。非金钱救济措施可能与下列任何一种情况特别相关：在当事各方已经完成了不能在其他关系中重新部署的特定投资时；当供应链各方之间的履行具有很强的依赖性时；当受害方在替代交易中可能无法通过合理途径找到适当的替代解决方案时；当不遵守约定不仅会产生货币损失，还会产生非货币损失（例如声誉损失）时。

10

第二类，有一些救济措施不能为受害方提供同种类的预期利益，而是以金钱价值代替预期利益，例如把损害赔偿作为唯一的救济，或在一方部分履行或瑕疵履行时另一方要求违约方降低报价。当受害方可以通过进入市场销售那些虽然不合格但仍可销售的产品或者通过购买市场上可以获得的生产资料或产品，继而可以更容易

11

地参与替代交易时，此时可能会特别涉及金钱救济。

12 第三类救济措施包括了违约后果严重的情况（如发生根本违约），使得延续合同关系的余地可能不复存在。在这种情况下，根据所适用的准据法，受害方可以寻求终止合同和金钱补偿。终止合同的结果是解除合同关系，从而消灭当事方的原始义务。在受害方部分或全部履行的情况下，可以寻求补偿已履行部分的价值。根据相应准据法，终止合同可能使一些尚未履行的义务仍然存在，甚至在合同终止后缔约方也可能被认定违反这些义务（参见第六章第38—39段）。

13 各种救济措施的使用程度，以及法律制度优先采取何种救济措施或规定可能的加重形式，可能会因法律制度的不同而存在很大差异，并可能在不同市场之间出现差异。相关变量与生产方规模、商品类型以及国内或国际市场有关。国内法引入的差异越来越多地涉及生产方的规模（小农和微型企业的特殊制度已经被引入）、商品类型［其生命周期、在二级市场的再配置性（redeployability）］和市场结构（其集中程度）。举证责任方面，救济措施也有不同。获得损害赔偿一般要求证明违约、造成损害以及二者之间有因果关系。其他救济措施通常只要求证明违约（参见下文第33段以下的进一步讨论）。

14 救济措施的选择和内容取决于因果关系和受害方的行为。不同法律制度在混合过失与比例过失（contributory and comparative negligence）的定义和适用性上，以及在减小损失的义务上的规定有所不同。在一些法律制度中，受害方存在过错的事实将排除寻求某种类型的救济措施的可能性（例如特定履行），而在另一些法律制度中则影响违约的损害赔偿额（参见下文第41—43段的进一步讨论）。

1. 非金钱救济

非金钱救济包括对有关生产过程以及最终产品的履行、修补、更换和采取纠正性措施的权利。这些权利的目标是达到双方预期的结果，或者至少在交易的初始条件不能实现的情况下合作达成次优解决方案。虽然作为救济措施一种的修补可能在农业和畜牧业中应用有限，但在农业生产合同情境下，其他类型的纠正性措施可能是有用的，并且修补措施有助于重新遵守那些有约束力的标准。特别是在经过认证的生产方违反合同时（参见第三章第108段），通常会通过质量保证或认证程序来寻求与过程相关的非金钱救济。一旦实施，这种救济措施即发挥双重作用，一是确保履行行为符合认证要求，二是防止生产方在未来因为产品不合格而违约。此种救济措施可能包括警告、纠正性措施或其他措施，以及暂停和取消认证。 15

在下列情况下，准据法可限制缔约方使用特定履行作为非金钱救济措施：① 实际履行不能（例如，要交付的货物已经销毁）；② 不合理的过重负担（例如，数以吨计的需要与普通种子隔离的特殊种子，但实际上已经混杂在一起）；③ 因为是纯人身性质的义务而在法律上无法执行（例如那些与只有特定供应方才知道的新型农业方法相关的技术援助）；④ 受害方未及时提出请求。① 损害的发生并不是获得特定履行的先决条件，也不需要违约属于根本违约。但是，根据相应准据法，请求更换货物的可能性可能仅限于根本违约的情况。② 16

特定履行、修补或更换的请求可以私下提出（直接在当事方之 17

---

① 对国际商事合同而言，UPICC 第 7.2.2 条规定了相似的规则。
② 对国际销售合同而言，CISG 第 46（2）条规定了相似的规则。

间进行，不经法官或仲裁员介入），也可以通过法院或通过仲裁等其他替代性争议解决机制来进行。司法命令或仲裁裁决的具体执行取决于相应准据法。例如，法院命令可能伴随着对不履约或延迟履约的处罚。

2. **暂停履行**（withholding performance）

18　　如果在受害方按照合同日程履行义务前另一方违约，或者在预期违约（anticipatory breach）的情形中相关情势表明将存在重大违约时，取决于相应的准据法，受害方可以将暂停履行作为救济措施。① 暂停履行对发展合同关系的影响可能取决于暂停履行义务的类型。

19　　因此，如果订购方承诺提前支付全部价款或部分款项（参见第三章第87—91段），则不付款可能是生产方暂停履行的正当理由（例如，在相关预付款尚未完成时停止进行相应的投资）。同样，如果生产方未能交付货物或交付不合格货物（参见第三章第124—143段），订购方则可以中止付款。在这些情况下，暂停履行是执行或促使交易的工具。

20　　然而，对于那些帮助相对方履约的义务而言（例如，订购方提供技术援助，使生产方能够配备新的收割机），暂停履行也可能发挥不同的作用（参见第三章第92—94段）。在生产方和订购方对某一共同利益项目的参与是双方长期关系的一部分时，例如进行特定的投资（包括试验新的农业技术，继而需要购买和使用新技术），这种手段起着重要的作用（参见第三章第75—76段）。在这些情况

---

① 对国际商事合同而言，UPICC 第7.3.4条规定了相似的规则；对国际销售合同而言，CISG 第71条规定了类似的规则。

下，各方可能会决定暂停履行这些相互依赖的义务，以避免在完成共同项目过程中的损失和错误（例如，没有技术支持就不能安装机器），而如果暂停履行会阻碍项目的完成，他们可能不会暂停履行相关义务（例如，即使没有订购方的技术援助，生产方也有足够的知识来安装机器，而延迟机器安装可能会破坏整个项目的成果）。

3. 减价（price reduction）

从概念上讲，减价处在合同调整和救济措施之间。当确定质量和数量的标准存在不确定性时，或者一方对违约行为作出反应时，可能会适用减价措施。如果各方对未来的（产品）质量不确定，他们可以定义相关标准，使不同的质量关联于不同的价格。实际上，当事方经常会在更清楚地确定（即生产之后，甚至在交货之后）的时候，保留根据产品的实际质量确定或调整价格的权利。这种调整并不以违约作为先决条件。出于这个目的，可以在单一合同或供应链中提供分级系统，或者引用一般适用于特定市场或部门的外部来源资料（参见第三章第47—56段）。本部分将考察减价作为违反合同的救济措施的情形。 21

在因货物不合格或仅完成部分交付而违约的情况下，减价是典型的救济措施。[①] 事实上，它的功能是保护交易，恢复缔约方所交换履行价值之间的平衡。当双方履行之一有缺陷或不完整，并且受害方对特定履行（或者不能获得特定履行）和合同终止不感兴趣时，往往会适用减价措施。在农业生产合同中，取决于相应的准据法，这种救济可能适用于：① （生产资料的）生产方未能交付合格生产资料；② 订购方须支付这些生产资料的费用，且这与合同的最初分配 22

[①] 对国际销售合同而言，CISG 第50—51条规定了相似的规则。

相反；③生产方未能交付订购方仍可使用的合格农产品（例如通过二级市场或三级市场出售）。根本违约和造成损害通常不是减价的先决条件。但是，取决于相应的准据法，如果法律承认义务人弥补缺陷的权利，则可能会禁止适用减价措施（参见下文第44—45段）。①

4. 终止合同

23 　　终止合同既可以被看作一种选择，也可以被看作一种救济。本部分将考察终止合同作为违约救济的情况（另参见第六章有关终止合同的内容）。合同终止可被视为针对任何一方违约行为的最严厉的救济，因为它决定性地反映了合同关系的失败。受害方承认，在这种关系中没有剩余的合作空间，并决定在市场上寻找替代选项（如果有的话）。但是，当违约或潜在违约事件发生时，受害方威胁终止合同的行为可能会有效激励各方对此进行协商。当事方经常将合同终止条款定义为授予一方在发生违约时单方面终止合同的权利。终止合同的影响可以超出具体的合同关系（例如终止参与特定供应链，与此同时禁止其与参与链的其他参与方签订合同；在终止合同的同时，将违约方列入黑名单继而禁止其与所有市场参与者缔结合同时，它可能带来更加深远的影响）。

24 　　在许多法律制度中（虽然不是全部），国内法要求在受害方有权终止合同前必须存在根本违约。在长期的合作关系中，尤其是有多方加入合同的时候，各方甚至可能会事先约定直到一段时间之后才可以要求终止合同，在这段时间内各方应进行合作。这种关系所包括的战略合作因素越多，当事方越愿意仅在重大的严重违约时才终止合同。国内立法往往限制了各方在已经进行重大投资时终止合

---

① 对国际销售合同而言，CISG第50条规定了相似的规则。

同的能力。当终止合同的理由出现时，不能免责的违约所导致的损害赔偿几乎是此种救济措施的必要补充。事实上，终止合同并不能为受害方提供任何实质上的满足，除了使得受害方免于承担义务，从而使之有能力寻求替代交易。

不同法律制度对终止合同所需要的程序有着不同的规定。根据相应的准据法，生产方可能需要在法庭上提出终止请求，也可能只需要书面通知相对方。如果终止合同的条款包含在合同中（使其可以通过通知方式终止），或者如果正式向违约方发出通知并指定履行宽限期，则准据法可能允许当事方采取非司法程序（extrajudicial procedure）。不同法律对何时应当通知违约方终止合同也有不同的规定。在国际层面上，受害方必须在知道违约之后的合理期限内发出通知。① 通知的使用在给予订购方的履行宽限期的情况下变得非常重要，能够因此（至少在宽限期内）避免合同终止的发生。这种作为最后手段的救济可能在长期的农业生产合同或任何一方做出重要投资的合同中发挥重要作用。

25

合同终止通常会解除缔约方在合同中产生的义务（提供生产资料、进行加工、交付产品等义务），但后合同义务并不会解除，即使在合同终止后它也可能会持续下去（例如，保密义务或不使用特定知识产权权利的义务）（参见第六章第 38—39 段）。如果合同终止时某义务尚未履行，则不必继续履行。如果已经履行或部分履行，则履行方应得到补偿，可能是实物补偿，也可能是金钱补偿。当基于违约而终止合同时，通常任何索赔的请求并不会因合同终止被排除。这不影响合同中关于解决争议的任何约定，也不影响调整终止

26

---

① 对国际商事合同而言，UPICC 第 7.3.2（2）条规定了相似的规则；对国际销售合同而言，CISG 第 64（2）（b）条规定了类似的规则。

或违约后的当事方权利义务的约定（例如，因拒绝履行合同而支付罚金的义务或减轻违约所致损害的义务）。①

27　　终止可以是完全终止或部分终止。如果合同由一系列义务（例如分期付款）构成，而一方当事人未履行其中一项义务，则根据相应的准据法，受害方可能无权终止全部合同。例如，在分期履行合同中，如果其中一期履行严重不合格，而其他期履行符合合同要求，则只能终止不合格的这一期履行。是所有义务还是部分义务受终止合同影响，取决于合同是完全终止还是部分终止。只有受终止合同影响的履行需要返还。事实上，在完全终止合同的情况下，由于各方被免除了一切义务，如果某一方已经履行了一些义务，则接收方必须全部返还（参见下文第 28—32 段）。在部分终止的情况下，不受终止合同影响的义务（例如香蕉供应合同中已经交货的几期香蕉）仍然存在，并且不受影响的履行不需要返还。②

5. 恢复原状（Restitution）

28　　恢复原状是指根据合同或法律无权持有货物或金钱的一方必须将其返还给所有人。在本章中，恢复原状只用于恢复缔约方因违约和后续的合同终止而发生改变的经济关系的平衡。恢复原状的范围取决于已完成履行的性质，取决于履行的是金钱义务、农产品相关义务还是服务义务。

29　　若履行包括提供商品或服务（非货币履行），一旦合同全部或部分终止，应以实物形式返还，除非这种返还在现实中不可能完成。如果实物的恢复原状在现实中已不可能，那么法律制度可能会

---

① 对国际商事合同而言，UPICC 第 7.3.5 条规定了相似的规则；对国际销售合同而言，CISG 第 81（1）条规定了类似的规则。

② 对国际商事合同而言，从 UPICC 第 3.2.13 条可推断出相似的规则。

规定应以金钱方式恢复原状，除非因请求返还的一方的原因而不可能恢复原状，则不应归还金钱①（例如收割机已经由订购方借给生产方，然后由生产方的一名雇员使用并遭到损坏）；或被执行的履行行为并没有给接收方带来任何好处②（例如收割机在交付后从未运转，在短时间后被飓风摧毁）。

但是，在农业生产合同中，约定实物返还的实际可能性可能相当受限，这取决于履行对象是货物还是服务。关于前者，应考虑两个主要目标：订购方提供的生产资料（参见第三章，第73—77段）和农产品［参见第三章第二（一）"产品"部分］。原则上，有形生产资料应返还给订购方。然而，根据生产阶段的不同，它们可能已经成为产品的一部分（例如播撒的种子、使用的杀虫剂、饲养动物的饲料等），这使得返还实物是不可能的。在这种情况下，如果农产品由生产方持有，生产方可能被要求向订购方支付所使用生产资料的价值，除非可以因生产资料不合格而向订购方要求减免或豁免相应费用。相比之下，当生产资料尚未成为产品的一部分时，生产方可能能够返还已经收到但尚未使用的实物生产资料，以及那些可以在无需花费任何不合理努力和成本的情况下从生产方财产中剥离的任何基础设施、机器或设备。如果合同规定了使用订购方的土地，根据相应准据法，这种土地的使用权应该返还给订购方。

30

通常情况下，只有在合同履行的最后阶段，订购方才有权获得农产品，而在此之前，生产方保留对这些产出的产权。在这种情况下，根据相应的准据法，如果合同被终止，生产方可以拥有相应的产权和占有权，并保留包括农作物和牲畜在内的农产品，而不必承

31

---

① 对国际商事合同而言，UPICC 第 7.3.6（3）条规定了相似的规则。
② 对国际商事合同而言，从 UPICC 第 7.3.6（2）条可推断出相似的规则。

担任何恢复原状的义务。然而，可能发生的情况是订购方保留了对土地、种子或牲畜的所有权，以至于当合同在正常到期日之前终止时，这些货物及其所生产的产出必须返还给订购方。在实践中，如果订购方在拒绝不合格货物的情况下终止了合同，可能更偏好不要求生产方恢复原状。在其他情况下，出于与种子产权有关的原因（参见第三章第 95—104 段），即使货物不合格，也可要求返还或销毁货物。为了确保合同义务得以履行（例如订购方支付价款的义务），合同或法律可能将留置权（lien）或扣押权（retention right）分配给生产方，这样的规定可能会妨碍有效行使恢复原状的救济。

32 当履行的内容由服务（如农艺、培训等）构成时，以实物形式恢复原状显然是不可能的。根据相关的准据法，尽管合同随后被终止，金钱形式的恢复原状应在相关服务给接收方所带来的有效价值范围内进行考量，并且不被视为仅仅对受终止影响的特定生产有所帮助（例如由订购方为生产方免费提供的培训计划）。的确，这种服务条款通常只代表一方为了合同被更好履行而承担的成本或投资，并不代表一项出于对价而向对方做出的履行。此外，在长期合同中，当技术援助构成订购方履约的一部分时（参见第三章第 92—94 段），合同终止可能不适用于与受违约影响的履行相分离的履行，也不适用于导致终止合同的其他事件（例如不可抗力）。因此，一旦受到任何此类事件（如某一期付款）的影响而导致部分合同终止，农业生产合同仍整体有效，生产方仍可以获得技术援助，而没有义务进行金钱形式的恢复原状。

6. 损害赔偿

33 损害赔偿可作为独立的救济措施或与其他救济措施结合使用①，

---

① 对国际商事合同而言，UPICC 第 7.4.1 条规定了相似的规则。

其功能也会据此相应改变。根据大多数法律制度,农业生产合同的受害方可能总会因对方无法免责的不履行而要求损害赔偿。当损害赔偿作为一种独立的救济措施时,其目的通常是使受害方处于假设其在合同得以履行的情况下本应所处的地位。例如,作为独立的救济措施,损害赔偿通常包括所花费的成本和利润的损失。

一般来说,受害方必须证明损害的存在。受害方通常必须证明违约、损害以及二者之间的因果关系——在这一点上损害赔偿与其他救济措施有所区别,因为(仅证明)违约的存在可能就足以使当事方有权寻求这些救济措施。然而,一些法律制度将举证责任倒置,受害方只要证明违约即可,违约方则需要证明没有造成损害,或损害与违约之间没有因果关系。为了评估违约行为是否造成了损害,相关法律制度提及了几个标准,以下几个标准是最常见的。34

完全赔偿。全额赔偿要求可补偿的损害包括遭受的任何损失(例如生产商在订购方未能接收货物的情况下合理产生的存储货物费用),以及受害方被剥夺的收益(例如订购方转售农产品而可以获得的利润的损失)。① 35

可预见性。违约方仅对在订立合同时已经预见的或应当合理预见的,因其不履行而产生的损害承担责任。② 因此,例如货物储存成本这类由生产方承担的费用,代表着在订购方未能按时收货情况下的可预见后果,然而如果因为违约生产方无法出席相关未决的谈判(pending negotiation),且如果订购方并不知晓或无法预见到该未决的谈判,则生产方可能无法得到因该谈判而可能造成的利润损 36

---

① 对国际商事合同而言,UPICC 第 7.4.2 条规定了相似的规则。
② 对国际商事合同而言,UPICC 第 7.4.4 条规定了相似的规则;对于国际销售合同而言,CISG 第 74 条规定了相似的规则。

失的赔偿。各方可以详细定义什么是可预见的损失。生产方应当意识到，在合同中可能约定对于因生产方违约而造成的不可预见的损失，订购方也有权请求生产方赔偿。

37　　**确定性**。赔偿仅适用于根据合理的确定性程度而证实的损害。① 例如，订购方仅由于生产方延期交货而失去的盈利机会有时不能满足确定性的要求，除非其已经与第三方进行了具体谈判或者已经订立了具有约束力的合同。

38　　如果产生了应赔偿的损害，那么通常应当就所有损害进行赔偿，包括实际损失（例如生产方为替代订购方提供的不合格生产资料而产生的费用）和利润损失（例如生产方因正当使用了订购方提供的不合格生产资料，而在关联的交易中遭受的价格减少）。② 一般而言，损害赔偿通常包括预期履约价值的损失［尽管相应损失会因为不需要反履行（counter-perform）而避免了成本，继而损失得到了扣减］。但是，如果已经取得了与产品价值贬损程度相当的减价幅度，这种损失可能无法得到赔偿。当受害方进行替代交易时，取决于相关准据法，损害通常等于合同价格与替代价格（替代交易中获得的报价）之间的差额。

39　　一些法律制度允许采用不同的损害赔偿评估方法，受害方有权根据该方的"信赖利益"（reliance interest）获得损害赔偿。这包括为准备履约或在履约过程中所耗费的支出，减去承担违约责任的一方在合理的确定性程度下证明受害方在履行合同时本会产生的损失。如下文所述，在准据法的限制下，赔偿信赖利益损失可能是一个可以保护生产方免受订购方违约损害的适当措施（参见下文第

---

① 对国际商事合同而言，UPICC 第 7.4.3 条规定了相似的规则。
② 对国际商事合同而言，UPICC 第 7.4.2（1）条规定了相似的规则。

139—144 段）。

合同各方通常有权根据准据法通过合同条款确定可赔偿损害的类型和金额。免责声明可以定义责任标准或所涉及的损害赔偿。当事方可以限制可赔偿的损害，并通过排除或限制间接损害等方式来修改完全赔偿原则。 40

缔约方还可以预先确定违约情况下的赔偿数额。这些条款可能有助于降低因提供证据和支付违约损失的需要而相关联的诉讼成本。同时，特别是当条款可能包含法院无法评估的价值和成本（例如非物质损害，依赖正确履行合同所进行的投资成本等）时，这些条款可能会引发合规审查。 41

有些情况下，如果准据法允许，罚金（penalty）的使用更加普遍，除了罚金之外，当事方仍可以保留要求损害赔偿的权利。但是，依据具体的法律制度，设定违约罚金的自由也会面临各种禁令、限制或审查。根据相应的准据法，缔约自由也可能受限于与违约的性质（根本违约与否）和违约方的主观行为（故意或轻率）相关的免责条款的范围。 42

7. 利息与延迟支付

在一些法律制度中，金钱义务（包括生产资料价格、产品价格或损害赔偿）与支付利息的义务相结合。在国内和国际层面上，合同法常常（虽然并非总是）规定在延迟履行支付金钱义务（包括那些由价格构成的义务）的情况下需要支付利息。① 因此，只要该权利存在，只要当事方行使催缴延迟的付款的权利，就可以获得要 43

---

① 对国际商事合同而言，UPICC 第 7.4.9 条规定了相似的规则；对于国际销售合同而言，CISG 第 78 条规定了相似的规则。

求利息的权利。如果当事方选择终止合同，由于替代交易所需的时间，利息的累积会考虑到获得价款过程中发生的延迟。一方面，利息支付一般不需要受害方提供所遭受损失的具体证据。另一方面，利息支付不会减损受害方同时请求赔偿额外损失的权利（额外损失的例子包括：根据融资合同条款，生产方需支付融资方的更高额的罚金，且订购方对该融资合同条款知情，此时该罚金就是额外损失）。在后一种情况下，要求生产方提供具体的证据，且相关损害需要遵守通常的可预见性和确定性标准。[1] 无论在国内还是国际层面，在发生违约时都会产生一个问题，即金钱义务应适用哪个利率。

(二) 受害方行为对违约责任的影响

44　　救济措施会向违约方提出。但是，取决于相应的准据法，受害方的行为可能会① 影响具体救济措施的获得；② 使某些救济措施被否决；③ 减少救济的范围。受害方可能也促成了违约行为的产生（在某些法律制度下，这被称为比较过失或混合过失）[2]，或者受害方可能未能减轻违约的负面后果（在许多法律制度下，这被称为减损责任）。[3] 例如，如果受害方也促成了违约，则可能无法寻求终止合同或特定履行，或者可能被要求承担违约方在履行时产生的部分额外费用。后者可以转化为减价。

45　　受害方的行为可能会促成债务人违约，当受害方未能遵守那些被认为能够获得预期产出的义务时，这种情况就会发生。例如，不合格商品可能是由于不好的农业实践和订购方援助不力共同所致，

---

[1] 对国际商事合同而言，UPICC 第 7.4.3 条和第 7.4.4 条规定了相似的规则。
[2] 对国际商事合同而言，UPICC 第 7.1.2 条规定了相似的规则。
[3] 对国际商事合同而言，UPICC 第 7.4.8 条规定了相似的规则。

订购方有义务根据合同提供技术服务,但其未能履行该义务。当受害方随后要求赔偿损失时,其自身对违约的促成作用可能会根据各方的过错程度,以及作为或不作为与瑕疵履行之间的因果关系来减少能够得到赔偿的损害。① 为了促进合作,避免投机行为,一些制度可能只向对违约也有一定作用的受害方提供一定特定的救济措施。

尽管存在分歧,但受害方减轻违约后果的义务已被国内法律制度和国际法所广泛接受。遵守这项义务通常意味着有权收回因减轻违约所造成损害而产生的花费。在法律认可的前提下,受害方未能减轻违约后果会导致其无法得到完全赔偿,或者不能对因自己未能减损的行为而导致的损失请求赔偿。缔约方应特别注意,及时进行替代交易可以减少因价格波动而增加的损失程度。减损的义务不仅在双边合同中出现,在多方和相关方合同中也会出现。很明显,在定义减损义务的范围和目标时,可能需要对多方和相关方合同进行一些调整,因为此种情形下可能需要更多的当事方采取减损措施,以防止损失的发生。

(三) 违约方的补救权 (right to cure)

法律制度经常给予违约方在实施救济措施之前试图修复违约状态的权利。这通常发生在违约行为发生后且履行期已届至的情况下,然而在履行期届至之前进行补救或替代履行在更大程度上得到了国内法律制度以及国际合同法的认可。② 例如,如果在交付日之前已经对货物进行了检查,并且不合格,则通常允许生产方补救缺

---

① 对国际商事合同而言,UPICC 第 7.4.7 条规定了相似的规则。
② 对国际商事合同而言,UPICC 第 7.1.4 条规定了相似的规则;对于国际销售合同而言,CISG 第 37 条规定了相似的规则。

陷（参见第三章第135—143段）。在履行期届至之后，最后一次尝试履行的权利也得到了某些法律制度的认可，但其他法律制度可能并不认可。在法律认可的情况下，它可能被视为终止合同的先决条件，或者在更少见的情况下，成为其他救济措施的先决条件。也可以将这一权利定义为违约方的程序性抗辩，在宣告合同终止前，应该对违约方发出通知，以便使其有履行的机会。在准据法允许的情况下，在前一次不成功的尝试已做出（即补救权）时，最后一次尝试履行的权利可以采用修补权（right to repair）或者取代先前的瑕疵履行的形式。

48　　在法律认可的情况下，正常的补救权通常会中止受害方诉诸除了暂停履行和索赔由补救造成（或无法由补救来避免）的损害赔偿之外的救济权利。① 终止合同以及减价等措施因此可能被排除在外。此外，如果在上述限制范围内存在补救权，则可以由不履行方而非受害方通过履行补救权来选择采取修复还是替代履行。

（四）重新谈判

49　　虽然合同可能约定针对特定违约来分配风险和责任，但实际情况可能表明，由于新事实和情况的发生，合同约定的救济措施不符合当事方的利益。违约后的合作对保护物质投资和非物质投资而言至关重要。例如，农业生产合同可能约定违反特定义务（例如未能为给定的生产资料、生产过程或产品取得认证）会导致立即终止合同。事实上，当事方可能随后会达成共识，认为这种未能履行义务的情况只是暂时的，而如果终止合同，那么很可能会损失因投资或履行合同所造成的相关费用。同时，未能获得认证可能需要对合同

---

① 对国际商事合同而言，UPICC 第7.1.4条规定了相似的规则。

进行具体的修改，因为各方可能同意将不合格产品交付到一个与最初指定不同的市场。他们也可以就采取纠正计划达成一致，使未来的分期履行仍能取得认证（参见第二章第 55 段）。在这种情况下，重新谈判可以提供一个保障具体投资的机会，并确保合同关系的连续性。

二、订购方因生产方违约的救济措施

生产方必须遵守与产品标准和过程标准相关的义务。被称为"产品相关"义务的若干义务直接关系到待生产的货物的物理特性（质量、安全、数量、交付时间）或相应的应付报酬（价格、付款时间）（参见第三章第 2 段）。在产品标准中，都会同时提及产品和服务，因为对一些商品（牲畜和水产）来说，生产合同与服务提供相关，而不是与产品提供相关（参见绪论第 8—12 段）。 50

生产方的主要责任之一是确保产品符合合同要求的与过程有关的标准以及良好的农业实践（参见第三章第 105—117 段）。与过程有关的义务是指那些与货物所经过的生产过程有关的义务（生产方法、使用技术、工作条件）。其中一些义务更直接地旨在获得商品的理想物理特性（如使用肥料的数量和方式、农药的使用、卫生条件），而其他义务可能与产品的物理意义上的质量只有较少的关联，而更多地与产品或生产过程所寻求的无形属性相关（例如符合环境和可持续性标准、社区利益、性别和原住民群体问题）（参见第三章第 2 段）。违反这些义务所引起的救济可能会与产品不合格所引起的救济有所不同。 51

虽然产品相关的救济和程序相关的救济的特征中存在共同的原 52

则，但这些救济可能有不同次序，其中一些可能被排除在外。例如，对于与产品有关的义务而言，终止合同通常受到根本违约这一先决条件的约束，但在与过程相关的义务中一般排除适用终止合同，在这些义务中救济措施的主要目的是恢复对（合同）的遵守，同时保持关系。

53　　在许多法律制度中，生产方应对其控制范围内的事件承担责任，而若履行障碍不在其控制范围内，则责任将予以豁免。存在控制的先决条件是障碍的可预见性或可避免性（参见第四章第21—24段）。如果生产方可以预见这样的风险，即一个事件可能导致履行成本更加高昂或在商业上不切实际，那么生产方就会承担这种风险，除非合同通过提及不可抗力或其他正当理由来明确约定豁免。即使在可预见的情况下，有些事件通常不可避免，包括一些自然事件（例如洪水、霜冻、干旱和地震）、国内或国际层面的监管变化以及市场结构和价格的变化。同样，那些会使履行变得过度繁重的事件，如果能够通过采取行动来避免（即使相应的行动会显著增加履行成本），这些事件则将会被认定处于生产方的控制下。可避免的事件包括那些在障碍发生时需要采取额外的预防措施和纠正性措施的事件。当豁免生产方的责任时，可以在合同中约定各种选项：合同终止、基于履行的救济措施（包括支付订购方收到的生产资料价格）、恢复原状（参见第四章"不履约的抗辩理由"）。特别是在长期合同中，豁免可能仅限于单项履行，而与过程有关的义务方面的其他救济措施（例如要求履行的权利）的可获得性可能会非常重要。

54　　从要求履行的权利到合同的终止都属于订购方的救济措施，其含义和范围根据它们的法律依据而有所不同，包括准据法、当事各方已经纳入合同的行为守则、商品交易所（关于其所管理市场）规则和认证制度。私人项目（private programmes）经常会增加其他形式的制裁，这些制裁基于声誉和成员资格，从警告到开除，以及将违约方列入灰名单和黑名单。救济措施通常可以结合起来诉求。例如，损害赔偿可以与其他救济措施相结合，也可以单独诉求。举证责任根据所寻求的救济措施而有所不同（参见上文第34段）。以下各部分将概述生产方在违反农业生产合同规定的义务时，订购方可以获得的主要救济措施。

（一）非金钱救济

1. 违反与生产过程相关的义务

与过程相关的义务可能或多或少与产品不合格有密切的关系，并且根据提供者的不同而有不同的内容（参见上文第49段）。生产资料的提供与产品合格性明确挂钩，而那些与社区利益或社会标准有关的义务，生产资料的提供与其的联系则更宽松或不存在。在某些情况下，不合规可能会瓦解交付合格产品的能力，而在其他情况下，违约可能不会对生产方的主要履行产生重大影响。针对违反与生产过程相关义务的救济措施倾向于保持合同关系，并经常要求受害方予以合作。 55

当订购方发现违背义务的行为与生产方或第三方提供的生产资料有关时（参见第三章第71—72段），订购方不必等到交付时再采取行动。经常在产品不合格现实化之前即可寻求救济措施。这些救济措施的目标是通过修补或更换生产资料，或修改生产过程，确保产品在生产资料有缺陷的情况下保持合格性。与过程有关的义务可能会在最终产品交付之前被违反，也可能在交付之后被违反，例如，没有妥善存储用于可追溯性的信息，并且无法被订购方或第三 56

方（例如认证机构）获取（参见第三章第 115 段）。当某些与过程相关的义务比合同存在的时间更长时，违约甚至可能发生在合同到期后。

（1）要求履行的权利

57　　与过程相关的义务可能要求生产方从事那些需要多个阶段的活动，直到完成生产过程。订购方可能需要生产方履行相应的义务来确保符合过程标准。订购方可能会要求生产过程符合良好的农业实践，遵守手册中提供的技术指导，并减少对环境的负面影响。若过程不合规，生产方可能无法获得认证，从而破坏最终产品的价值和可售性。在生产过程中，订购方在监督、提供指导和实施控制方面所发挥的重要作用需要各方进行合作和交流（参见第三章第 118—123 段）。要求履行的权利可能涉及相应活动，或传达有关过程或产品的信息，并特别关注安全和质量（参见第三章第 42—59 段）。

（2）纠正性措施

58　　当包括与过程相关的义务的技术标准被违反时，缔约方经常会寻求纠正性措施。如果危害的出现使最初商定的措施不足以确保合规，那么除了履行或替代履行之外，还可能需要采取纠正性措施来减少或降低违约造成的损害。请求采取纠正性措施通常不要求此类违规行为之后会导致产出不合格。它既适用于那些有助于产品合格性的过程义务，也适用于那些仅与不合格或可追溯性松散相关的义务。

59　　当违反涉及质量或安全的过程义务时，订购方有权要求生产方采取纠正性措施。纠正性措施可能会产生深远的影响，并直接涉及生产过程的结构。一旦发现违反义务的行为，订购方可以要求修改生产过程，以弥补质量或安全问题导致的不履行/违约履行。这种救济措施可以在主要零售商的一般条款和条件中找到，这些条款和条件可能适用于整个供应链中各方缔结的合同。通过改变生产过程、生产资料的使用或农业实践的类型的行动计划，纠正性措施可得以实现。即使发生了违约行为，基于行动方案而修改的生产过程可能有助于交付合格的商品。若合同中约定了纠正性措施条款以防止或减少不合格履行，这些措施的有效性将取决于及时的介入以及检测危害或质量问题的能力。这种救济措施可以防止产品在早期出现不合格状况。

对于与安全有关的义务（参见第三章第57—59段），纠正性措施可以处理风险评估和风险管理方面的不足。这些救济措施旨在解决那些危害检测能力不充分的生产过程中的问题。救济措施可能会解决无法监测风险的问题，并正确评估危害的发生，例如，那些生产方未能发现的危害，只有通过订购方的作为安全管理项目一部分的检查才会变得明显。同样，对于与质量有关的义务（参见第三章第42—56段），可采取纠正性措施，以确保符合有关原产地名称、地理标志和其他质量相关属性的要求。 60

生产方纠正行动的具体内容往往是通过与订购方达成一致意见来决定的，如果涉及认证，则与认证机构达成一致。例如，生产方可能会被要求提交相应的行动计划，以修改关键控制点的运作方式。这样的行动计划可能包括修改那些处理潜在不合格的原因的生产过程。合作是使纠正性措施有效的必要条件。 61

最激进的纠正性措施是在生产过程中进行人员替换。在某些情况下，一旦生产方进行纠正的尝试失败，一些合同则允许订购方或订购方所确认的第三方，在生产方明显无法依据合同进行履行时，由其自己承担费用来替换生产方。特别是在畜牧合同（以及某些农 62

作物合同）中，这种救济措施允许订购方或第三方临时替代生产方，并通过在生产方的场所直接生产来履行相应行动。

2. 产品不符

63 生产方的主要义务之一是交付相符产品（参见第三章第 124—143 段）。产品相符性与安全性、质量和来源有关。大多数法律制度都规定了对于产品不符的合同救济的默认规则。在很多情况下，受害方可以从一系列措施中加以选择。根据所适用的准据法，订购方对产品不符的救济措施的选择可能取决于许多因素：检测出产品不符的时间；二级或三级市场的可用性；对需要对安全和质量进行区分的第三方（如消费者）可能造成的负面影响。在其他因素中，合同期限和商品生命周期的性质可能影响救济措施的选择及其内容的合作性质。

64 与农业或畜牧业生产有关的产品不符的危害不仅可能在交货之前或交货时发生，甚至会在交货很久之后发生，在整个供应链的生产过程中出现，或在消费时出现。由于纠正产品不符的可能性会随着时间的推移而减少，因此对产品不符的救济措施可能会因检测出不符的时间而有所不同。通过早期的检查检测出产品不符，可能允许一些更大程度的纠正性措施，而在交货时检测出产品不符可能会使一些纠正性措施，尤其是对易腐货物不符的纠正性措施，变得难以实行。如果不符仅在后期才显现出来，但此时货物尚未交付，替换而非修补可能成为首选的救济措施。

65 在检测出产品缺陷时，选择何种救济措施可能会出现显著的差异。除非发生预期违约，否则早期检测出产品不符可能不一定需要拒绝收货，缔约方可能希望给予生产方救济瑕疵的权利。相反，如果在交货时检测出产品不符，订购方可能希望保留拒收产品的权利,并根据产品不符的严重程度寻求不同的救济措施,从修补到更换、减价,产品降级或终止合同。拒收货物本身并不是严格意义上的救济措施,因为它是一种法律权利,使得订购方可以获得进一步的救济措施,不论付款是否与核准货物相挂钩,订购方均可拒绝支付价款。拒收之后救济措施的选择应考虑合同的性质和当事方的利益。除非合同另有约定,为了保护投资以及其他相应关系,特别是在长期合作关系的情况下,准据法可能会规定,订购方应首先要求修补,只有在不适合修补的情况下才寻求产品更换。

本《指南》建议各方可以根据违约后的生产方行为,来建构救济方案。例如,可以给予生产方一定时间以采取纠正或修补措施。如果该时间到期而违约依然存在,订购方可以选择:① 接收不符货物并要求减价;② 拒绝接收货物并寻求其他救济措施,即更换或终止。在前者(替换)而不是在后者(终止合同)的情况下应该进行付款。 66

在制定不符产品救济措施时,建议考虑二级或三级市场的可用性,在这些市场中可以购买替代的符合要求的产品,并销售那些不符的产品。这一可能性尤其影响替代救济措施的可用性及其损害的评估。它也可能导致订购方将货物降级,并在二级市场降价销售低质量产品。 67

质量和安全的不符性可以区别对待。法律和私人标准主要通过强制性规定来规范食品和饲料安全(参见第一章第 45 段)。安全规定阻止生产方将不安全和危险的产品投放市场,包括投放至中间市场。如果违反安全标准,农业生产合同不能取代那些使生产方担责的规章义务。当将产品出售给后续购买者时,寻求针对生产方关于不安全或危险产品的救济措施的订购方也必须遵守公共法律的要求 68

(参见第三章第57—59段)。因此,在因违反安全要求而导致不符的情况下,选择救济措施的前提是建立在将第三方受到损害的风险最小化的目的上。预防性救济措施可以有助于避免侵权行为的实施以及合同外责任的产生。例如,当发现不符产品不安全时,订购方希望有权要求进一步处理产品,以将危害降低到符合安全要求的程度。对于不符合质量标准的情况,可能允许使用二级或三级市场,但如果不符合安全标准,则它可能不会成为一个选项。事实上,很少有公共立法的限制来自于质量上的要求,尽管与质量有关的消费者保护目标可能会影响订购方所选择的救济措施。如果安全没有受到威胁,将产品降级并向消费者提供明确的信息通常足以符合要求。

(1) 纠正性措施

69　　在货物不符的情况下,订购方可能希望寻求纠正性措施。纠正性措施一般指向安全、质量或数量。它们同时涉及不符的原因和后果。虽然在生产过程中违反了过程相关的义务的情况下,纠正性措施可能会更加有效,但可能存在一些原因导致在检查最终(不符)的货物之前,违规的情况并不明显,或者货物不符是由与生产过程无关的外部因素(例如生产后和检查前的货物虫害感染)造成的。如果订购方在交付时发现产品不符的严重风险,其可能希望保留拒收货物的权利。拒绝收货之后可提供的救济措施范围很广。对于不安全的产品,订购方有权根据合同要求生产方消除或减少危害。处理不安全的产品可能需要将食品安全危害降低到可接受的水平,或者根据环保程序将其销毁。纠正性措施比修补产品的范围更广。

70　　在纠正性措施中,信息和标签可能发挥重要作用(参见第三章第59段)。例如,如果无麸质产品不符合所需标准(例如无麸质食品标准），则可以要求生产方挑出不符的产品，并将其标注上麸质含量风险的警告。订购方可以根据所采取的纠正性措施，寻求额外的信息，或要求修改信息和标签，以减少危害并降低风险。

纠正性措施这一救济措施可能包括各种行动（例如审查和确定不符的原因、识别出可以防止不符情况反复发生的做法，以及相应地改变生产过程）。即使在交付时，当产品不符由过程上的不足所致时，受害方可以要求采取纠正性措施来解决产品符合性问题，并且考虑到未来长期关系中的分期履行，同时也可以要求采取措施，解决导致过往不符履行的，同时可能会再次发生的生产过程的不足。 71

理想情况下，纠正性措施的合同定义应该考虑监测到产品不符的时间。当标准包括对第三方的保护，尤其是对消费者的保护时，纠正的目的不仅是为了避免因将不安全的产品引入市场可能造成的经济上的损害，而且更是为了避免人身上的损害。即使在交付时，纠正也是非常重要的。显然检测时间越早，纠正性措施可以更有效。当纠正性措施不再是一个可行的选项时，生产方可能会被要求撤回或召回产品（参见下文第77—80段）。 72

（2）修补

修补的范围比纠正性措施的范围窄。它与产品本身有关，并且与使产品不合适或不安全的瑕疵相吻合。修补没有解决导致产品不符合要求的原因，也不是寻求违约方变更管理方式的手段。可能存在的情况是，若在交付时检测到了产品不符，该不符可以通过修补的方式得以补救。例如，如果干燥/湿度水平偏离了技术标准规定的参数，则订购方可能保留要求产品采取进一步干燥措施的权利，并由生产方承担费用。但如果订购方也对违约行为有促成作用（例 73

如在生产过程中未能提供足够的帮助），这种救济措施可能就不合适了。此外，缔约方可同意分担修补的费用。

（3）替换

74　　根据相应准据法，当修补不可行或会产生不合理的负担时，订购方可能希望保留通过要求更换货物以寻求非金钱救济的权利。然而，在一些农业合同中，由于生产方无法自主进入市场并获取货物替代品，由生产方提供替代品实际上并不可行。事实上，由于订购方参与指导并监督生产过程（参见第三章第118—123段），农业生产合同的内在性质很难与市场上的替代品协调一致。但相反的是，可以要求生产方按照合同要求并在订购方的监督下，向订购方提供生产方自己生产的其他批次货物。当生产的农作物超过合同规定的数量，包括合格货物和不符货物，从而使前者能够替换后者时，可能就会发生上述情况。例如，当生产方是合作社或生产方组织，并寻求在该组织的参与者中进行替换时，上述情况可能就会发生。或者，合同可以允许订购方进行"替代交易"（cover transaction），然后就可能的更高价格或更低质量进行索赔。

75　　当订购方保留作物或牲畜（后者比前者更常见）的所有权，但是生产方已经根据订购方的指示同时养殖了订购方和自己的家畜时，会发生特殊情况。在这种情况下，合同可以通过将订购方的不符牲畜替换为生产方的合格牲畜来约定交叉替换。

3. 未按约定交付产品

76　　不符货物的交付不同于无法交付货物（参见第三章第124—143段），因为救济内容（以及可能的救济措施顺序）会发生相应改变。无法交付产品的情况包括：完全未交付、延迟交付、在错误的地方交付和部分（不完整）交付。在所有情况下，订购方可能出于其利益考虑要求交付方履行。① 然而，某些情况下可能会妨碍具体履行的适用，即：货物的易腐性（如果延迟交货使货物价值降低到零，易腐性可能会降低具体履行的作用）；保存费用，这取决于延误的时间和货物的性质；运输成本，特别是在错误的地点交付的情况下。如果这些障碍不排除行使要求履行的权利②，那么当生产方已经按照特定要求或使用特殊质量的生产资料（使其独特或难以通过替代交易进行替换）生产货物时，这种救济可能特别重要。

合同是否赋予，以及在多大程度上赋予订购方拒绝部分交付和坚持全部交付的权利，在某些法律制度中可能取决于全部交付在合同关系中是否是关键的（essential）（例如合同明确约定订购方需要在一个精确的日期前为重要客户转运完整的货物）。

77

（二）产品撤回与产品召回

生产方可能参与识别危险和不安全产品的过程，或参与管控不安全产品引起的风险，合同或准据法可能要求他们从市场撤回或召回他们的产品。撤回涉及尚未上市的产品。召回涉及已进入市场并被发现是不安全的产品。不安全产品的风险评估和管理可能发生在合同履行的不同阶段。一般来说，可以区分四个阶段：① 交货前；② 交货时；③ 交货后但合同到期之前；④ 合同到期后。在每个阶段，撤回或召回可能是必要的。决定可以由订购方和生产方共同作出，也可以由后者单方面作出。如果在农业生产合同到期后发生产品撤回或召回，生产方和订购方可能需要与其他供应链参与者合

78

---

① 对国际商事合同而言，UPICC 第 7.2.2 条规定了相似的规则；对于国际销售合同而言，CISG 第 46 条规定了相似的规则。
② 对于国际销售合同而言，从 CISG 第 48 条可推断出类似规定。

作,将危险产品从市场上撤回。

79　　生产方可能参与召回程序,通常不是主要行为方,但如果程序包括了有关生产阶段的可追溯性查询时,生产方可作为共同参与方。产品召回可以通过几种不同的方式影响农业生产合同,从而引发临时救济措施(ad hoc remedies):

- 召回程序可能涉及农业生产链中使用的组成部分(component)(例如不安全的种子)。在这种情况下,订购方可能保留要求生产方销毁:① 已购买但尚未使用的种子;② 种子种植后生产的产品。

- 召回程序可能涉及正在进行的生产链中的产品。不仅需要召回可供消费者使用的产品,还需要撤回已经生产但尚未交付给订购方的产品。在这种情况下,撤回和召回可能相关联。

- 当生产方为了与过程有关的原因交付产品〔例如产品在分供货方(sub-supplier)的场地进行干燥处理〕时可能被要求从分供货方处撤回产品。

80　　产品撤回和召回可能是生产方自愿进行,也可能是经政府当局要求而为之。在这两种情况下,农业生产合同都可能涉及撤回和召回。如果是自愿进行的,则可能是生产方作出独立决定的结果,或是订购方在产品召回程序中寻求违约救济措施的结果。订购方可以在合同明确约定的关于产品不符的救济列表中寻求产品的撤回与召回。然而,撤回和召回通常不以责任为先决条件,而仅需要以证明产品可能不安全为先决条件。这些措施通常是可能需要多方的介入才能达到最终结果的合作性救济。

81　　如果在产品离开生产方的控制范围之后才得知危害的原因,进而在生产后期检测到危害,则合同或准据法可能要求生产方在召回或撤回程序中有义务进行合作。产品撤回和召回可能涉及组成部分（component）或原料（ingredient）（例如西红柿），生产方生产的产品（例如番茄罐头），或生产过程结束时的最终产品（例如番茄酱）。合同实践表明，生产方及其供应商有义务与加工商和经销商在旨在撤回和召回危险产品的行动中进行合作。这些义务的预期受益方往往会超越订购方，并包括供应链中的相关参与方。

（三）暂停履行

82　在大多数农业生产合同中，支付价款将在货物交付和检验之后进行（参见第三章第124段）。这种结构使暂停付款成为针对生产方未能完全（在正确的时间、地点以正确的数量）交付或未能交付符合要求货物的自然救济措施。在货物不符（或在错误的时间或地点交货）的情况下，通常的做法是不接受交付（即拒收货物）。不收货和暂停付款是相互联系、相辅相成的救济措施。事实上，一旦订购方接收货物（accepts the goods）并收货（takes delivery），就不能再暂停付款。

83　如果约定相应的预付款，暂停支付这些款项可能有助于促使生产方履行生产线上的若干义务（包括与生产过程有关的义务），而暂停支付余款则可能为在生产过程的最后及时并符合要求的交付提供了充分的动机。

84　在实践中，更为重要的可能是订购方暂停其他形式的履行，如交付有形生产资料（如种子或设备）或无形生产资料（如技术援助）（参见第三章第78—94段）。事实上，使用这种救济措施可能会破坏生产过程以及各方追求的共同目标。但是，尤其是在生产资料和生产过程高度相互依赖，且投资成本高并建立在特定关系上时，订购方可能宁愿暂停提供生产资料（例如技术援助或提供专门的种子）以防止沉没成本并限制生产方违约的后果（如生产方在播种前未遵守特定的土地维护标准）。由于各方的义务是相互关联的（参见第三章第 3 段），所以暂停履行可以被称为是相对方的违约。因此，本《指南》建议缔约方在合同下就各方的履行建立明确的时间表。

（四）减价

85　　根据相应准据法，订购方通常可以在交货不符或者部分交货时要求减价。① 在不符产品和部分交货的情况下，在订购方有权降低价格前，准据法可能会给予生产方继续履行的权利。有时候关于部分交货的合同条款要求订购方提供替代方案（如延期、在市场上购买相关货物或降低价格）。

86　　减价标准一般由合同具体定义，经常包括一个处罚的量度（penalty dimension），并根据违约的严重程度，对价格进行逐步扩大的调整。在交货不符和部分交货的情况下可能都会提供这些减价标准。在一些情况下，合同直接将降低价格的权利授予订购方，而不涉及生产方或第三方。当产品不符的情况并不明显或生产方不被允许出席产品测试时，这一降价程序对订购方特别有利。尽管如此，一些国内法律和贸易组织框架合同要求或至少提倡这样一种良好实践，即强制或号召生产方或受信任的第三方参与产品评估过程（参见第三章第 138 段）。

87　　因产品不符导致的减价可能与产品降级和损害相结合。在这种情况下，损害赔偿将不能弥补货物价值的损失（这已经体现在减价中），但根据准据法，这些赔偿可能可以弥补订购方在后续销售中

---

① 对于国际销售合同而言，CISG 第 50—51 条规定了相似的规则。

的可得利润损失（例如，当订购方承诺向零售商出售经认证的食品时，由于生产方的违约无法完成销售）。取决于具体情况，如果订购方由于生产方的违约而无法满足其客户要求的数量而就部分交付进行减价，订购方也可能同时要求上述的损害赔偿。

（五）终止合同

根据相应准据法，终止合同通常可能以根本违约为条件。订购方在生产方违反与过程有关的义务、产品不符以及未能交付产品时有权行使此种救济措施。根据义务的类型、在合同被终止之前任何一方进行具体投资的数量，以及受害方在市场上找到适当的替代选项（也称为退出选项）的可能性等因素，终止合同可能代表着一种促使对规则进行遵守并阻止当事方违反合同的威胁。例如，在生产方已经进行了重大投资（例如经营农场用于畜牧生产）以及订购方是少数几个能够采购所有产品的相关方之一的长期关系中，该生产方可能会尽一切努力来遵守所施加的标准，以免"失去合同"。同样的情况可能也适用于订购方，例如，如果生产方由于订购方的技术援助和对新生产技术的投资而获得了独特的生产能力时。在下面几部分中，将结合不同类型的生产方义务对合同的终止进行审视。

88

1. 违反与生产过程相关的义务

双方可以事先商定什么构成违约行为，无论是与过程有关还是以其他方式。违反过程相关义务的救济措施通常旨在确保履行而不是结束合同关系。因此，因违反与过程有关的义务而终止合同在实践中并不常见，但是当事方可以纳入规范救济措施的条款，特别是当违约可能导致取消认证合同时。

89

2. 产品不符

当产品不符合一般目的，并且不能用于订购方的其他目的时，

90

不符货物的交付（参见第三章第135—143段）可能导致根本违约。如果是这种情况，取决于所适用的准据法，订购方可能会寻求终止合同，并可以同时请求损害赔偿、恢复原状。在重大违约的情况下，当法律允许时，可以在拒绝收货时或在纠正性救济措施无法救济产品不符性后立即要求终止合同。合同条款经常将终止合同置于救济措施顺序的末尾，在其他救济措施均已尝试并失败之后。为了避免投机性地使用终止合同的威胁，本《指南》建议各方在合同中约定何时允许终止合同。从这个角度来看，各方可以设计救济措施的顺序，以保持维护合同关系的动力，并将终止合同作为最后的手段。

3. 未按约定交付货物

91　　当准据法将终止合同与根本违约的情况联系起来时，仅仅部分交付就可能无法符合这一标准。根据通常适用于国际销售的规则，例如，只有在未能完成完全交货的情形构成根本违约时订购方才能够终止全部合同。① 同样的原则可以适用于延迟交货或在错误的地点交货，在这种情况下拒绝履行往往不合理，除非当事方出于延误对订购方经济活动的影响而对交货时间赋予特别的相关性，或者在合同中明确约定将延期交货定义为根本违约。根据所适用的准据法，订购方可能会要求赔偿。

92　　相比之下，完全和明确无法交付（特别是如果它伴随着生产方的私下交易）更可能被准据法认定为根本违约。合同可以提供有关私下交易生产资料或最终产品的具体救济措施。私下交易通常（虽然不总是）被认为是根本违约，并与终止合同有关（参见第三章第

---

① 对于国际销售合同而言，CISG 第 51（2）条规定了相似的规则。

28—29 段)。由于订购方担心生产方私下交易产品,在此种违约下的终止合同往往和罚金条款相结合。

(六) 损害赔偿

损害赔偿一般由准据法决定,除非当事方根据合同法原则定义自己的标准。关于因生产方违约损害赔偿责任的合同条款在农业生产合同中并不常见,它们经常与终止合同这一救济措施相结合。合同倾向于用一般的条款来定义损害赔偿,而不会定义具体的计算赔偿的标准。对此类标准的援引可以在农业商品交易所(Agricultural Commodity Exchange)的规定中找到。损害赔偿可以确定为一个固定金额,类似于违约金条款。有时损害赔偿是以签订合同时生产方支付的定金或保证金的形式存在的;在其他合同中,生产方也会将损害赔偿从应付价款(或任何其他应向生产方支付的数额)中扣除来实现救济目的。

93

1. 违反与生产过程相关的义务

非金钱救济对于生产方的与程序有关的义务尤其重要(参见第三章第 105—117 段),但损害赔偿可以起到补充作用。例如,如果产品不符合适用于农作物的安全检测标准,可以通过要求后续的产品筛选来保证安全,进而获得纠正。纠正性措施避免了货物价值的损失,并且不能要求赔偿。但是,如果后期筛选只能将危害风险降低到不能使产品在某些市场或向某些用户销售的水平,那么损害赔偿可以作为一项纠正性措施的补充以弥补市场价值的损失。此外,如果纠正性措施为订购方带来(额外)费用,则可将这些费用作为附带损失向违约生产方索赔。

94

违反与过程有关的义务可能导致不符产品的市场价值低于预期。在这种情况下,评估损害程度的裁决者可能会做出应赔偿相应

95

数额以弥补损失的决定。即使与过程相关的违约行为（例如违反社会标准）不影响产品符合性，订购方也有权根据合同或准据法，并鉴于公司在过程标准方面的完全遵守政策（full compliance policy），而要求生产方赔偿名誉损失（例如通过后续交易中可得利润的损失进行证明）。但在这种情况下，这种说法可能会受到生产方的抗辩，因为违约和声誉损失之间的因果关系往往是不确定的。①

2. 产品不符

96　　产品不符的损害（参见第三章第42—61段）可作为独立的救济措施，或与其他救济措施结合使用。当剩余价值不等于零时（例如存在可以销售不符品的市场，或者订购方对不符品有其他用途，例如用于喂养动物），损害赔偿可能与减价起到类似的作用，但可能无法一并使用降价与损害赔偿两种措施。但如果剩余价值很低，订购方可能更倾向于免除支付价款的义务，并希望终止合同。在这种情况下，订购方也可以选择进行替代购买而不终止合同。根据所适用的准据法，订购方可能有权索赔合同价格与替代交易价格（如果更高）之间的差额。或者在某些法域，市场价格可能起到决定作用，而不管替代交易价格如何。在农业生产合同这一具体语境下，根据所适用的准据法，市场价格可以考虑合同关系的具体特点，包括其国内或国际的维度。

97　　与其他救济措施结合使用的损害赔偿不尽相同，这取决于订购方是寻求非金钱救济（如纠正性措施、修补或更换）还是寻求合同解除。如果已采取纠正性措施或修补，但交付的货物仍未达到合同规定的质量和安全标准，则订购方可能有权要求赔偿损失的价值

---

①　对国际商事合同而言，从UPICC第7.4.3条可推断出类似的规则。

(参见上文第87段)。订购方还可以索赔因转售导致的数量和利润上的损失。但是,不同法律制度在量化这些损失的可能性和标准方面有所不同。如果订购方没有要求纠正、修补或更换有瑕疵的货物,但已经要求终止合同并完成了替代交易,那么通常根据相符货物的"替代购买"来评估损害赔偿。事实上,取决于相关的准据法,订购方通常有权获得农业生产合同价格与替代合同价格(如果更高)之间的差额。这种评估损害赔偿的形式在食品市场中较为常用。订购方可以在二级市场或在与其他生产商的未决关系(pending relations)下进行替代购买。事实上,订购方通常就同一产品与多个生产商建立类似的合同关系。在其他情况下,订购方与一个生产商组织或一个合作社签订农业生产合同,单一的违约会被其他组织参与者的替代销售所"弥补"。

98　　准据法可能要求以合理的方式进行"替代"交易,并且要求不得有不合理延误。① 如果替代合同价格更高只是因为订购方不合理甚至故意拖延,这可能不会成为评估损害赔偿数额的参考。在这种情况下,如果可以获得当前市场价的话,法院可以将其纳入考虑之中。在没有替代交易时,所适用的规则是相同的。

99　　当订购方没有进行替代交易时,如果国际销售规则适用的话,订购方可以基于合同价格和市场价格(例如交付地的货物市场价格)之间的差值来要求赔偿产品不符所造成的损失。此外,订购方可能更倾向于不披露替代交易的存在和价值。例如,订购方可能会选择不披露其替代供应商。在这种情况下,订购方可能更愿意参考市场价格,即使偶尔可能导致赔偿不足。根据农产品交易所的规

---

① 对国际销售合同而言,CISG 第 75 条载明了类似的规则。

定，参考市场价格（有时与替代交易这一选项相结合）的做法是相当普遍的。

100 相反，在某些情况下，参考市场价格就没有什么帮助，例如产品非常特殊，并且不存在二级市场或三级市场。这方面可能是双方就合同罚金条款达成一致的进一步动机（参见下文第 102—104 段）。

101 除了上述措施外，订购方可能有权要求赔偿附带损害（例如与在销毁不符货物或将其归还生产方之前保存这些货物的费用相关联的损害）。取决于所适用的准据法，可以约定订购方是否可以要求赔偿因货物的市场转售而导致的预期利润损失而构成的间接损害。在某些情况下，当事方可以同意排除间接损害的赔偿。

3. 未按约定交付产品

102 如果订购方要求（并取得）特定履行，未能交付的损害赔偿（参见第三章第 124—143 段）可能会采取一个不同的路径。延迟交付时，损害赔偿通常只涵盖延期部分，包括那些与交货到期时更好转售机会有关的可能利润损失。当仅有部分货物及时交付（如其余货物交付时间较晚），或者及时交货但交货地点错误进而稍后将货物运送到正确的地方时，通常也适用同样的规则。当合同终止，订购方解除付款义务时，其通常可以有权要求赔偿合同价格与合同终止时的货物市场价格（如果更高）之间的差额。这一情形与因产品不符而终止合同的情况非常相似（参见上文第 85—87 段）。

（七）惩罚性措施、罚金与黑名单机制

103 不同国内法律制度在合同法中罚金和惩罚性措施的适用性方面有所不同。由于其具有制裁功能，约定违约金（liquidated damages）的条款应与罚金区分开来（参见上文第 37 段）。由于罚金并不必然与发生的损害相关联，因此罚金经常被定义为违约方所支付的一定金额（金钱惩罚），既可以是固定金额也可以是产品总价值的百分比，有时也可从最终的价格中减去一定百分比作为惩罚。如前文所述（参见上文第82—84段），在后一种情况下，罚金条款规定了一个特殊的减价规则。当罚金对违约方的声誉造成负面影响时，其也具有非金钱惩罚的内容。

在法律允许时，可能会对违反生产过程、产品不符、未能交付或这几种同时出现的情形处以罚金。应特别注意违反与过程有关的义务的情况，当不遵守要求可能会使因违约而导致更严重后果的风险增加时（例如未能使设施保持适当状况，或无法遵守适当的农业实践而可能破坏产品质量），罚金旨在促使生产方遵守要求。在其他情况下，合同可能提供非金钱制裁（例如禁止违约的生产方与订购方签订新的合同）。这些制裁通常与特别严重的违约形式相联系。它们经常与"宽限期"相伴，而在宽限期内生产方有机会补救违约，有时订购方在决定合同续约禁令的时长方面保留裁量权。禁止续约可以被看作约束生产方进入特定供应链的手段，特别是当订购方的目标是限制生产方使其遵守给定的生产标准时。这种做法表现了合同救济措施可能会产生远远超出双边合同关系的影响。 104

处罚可以有非货币内容。在某些情况下，受损害的订购方可能会选择将违约的生产方拉入"黑名单"，并使有关市场能够获得生产方的相关违约信息。在这种情况下，生产方进入整个市场而非特定供应链的可能性将变得渺茫。由于对生产方活动有重大影响，这一机制经常被证明是一种非常有效的威慑。 105

（八）订购方的行为与救济请求

订购方在生产方违约情况下的疏忽行为可能会影响救济措施的可用性和内容。根据相关准据法，做出指示的权利可能会使订购方 106

有责任进行合作，目的在于解决共同的问题，并避免生产方违约造成的不利后果（参见第三章第118—123段）。依据所适用的准据法，考虑到违约时间及其后果，可能会排除一些救济措施的适用，或者可能减少可索赔的损害赔偿额。如果订购方在提供生产资料时或在之后生产资料已经部署于生产时出现了问题，那么订购方所扮演的在农业生产合同的整个生命周期内向生产方提供指导和指引的典型角色（参见绪论第38—39段）可能影响救济措施的选择。

107 订购方不仅可以在生产阶段有义务与生产方进行合作，而且在交货时（货物相符性往往会在此时进行评估）也有义务与生产方进行合作（参见第三章第125段）。例如，如果适用国际销售规则，订购方未能检查货物并及时发出任何不符合要求的通知，则订购方可能会被剥夺诉诸任何救济的权利（包括非金钱救济、减价和损害赔偿）。① 此外，如果订购方对于无法向生产方发出所需的通知有合理的理由，那么订购方可以进行减价并要求损害赔偿（利润损失除外），但订购方不得诉诸非金钱救济（如修补和替代货物）。② 即使在合同到期后，也需要订购方在产品召回程序或其他可追溯性相关的义务内与生产方合作。

108 根据所适用的准据法，订购方可以被要求在生产过程中与生产方合作，以确保最终产品的符合性。当由订购方或在订购方控制下进行行动的第三方直接提供生产资料时，订购方与生产方合作的义务尤为重要（例如，订购方可能在生产资料提供方的选择上存在疏忽）（参见第三章第64—72段）。交付不符的生产资料可能会阻止订购方在准据法下寻求终止合同或替代交易等救济措施。当生产方的

---

① 对国际销售合同而言，CISG第38、39（1）条规定了类似的规则。
② 对国际销售合同而言，CISG第44条规定了类似的规则。

瑕疵履行具体化,并且各方必须寻求合作性的解决方案来解决问题时,那么订购方的合作义务(如果适用)变得更加重要。根据所适用的准据法,不合作可能会阻止订购方寻求终止合同或其他原本可用的救济措施。未能提供指示或提供了导致产品不符的指示可能减少订购方能够获得的赔偿数额。① 正如本章其他部分所述(参见上文第41—43段),一些(但非所有)法律制度要求受损的订购方承担减轻生产方违约后果的义务。当减损义务不被法律认可时,受害方的某种形式的合作可以基于合同法的一般原则,如合作义务或诚实信用义务。若得到法律认可,减损义务可能导致订购方采取纠正性措施,或在由生产方承担费用的情况下由第三方采取纠正性措施。

减损通常旨在解决与违反与过程有关的义务的问题,这些对于过程义务的违反可能会在生产过程结束时破坏产品相符性。订购方可能被要求直接干预或在第三方的帮助下进行干预,以解决安全或质量管理项目中的不足,以至于最终产品的认证不会受到威胁(参见第三章第60—61段)。订购方也可以就生产方或与合同挂钩的第三方提供的有瑕疵的生产资料进行干预(参见第三章第71—72段)。在大多数情况下,订购方将通过做出合理的努力来减轻违约的影响,进而履行其职责。但是,安全问题、第三方以及遵守公共规定的需要,可能要求订购方就减轻由于违约而产生或未被阻止的安全危害做出更大承诺。建议各方在合同中明确订购方合作的内容和范围,以及第三方在合作中所起的作用。

当不符产品交付时,减损义务的内容可能取决于不符的性质。

---

① 对国际商事合同而言,UPICC 第7.4.7条规定了类似的规则。

当不符与安全有关时，订购方可能需要采取合理措施减少或消除与不符有关的危害，订购方也可能会被要求在确定不符的原因过程中进行合作。但如果无法补救不符产品，则减损义务可能需要就替换产品或替代交易进行合作。对不符货物的接收可以建立在补贴减损费用（例如从最终价格中扣除）的条件之上。

111 减损还可能涉及质量问题。在这种情况下，对于不符合质量要求但仍可销售的产品，减损可能需要使用二级或三级市场。关于减损的合理性标准可以考虑生产方的违约是否部分是由订购方交付的不符生产资料导致的。与安全相关的违约和与质量有关的违约之间的差异也可以由缔约方在合同中约定。

三、生产方因订购方违约的救济措施

112 就像订购方的救济措施一样，生产方对订购方违约的救济措施有两个主要目的：作为纠正或调整订购方违约行为所造成影响的手段，以便实现合同计划（合作性救济措施）；作为赔偿受害方或消除违约行为所产生影响的手段（补偿性救济措施）。"合作性"救济措施的作用与违反非金钱义务，以及在任何情况下违反高度相互依存的义务（包括金钱义务）特别相关。作为确保遵守规定的手段，合作性救济措施尤为重要。另外，那些在质量和安全管理项目中有较多特定投资的长期合同，需要缔约方大力合作，尤其是发生需要共同解决问题的不合规情况时。

（一）要求履行的权利

1. 价款支付延迟

113 就可行性以及执行非金钱救济的费用而言，要求支付价款的权利（参见第三章第 144—163 段）并不受制于特定履行非货币义务的限制。① 一份要求支付的正式请求通常会足以使生产方要求支付价款的权利得到执行。根据所适用的准据法，正式的请求可以通过私人方式，通过法院、仲裁程序或其他替代性争议解决机制提出。如果诉求仍然没有得到满足，取决于相应的情势和准据法，生产方可以选择执行判决或裁决，并可以尝试扣押订购方的货物。

一个备选（或补充）的选项是诉诸保证机制。法律可能在订购方保留农产品（如牲畜）产权的合同中进一步保护这项权利。法律可以赋予生产方对订购方拥有的货物（牛奶、农作物、牲畜等）享有优先留置权（first priority lien），或者若订购方已经出售货物，则赋予生产方对订购方销售给第三方所获得的收入拥有优先留置权。银行出于订购方的利益而发放对生产方有利的信用证是保护生产方要求付款的权利的另一种手段。但是，银行担保可能非常昂贵，故在这种情况下并不常见。 114

2. 未按约定提供（相符的）生产资料

当订购方承担交付生产资料的义务时（参见第三章第 63—72 段），违约可能涉及未交付或交付不符的生产资料。根据订购方违约提供生产资料的时间及其被检测到的时间，应该区分三种情况。 115

第一种情况涉及在生产资料交付时即检测到不符状况。生产方可能会处在检查生产资料并及时将不符状况通知订购方的最佳位置（通常合同也会要求这一点）。如果违约包括交货不完整、交货延迟或交货不足，这对生产过程会产生影响，生产方可能有责任及时通知订购方。这一通知也可能会伴随着要求订购方就以减轻违约后果 116

---

① 对国际商事合同而言，UPICC 第 7.2.1 条和第 7.2.2 条规定了类似的规则。

为目的应采取的措施提供指导。根据在市场上获得同等生产资料的实际可能性，生产方可以坚持要求订购方特定履行或更换生产资料，也可选择与第三方进行替代交易。有些合同明确要求生产方在这种情况下采取这类替代交易措施。

117　　第二种情况涉及在交付生产资料后、产出交付前生产方才发现生产资料的不符。例如，种子的不适合、有害肥料和不安全饲料，只有在交付后的生产过程中才会变得明显。在这种情况下，及时通知订购方，请求其指导并最终采取适当的行动，可以纠正受瑕疵生产资料影响的生产过程。在关于牲畜的农业生产合同中，在动物交付给生产方后，订购方通常在合同期限内保留所有权。如果是这样，根据所适用的准据法和具体情势，生产方或作为监护人（custodian）或看管人（caretaker）占有这些牲畜，或者被视为"忠实的保管人"（faithful depository）而负责照料动物。出于这一原因，有一些牲畜合同要求生产方在"如果出现了偏离可接受的标准"的情况下应立即通知订购方。此外，如果牲畜的死亡率超过合同规定的比例，生产方通常会立即召集订购方，并在约定的延迟期限内（如24小时之内，以便订购方及时检查）将尸体送交检查。在超过死亡率限制的情况下，死亡动物的价值可以从生产方的下一次付款中扣除。

118　　第三种情况是，就提供生产资料的订购方违约的情况可能只在生产过程完成之后才出现，而且此时生产方已经交付最终产品并由订购方或其代理人检查其相符性。在如此迟的阶段纠正不符合要求的生产资料可能会更困难。因为生产资料的不符可能会转化为产品不符，故而主要问题在于，在生产方可对订购方违约而采取的救济措施与订购方可对生产方违约而采取的救济措施之间进行协调。无论达到何种平衡,在选择救济措施时维护投资和长期关系是很重要的。

在法律规定的各种救济措施中,在提供生产资料和提供产出之间存在很强的相互依存性,而市场很薄弱时,生产方可能倾向于寻求实物补救(例如修理和更换)。但如果生产资料易于替代,而且不存在相互依存关系,那么生产方可能倾向于替代交易与损害赔偿相结合。 119

生产资料可以由第三方根据与订购方订立的关联合同提供(参见第三章第72段)。生产资料提供者根据与订购方(受允诺人)的协议将生产资料交付给生产方(预期受益人)。第三方可以是私营企业、非政府组织或包括政府在内的公共机构。订购方然后可以向生产方转售生产资料,或者生产方可以作为订购方和第三方之间合同的"第三方受益人"。生产方有资格成为"第三方受益人"的条件以及生产方可能以这种身份拥有的权利和救济将取决于所适用的准据法,并可能包括直接请求生产资料提供者进行履行的权利。 120

无论生产方作为"第三方受益人"拥有什么样的权利,订购方都可监督生产资料提供者的履行情况,对其提供指示,并使用合同救济措施来防止或处理有关提供生产资料的违约。针对生产资料提供者的救济措施包括特定履行、修补与更换或纠正性措施。订购方对这些救济措施的使用可能会有助于生产方的履行,如果订购方在必要时未能使用这些救济措施,根据相关准据法,该情况则会免除生产方的违约责任。一个悬而未决的问题是,除了订购方之外,生产方是否可能因为供应生产资料的第三方违约而向其索取补偿。 121

若订购方、生产商和生产资料提供者已经签署了多方合同,情况就不一样了。在这种情况下,根据相关准据法,通常订购方和生 122

产方都可以向生产资料提供者请求特定履行。

3. 未按约定接收相符货物

123　　在商品面临迅速变质（例如高度易腐作物）、高度的污染风险（例如特定牲畜）或储存成本（如林业）的情况下，收货义务的特定履行尤其重要（参见第三章第 135 段）。

124　　如果未能收货构成订购方的违约，而非针对生产方违约的救济措施（例如在货物不符的情况下），生产方通常有权要求订购方接收货物，除非收货不再可能或会产生不合理的负担。① 例如，生产方可以在公共机构在场的情况下，将货物存放在独立第三方的仓库，并由订购方承担费用，以此来实现该权利。

125　　当保存成本很高或货物可能迅速变质时，相关适用的法律可能要求生产方采取合理的措施销售货物，保留（部分）收益以支付保存和出售货物所产生的费用。② 有些法律规定生产方有权保留等同于未付价格和损失的金额。生产方在适当情况下转售货物的能力可能影响损害赔偿的计算（参见下文关于减轻损害义务的部分，第 147—150 段）。

（二）暂停履行

126　　生产方也可以设法通过暂停履行本方义务来促使订购方的自发履行。暂停履行是否有效促使订购方遵守约定取决于具体情势和暂停履行的类型。根据生产方的履行在组织生产活动中扮演的角色（例如对生产进行投资），生产方的暂停履行对订购方而言很可能是有效的威慑（以促使其履行义务）。在订购方未能提供相符生产资

---

　　① 对国际商事合同而言，UPICC 第 7.2.2 条规定了类似的规则；对国际销售合同而言，CISG 第 62 条规定了类似的规则。
　　② 对国际销售合同而言，CISG 第 88（2）条规定了类似的规则。

料的情况下，例如生产方暂停生产的影响将远高于暂停支付生产资料费用的影响，因为生产资料供给和加工之间的相互依赖性远大于生产资料供给和支付生产资料价格。

127 然而实际上，暂停履行的影响可能是有限的。生产方可能没有经济能力来使用这种救济措施，或者可能因为暂停履行和暂停投资与其生产计划不一致而无法采取此种措施。缔约方也可能同意限制生产方在订购方违约情况下暂停履行的权利。在这种情况下，根据合同和准据法，生产方的暂停生产权可能受到限制，特别需要考虑以下情况：① 不符的生产资料是否会导致不符的产出；② 生产是否强烈依赖来自于订购方的特定生产资料类型；③ 生产方是否无法合理获得替代生产资料或采取其他合理措施减少不符后果。无论如何，（生产方与订购方之间的）合作需要与订购方分享信息，以鼓励各方在最好的时机采取纠正性措施。

128 一旦生产完成，考虑到延迟交付在产品变质和保存成本方面的后果，生产方暂停交货可能是一个有效的措施。而且，如果订购方的主要履行的到期时间（价款支付）在生产方之后，有关预期违约的法律原则（如果准据法承认的话）将把暂停履行的使用限于（预计）根本违约的情况。①

129 为生产融资或联合融资而提前支付合同款项是一种特殊情形（参见第三章第87—91段）。如果生产方没有其他资金来源，或者生产方获得替代融资的代价不合理地高昂，则暂停履行可能是对订购方延迟进行生产融资的有效救济措施。合同可以允许生产方在严格依赖预期融资而不妨碍（尽可能地）完成生产计划（例如，生

---

① 对国际商事合同而言，UPICC 第 7.3.4 条规定了类似的规则；对国际销售合同而言，CISG 第 71 条规定了类似的规则。

产方可以在保持正常生产活动的情况下不再进行计划的特定投资活动）的情况下暂停履行。

（三）终止合同

130　　当法律将终止合同限于根本违约的情况时（参见上文第24段），当事方可以约定能够使用这种严重救济措施的违约类型。在农业生产合同中，约定何种违约将允许终止合同通常取决于：① 为完成生产计划以及在完成时可能需要的认证而遵守特定标准（对整个合同）起到的作用（例如这可能涉及订购方提供的生产资料所适用的标准）；② 违约的预期后果及纠正或减少违约状态的可能性（例如，若订购方未能提供融资，获得替代融资的可能性）；③ 订购方在多大程度上违背了所要求的行为（例如延迟付款的程度或订购方生产资料不符合要求的程度）。

131　　在某些情况下，生产方因订购方违约而终止合同的权利是通过一个全面的终止条款来处理的，该条款涵盖了合同下各方的违约行为。在其他农业生产合同中，订购方违约的终止条款与生产方违约的终止条款有区别。终止合同的相关性主要取决于能够救济的违约类型。以下部分将阐述生产方终止合同与订购方的各种义务和违约行为的关联。

1. 未按约定付款

132　　在法律规定终止合同需要以根本违约为条件时，不付款是否构成根本违约主要取决于付款到期的时间和延误时间的长短。

133　　从生产方的角度来看，具体时间点也可能影响终止合同的功能以及其吸引力。如果在生产前或生产过程中即应支付全部款项（参见第三章第159—163段），而且在生产方完成投资之前订购方根本违约，那么终止合同可以允许生产方在其难以重新安排替代交易或难以最小化沉没成本的情况下避免进行投资。但如果付款义务应在生产之后交付之前履行，且当产品可以用于市场上的替代交易时订购方根本违约，终止合同将允许生产方寻求替代选项，但是它不会妨碍投资。最后，如果付款义务应在交货后履行（这是通常情况），生产方一般没有兴趣寻求解约，其也没有可解除的待履行义务。相反，生产方可能更愿意在合同终止之前或终止时要求订购方支付价款、利息和其他可能的损害赔偿（参见下文第135—140段）。

预期违约则会造成略微不同的情况。即使在生产过程中不需要进行付款，具体的情势也可能表明订购方不太可能会支付价款（或大部分价款），要么是因为已经公示了预期违约，要么就是例如在没有为未来付款义务提供足够的保证下即已破产。① 如果没有在合理的时间内提供保证，在同时考虑货物状态的情况下（货物是否易腐），生产方可能会寻求解除合同以解除其合同义务，并且要么中止生产过程，要么以其他方式修改生产过程或继续生产过程，并将货物在市场上销售。

134

在分期合同中，以及在更一般情况下涵盖多熟、多季，或具有生命周期的农业产品（包括牲畜）的长期合同中，准据法可规定：只有在相对方单一批次的违约行为使己方合理确信相对方会就未来批次发生根本违约时，才能终止合同。② 例如，如果订购方遭受重大财务困境，最终走向破产，则可能会发生此种情况。终止合同的特殊性质与合同的性质以及双方设想的合作紧密程度是一致的，而扩大终止合同的适用范围可能会引起投机行为（例如拒绝履行义务

135

---

① 对国际商事合同而言，UPICC 第 7.3.4 条规定了类似的规则；对国际销售合同而言，CISG 第 71 条规定了类似的规则。
② 对国际销售合同而言，CISG 第 73（2）条规定了类似的规则。

的订购方可能会试图把所有的投资和生产资料成本转移至生产方)。

136　　若从事生产以预付款项为先决条件（例如由于订购方要求进行由订购方资助的特定投资)（见第三章第87—91段），拖延付款可能严重妨碍生产方执行合同，使整个交易处于风险之中。如果生产方有替代的融资来源，准据法可能会创制一个生产方使用这些来源的义务，同时允许生产方就所产生的成本提起附带损害赔偿的请求。如果没有替代资金来源，且双方想保持这种关系，生产方可能希望就原始协议进行重新谈判，这可能是一个相较于终止合同而言更好的解决办法。例如，如果融资不足阻碍就某项新的可持续发展认证而进行的投资，那么生产方可以被允许将其生产转换为非认证生产，并对所发生的损失获得补偿，符合其合法利益（legitimate interest）。当所有合作措施失败时，终止合同可能是最后的救济措施。

2. 未按约定提供（相符的）生产资料

137　　在未能提供符合要求的生产资料的情况下，终止合同是相对罕见的。在大多数情况下，双方在维持合同方面的共同利益将使纠正性救济优先于终止合同，而通常是在提供相符生产资料变得不可能时才会采取终止合同。

3. 未按约定接收相符货物

138　　如果订购方未按约定收货，终止合同可能发挥重要作用，因为它会免除生产方的交付义务（参见第三章第124—143段），从而允许其在市场上转售货物。当法律以根本违约作为终止合同的条件时，必须有明确拒绝履行的行为（相当于故意违约），或者在考虑到货物快速变质风险和保存成本时发生严重的收货迟延（参见上文第23—27段）。考虑到二级市场的存在以及在适当时间进入这些市场的可能性，生产方很可能会评估终止合同的时机。

就长期合同而言，如果根本无法收货的情况影响到单一批次（一次收割或一批动物）或在某一多季合同中交付某一季产品，准据法可能会将终止合同这一救济措施限于某些情形，即该批次的违约行为使己方合理确信相对方会就未来履行发生根本违约。① 或者部分终止合同可能是可行的，这仅影响相应批次的履行和付款义务。

4. 未按约定购买所有产品（或其中一部分）

生产方因订购方未按约定购买货物（全部或某个固定百分比的产品）而终止合同的法益（参见第三章第24—41段），取决于生产方在市场上进行替代交易的机会，以及其在终止合同后是否能够保持其在同一供应链中的地位。事实上，除非准据法和司法制度支持同等程度的有效保护（通过执行收货和支付价款的义务），否则生产方的目标就是通过替代交易销售未被采购的产品来减轻违约的不良后果，（在允许的情况下）生产方可能还要求赔偿与利润损失相关的间接损害赔偿。这种偏好可能会因订购方有能力进行报复并阻止生产方进入供应链并缔结其他合同而被抗衡。在个别交易中寻求一笔更好买卖的动机必须与在全球供应链中保持稳定地位的动机相平衡。

在长期合同中，如果某次收获或某一生产季结束时发生违约行为，可能会出现特殊情况。在这种情况下，生产方终止合同可能会造成严重的后果，因为这一行为剥夺了其在后续年份和生产季供应产品的可能性。在这里，暂停履行（参见上文第125—128段）和

139

140

141

---

① 对国际销售合同而言，CISG 第 73 条规定了类似的规则。

部分终止可能是更为适当的救济措施。然而，生产方如果不能合理地预期订购方未来会进行采购，而且生产方在市场上有替代（或更好的）机会，则生产方可能更倾向于终止整个合同。

（四）损害赔偿

142　　虽然任何类型的违约义务都可能允许一方在不履行无法免责时向另一方提起损害赔偿的请求，但订购方违约的成立条件和法律后果可能不同。以下部分将考察这一问题，同时考虑如何将终止合同、恢复原状和损害赔偿相结合。

1. 延迟支付价款

143　　（订购方）未能支付价款（参见第三章第159—163段）的情形允许生产方提出损害赔偿的请求。逾期付款可以代表一种违约，并构成不公平的商业行为，并遭受相应处罚。大多数法律制度规定应计利息（accrual of interest）作为一种货币支付延迟的衡量标准，通常各方可以明确利率和其他可能的制裁措施。但实践中农业生产合同很少或从不包含这些条款。漫长的付款截止日以及缺乏对延迟付款的惩罚可能被视为滥用或不公平的行为，这些行为加剧了生产方对订购方的依赖。一些法律制度已经就农业生产合同中的最长延迟期、举证责任和制裁措施进行了强制性规定（比如对利率计算采取更加惩罚性的做法）。行为守则和最佳实践指南中存在类似的规则，以防止过度延迟。这些规则是为了保护议价能力较弱的一方。

2. 未按约定提供（相符的）生产资料

144　　当订购方未按约定提供符合要求的生产资料时（参见第三章第63—94段），生产方可以要求赔偿损失。在稳定和长期的合作关系中，损害赔偿并不起主要作用。各方的目的是解决问题，而不是要求赔偿。除非生产方在市场上寻求生产资料，并要求订购方支付约定价格和替代交易中价格之间的差额，否则生产方很少将损害赔偿作为要求履行提供生产资料义务的替代方式。通常情况下，损害赔偿将与其他救济措施相结合，包括纠正性措施、修理与更换。这些措施的目标是把生产方置于在交付相符生产资料时所本应处的位置。根据相应的准据法，如果违约属于根本违约（例如，缺乏订购方所承诺的生产资料实质妨碍了生产方履行义务），生产方可以终止合同并要求赔偿。此时将适用终止合同与损害赔偿相结合的一般规则（参见上文第94—96段）。

3. 未按约定接收相符货物

订购方未按约定收货（参见第三章第135—143段）包括几种情形，这些情形在履约要求与终止合同之间的选择以及所造成的损害方面有所不同。特别是延迟收货和在错误的地方收货通常可以与保留合同并存。在这些情况下，如果需要允许延迟交货或在正确的地方交付，生产方将能够要求订购方赔偿所有与货物储存、保管以及运输相关的费用，以及与这些措施相关的任何其他费用（例如额外的保险费用）。延迟支付价款以及延期收货可以通过支付利息（如果这种方式可用）同时得到补偿（参见上文第40段）。

145

除了上述损失之外，生产方的损害赔偿还可能包括由于违约而偶然或间接造成的进一步损失，特别是因保存货物以及转售货物而产生的任何费用。除了利润损失之外，生产方可能有权要求赔偿其他损失（例如由于延期付款而产生的损失，因为它只在替代销售后才会发生）。根据准据法和合同的安排，这些损失可能代表了间接损害的合理估值。当生产方要求订购方特定履行其收货责任时，可追偿的损害赔偿可能包括最终交货前为保存货物而产生的所有费用。但是，如果付款并没有与收货的请求一并受到影响，那么在请

146

求支付价格和应计利息时，可能需要一个特定的请求权（cause of action）。如果订购方未能接收货物并错误地拒绝履行（repudiate）长期合同，且当特定投资在以后的交易中不可重复使用时，则生产方可能更愿意收回特定投资所产生的成本（例如设备和重组设施的费用等）。

147   此外，如果订购方根据未经证实的或欺诈性的货物不符的主张而拒绝收货（参见第三章第 142 段），则订购方应承担故意违约的后果。根据准据法，这些通常包括对不可预见损害的赔偿责任，以及在根本违约情况下的合同终止（相对于要求特定履行收货义务，生产方更偏向于终止合同）。第三方（例如认证者）可能会促成欺诈行为，则其应当根据合同法或侵权法对损害赔偿承担责任。例如，如果第三方由订购方聘请，则由于第三方认证者的错误，也可能会出现无意的不当拒绝收货（参见第三章第 143 段）。当认证合同由生产方直接签署时（这种情况经常发生），确定谁应该承担认证者错误的后果更为重要，尤其是在认证者是订购方要求或推荐的情况下。

4. 约定违约金与罚金条款

148   在农业生产合同中，约定违约金条款可以在救济订购方的违约行为时起作用。小农可能会因订购方拖延付款而受到严重的损失，这种情况下订购方可能会不当利用生产方对其的依赖。这就是一些国内法对订购方不合理地拖延付款施加罚款或其他惩罚性措施的原因。

（五）生产方的行为与救济请求

149   在一些法律制度中，若订购方并非故意违约，生产方的合作义务可能有助于保持双方的合作与投资关系。如果得到法律认可，这种合作义务可能会影响违约的实质化、违约的规模以及后果。例如，如果订购方有责任选择和提供生产资料（参见第三章第63—94段），则其可以要求生产方（通过合同或准据法）向订购方提供关于选择和遴选生产资料的任何相关信息（例如，订购方即将交付新牲畜的同一处所内的先前牲畜的疾病）。根据所适用的准据法，生产方不这样做可能会减少或排除订购方的责任。

再者，根据相应的准据法，当订购方违反义务时，生产方可能 150
会有相应的减损义务。当订购方未能提供生产资料、提供不符的生产资料、未能接收货物或错误地拒绝收货时，减损义务尤其重要。法律制度可能不承认这一减损义务，但是通常承认受害方有义务以最小化违约所带来不利后果的方式进行行动。①

当订购方违反提供生产资料的义务时，减损义务可能要求生产 151
方进行替代交易，并在市场上寻求生产资料。当订购方交付不符合约定的生产资料时，生产方可能会被要求采取纠正性措施来解决不符问题，例如使生产过程适应不符合约定的生产资料。一般来说，当订购方不接收最终产品时，生产方应该销售易腐货物。不同法律制度对转售资格有着不同的规定。在一些法律制度中，生产方可以但没有义务转售。在其他法律制度中，转售对减损而言十分必要，但仅在商业上合理的情况下才应实施。生产方的替代交易因此可以影响损害赔偿数额的计算，或者可以被认定为减轻损失的措施。

有些情况下，生产方应在不要求支付价款的情况下进行替代交 152
易。当然，如果等待会危及交付能力（例如交付易腐货物），那么就适用这一情形。② 在这种情况下，坚持要求支付价款可能是不合

---

① 对国际商事合同而言，UPICC 第7.4.8 条规定了类似的规则；对国际销售合同而言，CISG 第77 条规定了类似的规则。
② 对国际销售合同而言，CISG 第88 条规定了类似的规则。

适的，并且如果这一情况本可以避免，那么生产方可能无法获赔所有的保存费用。① 生产方可能有义务采取一切合理的措施出售货物，并向订购方通报这些举措。② 根据具体情况，特别是市场结构（例如需求非常集中）、生产方的规模和商业能力，这些合理举措可能不能确保替代销售一定发生，或者只能允许一种低利润的销售。生产方可能需要援助才能找到进入替代销售市场的渠道，有些多方合同约定了与专门机构进行这种合作。为了评估替代交易的真实可能性，还应该考虑合同中包含的可能的禁令，禁令可能要求货物即使被订购方拒收或搁置，生产方也必须销毁货物。当生产过程涉及使用订购方持有的特殊质量生产资料或知识产权时（参见第三章第95—104段），这种做法更为常见。相反，如果为了减轻不可逆转的损失，农产品（农作物或牲畜）由订购方拥有这一事实本身并不妨碍生产方采取"自助"的销售措施。每当生产方必须采取合理措施销售产品时，根据具体情况，生产方可能会被促使撤销要求支付的请求并终止合同。如上所述，这一选择将影响损害赔偿的评估。

153 进行替代销售的可能性，（如果生产方可以采取这种方式的话）可能在其他情况下会影响救济措施的选择和损害赔偿的评估，这些情况包括保存成本并非不合理或货物不会迅速变质。在这些情况下，如果订购方的违约行为属于根本违约（例如由于不合理的延迟收货和付款），生产方可以选择终止合同，并尝试在二级市场上出售产品。本《指南》建议，各方在合同中定义在订购方违约情况下什么构成合理的减损措施。

---

① 对国际商事合同而言，UPICC 第 7.4.8 条规定了类似的规则；对国际销售合同而言，CISG 第 77 条规定了类似的规则。

② 对国际销售合同而言，CISG 第 88 条规定了类似的规则。

第六章
合同期限、续约以及终止

合同期限、续约以及终止问题在农业生产合同中非常重要,因为这些合同本质上意味着至少对一方当事方进行持续或定期的履行行为。因此,当事方从一开始就知道合同关系何时开始和结束是至关重要的。同样重要的是,合同关系能否以及(如果可以的话)如何在到期日之前终止或者在合同结束时续约。 1

建议缔约方在协议中明确如何处理这些问题。实际上,国内立法在处理合同期限、续约和终止方面,通常只限于一些基本规则,例如设定最短或最长期限,或者在终止的情况下需要书面通知。进一步的细节还有待双方在每一个具体情况中达成一致。 2

在确定合同期限并就合同终止和可能的续约进行约定时,各方应当意识到这些问题在很大程度上是相互关联的。例如,合同期限越短,合同中明确约定在到期日可能续约的需求越大。相反,持续时间越长,给予任何一方提前终止合同的权利的需求越大。 3

一、合同期限

明确约定合同期限是农业生产合同中的惯例,甚至可能由法律来规定。在确定合同期限时,各方必须考虑所涉及的货物的生产周期以及其融资义务。后者在生产方为履行其义务而需要进行的长期 4

投资时尤其相关，例如购置特定设备或建造新设施。为了在经济上可行，这种投资要求生产方和订购方之间的合同关系足够持久（参见第二章第112段和第三章第76段）。

5 　　合同期限条款可以通过多种方式起草，例如从一个设定的日期开始确定若干个自然日、月或年，或者是设定日期和某一事件之间的确切时间段，也可以是两个指定事件之间的确切时间段。当事方也可以根据缔约方的履约情况确定合同期限。

（一）短期合同与长期合同

6 　　一般来说，农业生产合同的期限可能很短，通常表述为月份的数量或指向一个作物季节，也可以被约定为一个长期合同，要么指定较长的几年，要么直接不约定结束期。

7 　　选择某一期限类型主要取决于所涉及的农产品的性质，以及当事方是否愿意在短期或更长时间内受合同约束。蔬菜和大田作物（field crops）等短期作物的合同通常是按年度或季节缔结，而茶、咖啡、甘蔗和可可等作物可能需要更长期限的合同。牲畜生产和销售合同通常约定为更长期限。更普遍的是，如果双方有兴趣建立稳固而持久的关系，尤其考虑到生产方进行长期投资的必要性，他们更愿意选择较长的合同期限。

8 　　长期的农业生产合同本身就会在双方之间产生以信任和信赖为基础的关系，以及产生能够使各方适当履行其义务的持续合作责任。这都极大地影响了相关权利和救济，例如生产方单方面终止合同的权利（参见下文第32—35段）、在失去信任时任何一方可能终止合同的权利（参见下文第36—37段）以及在情势变化时采取的特别救济措施（参见第四章第32—33段）。

（二）法律规定的最长与最短期限

9 　　在一些法律制度中，农业生产合同需要满足最短期限的规定，这往往与生产周期有关。最长合同期限也可能有限制。因此，国内法律可以规定，能够缔结不超过一定年限的定期合同，而更长的期限将自动被缩短到准据法规定的期限。在谈判农业生产合同时，各方因此必须确定准据法是否对期限有所规定。

如果在租赁土地上进行生产，必须另外再考虑农业生产合同本身与土地租赁合同之间的关系（参见第三章第74段）。国内法律有时会明确处理这个问题，例如规定生产合同约定期限不能比土地租赁合同期限长，或者如果当事方没有约定土地租赁合同的确切期限，那么推定它的期限为某一固定年数。

10

二、合同续约

定期协议到期后，当事方可能有兴趣进行续约。本《指南》建议当事方——有时当事方甚至可能被法律要求——在合同中明确约定是否可以以及（如果可以的话）如何续约。续约条款可以约定三种不同的续约形式：① 通过明确的协议续约；② 默认或自动续约；③ 由一方选择续约。

11

（一）通过明确协议续约

缔约方可以规定，只能通过明确的书面协议续约合同。该项协议条款可以进行如下安排，即允许约定一个特定的期限，双方可于该期限结束前同意续约合同。* 但是，如果当事双方在存在这样条款的情况下，仅以口头或单纯行为的方式续约，那么在某些法域，由

12

---

* 在这种情况下，若双方未在该期限结束前同意续约合同，那么该协议到期时，合同将会终止。——译者注

于存在禁止反言的一般原则，可能会阻止当事方后续援引该条款。①

13   尽管合同通常在与"旧"合同相同的条款下延续，但当事方有时可以约定在原合同到期日之前的一段时间内进行谈判，以期延长合同并修改一些条款，以考虑到在"旧"合同缔结后可能发生的相关变化（例如有关价格的变化）。合同中可以明确提到双方在谈判过程中以诚实信用方式行事，以期订立新的书面协议，但如果双方未能达成新的协议，现有的协议将会到期。合同可以约定双方没有续约义务，但如果双方对现行合同的履行感到满意，可以在合同到期前一定时间通知对方。

（二）默认或自动续约

14   农业生产合同也可以默认或自动续约。即使在没有任何旨在达到该效果的合同条款的情况下，也可能偶尔会发生这种情况，例如当双方在合同到期之后继续按照犹如合同仍然存在的情况做出行为时。然而在大多数情况下，合同明确约定，如果当事双方在规定的期限内没有表示明确反对，合同将默认或自动续约。

15   在短期合同中，当事方经常约定，除非一方在到期日前一段时间内以书面形式通知终止合同，合同将自动延续相同或不同期限。可以限制自动续约的次数。

16   即使最初缔结的仅仅是短期合同，按照同样短期的时间段定期续约，事实上也会形成一个持续多年的长期关系。这种做法在受季节或周期性因素影响（如生长周期、收获和生产过程）的农业生产合同中特别常见。在这种情况下，即使经过一系列的年度或定期的续约，也可能会发生订购方仅在提前很短的时间内通过发出通知的

---

① 对国际商事合同而言，UPICC 第 1.8 条规定了类似的规则。

方式而单方终止合同的情况。订购方的行为基础是重新签订的合同，如原始合同一样，也是可以基于临时通知而终止的短期合同。然而，多年来"旧"合同的续签可能使生产方合理地相信与订购方的合同关系事实上已成为长期关系。因此，在一些法域，根据诚实信用和禁止反言的一般原则①，订购方可能无法通过临时通知来终止合同，并有义务在续约日期之前的合理时间内发出终止合同的通知。

在确定通知期的合理性时，法院可以考虑关系的实际持续时间，涉及的农业生产的特殊性质，特别是作物的生物周期和生产周期（biological and production cycle），以及生产方已经进行的任何实质投资。 17

为避免这方面的不确定性，国内法有时限制了农业生产合同默认续约的可能性。例如，除非当事方通过书面协议另行规定，否则他们可以允许续约的最长期限为一年，或者完全禁止默认续约，并规定无论何时当双方继续履行合同时，合同将被默认为无固定期限的永久合同。 18

（三）一方选择续约

在例外情况下，合同可以约定只有一方（大多数情况下为订购方，通常是更强势的一方）有权延长合同期限，而且当订购方决定这样做时，生产方必须接受续约，除非其支付补偿金。当订购方向生产方提供预付款或生产资料时，有时会包括这些条款；此时双方可能会纳入这样一个合同条款，即给予订购方续约权，直到订购方收回预付款为止。但是，这样的单方面续约条款在一些法律体系中 19

---

① 对国际商事合同而言，UPICC 第 1.7（1）条和第 1.8 条规定了类似的规则。

可能被认为是不可执行的,理由是这些条款在没有正当理由的情况下,给予订购方相对于另一方的过度优势。① 为了履行合同下义务而需要进行重大资本投资的生产方可能希望自己获得类似的权利(参见下文第35段)。

三、合同终止

(一) 范围

20　　可用于合同实践的术语"终止"(termination)或其他等同的术语涵盖了各种情况,从合同在到期日或在当事方履行完其所有义务时自动终止,到当事方通过行使由协议或法律规定的权利来终止合同。就本章而言,"终止"一词应从广义上加以理解,以便涵盖几乎所有结束合同的情况,无论是自动终止还是由任何一方主动提出,但不包括因违约、不可抗力和情势变更而导致的终止,第四章"不履约的抗辩理由"和第五章"违约救济措施"分别具体阐述了这些情况。

(二) 终止条款

21　　某些国家在其国内立法中建议当事方在其合同中包括所谓的"终止条款"(termination clauses),即那些明确何时以及如何自动或由各方主动终止合同的规定。事实上,如果当事方对合同终止的可能情况规定得越精确,他们的关系就越稳定和可预测。

(三) 终止的通知要求

22　　当合同无限期,或在允许合同到期之前终止合同时,意图终止

---

① 对国际商事合同而言,UPICC 第 3.2.7 (1) 条规定了类似的规则。

合同的一方经常需要向另一方通知其意思。为使终止通知生效，其必须满足一定的形式要求。

通知一般需要以书面形式提出，有时甚至须以挂号信（registered letter）或司法令状（judicial writ）的形式提出。就时间而言，通常需要事先通知，但需要提前多久则取决于案件的具体情况。可能的解决方案包括那些考虑到生产和销售周期或投资数额的相当灵活的时间限制，也包括将时间限制精确到具体天数。一般而言，公平地说，合同期限越长，需要预先通知的时间越长，反之亦然。在任何情况下，最好约定准确的时间限制。

不遵守约定的形式或时间要求的后果也取决于案件的情况。因此，如果通知的接收方并没有以"通知未按照合同规定的方式发出"或"通知未在合同约定的时间内发出"为由提出异议，则接收方的沉默可能被解释为默认同意违背相应的合同条款。即使接收方拒绝接收不当通知，终止方也可以按照规定的格式送达一份新的通知，或者接受合同的终止将被推迟到约定的通知期结束时。

（四）终止的原因

农业生产合同的终止可能以各种理由和各种形式出现。除了因违约行为而终止（第五章对其有详细解释），最重要的理由包括：① 在确定的期限到期或合同义务被履行时自动终止；② 双方同意终止；③ 其中一方根据特别终止条款终止。

1. 自动终止

定期合同通常在约定的到期日或者在法定的最长期限后自动终止，而无须事先通知。但是，当事人也可以约定履行完合同义务后合同自动终止。

2. 合意终止

27 双方就解除互相负担的义务而达成协议是另一种终止合同关系的方式。尽管国内立法可能出于完整性的考虑而明确规定了这种可能性，但在合同实践中看到这种条款的情况相当罕见，因为各方理所当然认为，即使他们的合同并未就此做出具体的约定，也可以通过协议终止其合同关系。

3. 一方按照特别终止条款终止

28 大多数农业生产合同都载有允许当事方单方面终止合同的规定。当双方都有权这样做的时候，将其称之为双边终止合同条款，而当缔约方约定仅有一方可以终止合同的时候，将其称之为单边终止合同条款。

(1) 规定任何一方均可终止合同的条款

29 一项普遍公认的原则是，合同不会永久地约束当事方，如果未能约定其期限，只要一方提前合理时间进行通知，其就可以选择退出。① 达到这种效果的条款在无限期的农业生产合同中是非常正常的，但它也可以在长期的定期合同中被找到。在这两种情况下，普遍的做法是双方明确约定必须提前通知的确切时间。

30 虽然当事方通常可随时自由终止合同，但有时条款规定只有在合同订立一段时间之后才能终止合同。确定这段时间时将考虑一方或双方所做出的投资。

31 在大多数情况下，当事方有权解除合同而不作任何解释，但有时终止合同的一方可能被要求说明这样做的理由。在给出终止理由时，终止方可能必须遵守通知在形式和时间上的要求。

---

① 对国际商事合同而言，UPICC 第 5.1.8 条规定了类似的规则。

(2) 规定仅一方可终止合同的条款

农业生产合同可约定只有一方（通常是订购方）有权单方面终止合同。这种单方面的终止条款通常可在无限期合同中找到，但是特殊情况下相对较短期限的固定期限合同也可以包含这一条款，从而使得一方可以在合同到期之前单方面终止合同。

单方面解除合同的权利可能会受到一些限制。因此，订购方可能需要在终止前规定的时间事先通知生产方。而为了进一步保护生产方，有时只有在合同订立一段时间之后才允许终止合同。然而，在合同实践中，订购方往往有权在任何时候利用所谓的"任意终止"(termination at will) 条款以任何理由单方面终止合同，而无须事先通知。

只允许其中一方有权终止合同的条款可能在相关准据法下无法执行，理由是，相对于没有终止合同的权利的另外一方，这类条款给予该方一种不公平的优势。① 事实上若允许在任何时候都可以终止合同，订购方可能会在合同订立后不久立即结束合同，因此给生产方造成重大损失，而生产方可能不再能够承担因依赖更长期合同关系而做出的资本投资的成本。而且，若允许订购方因任何原因或无任何理由即终止合同，终止的权利可能被滥用为对生产方的单纯报复。

为避免或至少减少这种风险和可能的滥用，国内法可能为生产方提供特别的保护。特别是当生产方不得不根据合同进行相当数量的资本投资时，订购方可能被要求在合同终止生效日前留出足够的时间向生产方发出通知，表明其终止合同的意图。此外，订购方可

---

① 对国际商事合同而言，UPICC 第 3.2.7 (1) 条规定了类似的规则。

能有义务赔偿因提前终止合同而对生产方造成的任何损害。然而，由于这种保护性立法仍属例外情形，所以本《指南》建议各方在合同中明确约定对订购方提前终止合同进行一些限制，例如在合理的时间内提前发出通知表明终止合同意图的义务，以及至少部分补偿生产方由于提前终止合同而蒙受损失的义务。

（3）因丧失信任而终止合同

36 农业生产合同中，尤其在订立了较长期限的情况下，可能不仅要面临一方当事方违约或者使履约不可能或过于繁重的后发事件等常见风险，也要面临完全丧失当事方信任和信赖的风险，对于至少一方来说，这一风险会使关系的延续不再具备可持续性。在某些法域，各方会因为这个原因被赋予终止合同的权利。

37 缔约方可能希望在合同中对因失去信任和信心而终止合同关系的可能性进行约定。为达到此效果，他们可以在两种不同的方法中作出选择：他们可以用一种更宽泛的语言起草一般终止条款，例如"……在任何时间出于任何理由或不需要任何理由……"，继而将因失去信任而终止合同的权利一并包括进来，或者也可以对这种权利作出特别约定。这种语言可能会造成一定的不确定性，也可能带来一些投机行为。或者缔约方也可以在一个单独的条款中处理因信任丧失而终止的情况，这些条款要么以一般措辞起草，要么明确可导致合同终止的事件；这类被列举的事件可能包括在任何一方面临一项法庭命令（judicial order）或破产程序（bankruptcy proceedings）时。后一种做法不仅可以使各方更好地界定由于丧失信任而可以终止合同的意外事件，而且还规定可以如何行使这种权利（例如仅仅需要通知对方或者通过预先通知），终止何时生效（例如立即终止或仅在一段时间后终止），终止合同的一方或相对方是否有权获得赔偿。

(五) 终止的效果和后果

作为一项规则，一旦合同终止，当事方就被免除了履行义务并接受未来履行的义务，但已发生的权利或责任（例如对于不履行要求损害赔偿的权利）仍然存在。① 农业生产合同的缔约方可以在合同中就此明确做出约定。此外，终止合同不影响合同中解决纠纷的任何条款或任何即使在终止后仍在生效的其他条款。② 最后，当生产方提前终止合同并已经获得了订购方的融资时，合同终止后其仍有偿还融资的义务。

当事方可能希望在合同中明确即使在合同终止后也能存续并继续约束各方的条款。在农业生产合同的语境中，这种后合同义务可能涉及返还种子和植物以及在生产过程中必要的文件或技术设备的义务。有时所谓的保密或不披露条款，即使在与订购方的合同关系结束之后，也可能阻止生产方泄露有关技术或生产过程的信息。同样，所谓的竞业条款（non-compete clauses）可能会阻止生产方在合同关系结束之后的一段时间内，在针对订购方的竞争中进行活动。然而，在大多数法律制度下，如果这些竞业条款对地理区域、时间期限以及生产方所无法参与活动的性质有不合理的限制，则其可能会被法院驳回或限制使用。

---

① 对国际商事合同而言，UPICC 第 7.3.5(1)—(2) 条规定了类似的规则。
② 对国际商事合同而言，UPICC 第 7.3.5 (3) 条规定了类似的规则。

第七章

争议解决

1　　本章将在农业生产合同的语境下讨论争议解决问题,然后对调解①、仲裁和司法程序三种争议解决机制进行概述。虽然其主要焦点在于国内环境下的争议解决,但也考虑国际合同的特殊情况。应该指出的是,本章只关注由本《指南》范围内的农业生产合同直接引起的合同纠纷的解决。

2　　但是,在一些法律制度中,竞争法或不正当竞争行为法可能也提供了争议解决机制。如第一章第56—57段所述,如果生产方和订购方之间的关系可能产生限制竞争的效果,则该生产方与订购方之间的关系就可能涉及竞争法的规定。基于竞争法的索赔通常由反垄断机构解决。这些机制及其执行情况将取决于相关法律的适用范围。例如,某些法律赋予受害方提交匿名投诉的权利,以避免另一方可能的报复(如不续约)。此外,在许多国家,公共机构有权进行民事、行政甚至在某些情况下的刑事性质的罚款或制裁。与这些类型的纠纷解决机制相反,以下各部分重点关注由农业生产合同直接产生的各方间的纠纷。

---

① 如本章第20段所述,"调解"(mediation)在这里用于指代所有的友好争议解决方式,这可能包括和解(conciliation),但本章也可能会使用其他术语。

一、农业生产合同中的争议与争议解决

(一) 处理农业生产合同争议

1. 合同纠纷解决的重要性

缔结农业生产合同时,各方应设想可能会出现无法自行解决的分歧。农业生产合同的某些领域特别容易引起争议,尤其是交付的生产资料或最终产品的质量或数量、生产方是否遵守生产方法、足以解除当事方的义务的相关事件的发生、定价机制的应用、终止合同的理由。此外,许多当事方的义务——尤其是生产方的义务——要求勤勉(diligence)并尽最大努力(best efforts),而这一标准可能更容易出现冲突的解释而非取得一个客观的结果。因此,在谈判和起草合同时,本《指南》建议各方设想一种处理那些因可能无法直接解决而需要第三方介入的解决纠纷的方法。

存在一个具备有效性和可获得性的争议解决机制对于确保合同公平和促进遵守合同非常重要。当各方的相对经济实力特别不平衡时,获得公平的纠纷解决制度变得更为重要。订购方通常有能力去更好地利用合同项下的救济措施。相反,生产方可能由于涉及的费用、一般的后勤问题,或者担心不能续约或受到其他形式的报复,而无法对订购方的违约行为或不正当行为作出反应,更不要说提出索赔了。因此,在个体生产方与订购方打交道的过程中,对个体生产方提供支持的倡议(advocacy)和集体诉讼(collective action)发挥着非常重要的作用,特别是在面临不公平情况时协助生产方。然而,订购方在解决与小农的争议时也可能面临挑战,因为相对较小的损失不足以诉诸代价更高的争议解决程序。

3

4

2. 通过谈判与合作避免争议

5   问题出现时，各方应首先基于一般原则、具体法律义务以及（经常情况下）合同条款本身，通过谈判和合作以尽力克服这些问题。这些方面已经在第五章"违约救济措施"中进行了讨论，其中强调了合作性救济措施的作用。通常，声誉影响和同行压力可能会加强对合同的遵守，并可能有助于在早期谈判阶段迅速解决争议。外部实体可以通过提供建议、技术意见、监督或促进关系，在现阶段发挥重要作用。另外，当事方可能会设计程序来定期审查问题或者在问题出现时及时处理问题。

6   当事各方也可以就按顺序使用的若干争议解决方法达成一致，以避免或解决冲突。通常情况下，冲突出现并持续发展，直到成为不可调和的争议；但是，有几种争议解决方法可以使各方在每一个阶段充分解决冲突。例如，当事方可以同意将谈判作为第一阶段，随后是调解，然后在没有达成一致的情况下，可以诉诸仲裁。这些条款对于增加友好解决争议的可能性是非常有用的，并且它们允许双方在发生争议时选择采取什么措施。各方可以在通常属于调解或和解概念下的一系列友好争议解决机制之间进行选择（参见下文第20—29段）。这可能能够避免走到暂停履行合同以及商业关系受到威胁或破坏的地步。为确保条款的可执行性，缔约方在起草合同时应特别注意。具体而言，明确谈判或调解步骤的时限是非常重要的。

3. 缔约方获得公平有效的争议解决方法的渠道

7   尽管有了谈判的努力，但延续既有合同或合作关系，甚至通过修改条款的方式再延续相应关系有时会变得不再可能或不再可取。在这种情况下，当事方需要优先解决的事情就变为，在公平基础上并能得到有效执行的情况下,以可能的最好方式解决争议。确实,权利得到执行和能够获得公平审判是基本的原则,通常受民事权利、人权、宪法或其他法律渊源的保护。缔约一方放弃其通过适当的争议解决机制寻求补救的权利的条款在大多数法律制度下可能无法执行。

虽然当事方通常可以向法院提出索赔,但在农业生产合同语境下,替代性争议解决(alternative dispute resolution)(或"非司法")程序通常会有更合适的解决方案。因此,农业生产合同的特别规定、标准合同、良好实践和行为守则总是鼓励甚至要求当事方诉诸替代性争议解决方法。这种方法可能涉及友好程序(amicable procedures)或具有约束力的仲裁程序,而仲裁程序将产生一个可以依照法律强制执行的最终裁判。不管选择何种方法,通过了解如何解决争议、在特定语境下由谁解决或在什么基础上解决,当事方将增加基础交易的可预测性,从而反过来促进遵守合同和成功的订单农业关系。 8

(二)对各方可获得的不同争议解决方式的考量因素

如上所述,解决争议的方法有很多种,可以分为三大类。第一,通过友好的程序(amiable procedure),各方在第三方的协助下寻求双方都能接受的解决办法,如果找到的话,在自愿的基础上进行适用。第二,在仲裁过程中,当事方可以指定一名或多名仲裁员,就调整仲裁程序的规则达成一致,并且有义务遵守仲裁裁决。友好程序和仲裁都是非司法性的、"替代"的争议解决机制。第三,在司法程序下,当事方受法院管辖权的约束,适用国内法规定的民事程序规则。仲裁和司法程序的裁判都是通过公开执行程序来保证约束力和可执行性的。因此,这两种争议解决机制(仲裁和诉讼) 9

中的一种，通常都会被约定为当事方无法通过友好方式解决争议时其可采取的最后手段。

1. 争议的性质、时间因素、临时救济

10　　许多因素可能影响这些争议解决方法的适用性（以及各方诉诸这些方法的能力）。第一个重要因素是争议的性质。根据国内法，某些类型的争议常常被排除在私下解决（private settlement）的范围之外。在某些法律制度下，若涉及公共或政府当事方的，情况可能如此，这会使争议属于行政法院或其他公共机构的强制管辖范围。在一些国家，当涉及公共政策或第三方权利问题（例如在反垄断和竞争、破产、知识产权、雇佣、非法和欺诈、贿赂和腐败等领域），或者涉及某些类型的自然资源投资时，情况也可能如此。

11　　时间因素在许多争议中可能非常重要，故偏好于使用通常较快的争议解决机制。在很多情况下，对纠纷及时采取行动将有利于更好地理解所涉及的问题，保护所涉及的利益并保存证据。因此，迅速解决纠纷可能会避免额外的经济损失，恢复当事方的信任，并允许他们的关系继续下去。另外，当合同已经被终止的时候，解决冲突并让受害方在合理的时间内获得补偿则是一个效率正义（efficient justice）的问题。

12　　在争议得到最终裁判之前，当需要立即采取公开的执行措施时，缔约方原则上有权申请临时救济。临时措施有不同的目的（如防止对权利造成不可挽回的损害，防止破坏货物或证据，或确保未来的判决得到执行）。程序可能会有所不同，具体取决于选择的争议解决方法——无论是仲裁还是国内法院的程序——以及相应准据法。

2. 公平、保密

13　　争议解决机制的公平性取决于独立和公正行事的调解人或裁决

人。相关程序必须保证双方享有同样的机会提出诉讼请求并陈述案情,特别要注意由弱势一方引起的潜在不平衡。在这种情况下,生产方必须得到充分的建议和辩护。根据适用的争议解决机制,生产方组织、公会(unions)或拥有辩护职能的协会在协助个体生产方提出诉讼请求和引导纠纷管理程序方面可能发挥非常重要的作用。公平性也要求能够充分参与争议解决机制,这往往受地理、社会和经济因素的限制。而且,公平性对解决纠纷的权力机构有一定的要求,包括相对于当事方的独立、公正、正直以及对于纠纷主体事项的专业技能和胜任能力,并且取决于争议解决的方式可能会有细微的差别。公平性还要求考虑到案件的所有相关技术和法律方面的因素,会要求直接考虑或者通过就特定问题征求专家的意见进行考虑。

此外,诸如诉讼等一些方法具有公开性,而调解或仲裁等其他方法,在合同或适用的法律制度下可能具有保密性。这可能是一个需要考虑的相关因素,因为它会潜在影响当事方更广泛的商业运营。订购方,甚至是生产方,可能不希望争议解决的结果甚至是争议解决本身的存在影响到他们开展经营或订立新合同的能力。此外,各方可能希望防止竞争对手了解争议的存在或内容。

14

二、非司法的争议解决方法

(一) 共同的特点

作为由一方当事方提起的诉讼程序的替代方法,诉诸调解或和解机制及仲裁等非司法解决办法应以双方同意为基础。为了同意这些争议解决方式,双方可以在农业生产合同中约定相应条款,或者

15

单独缔结协议（这通常在争议发生之后）。非司法手段可能特别适用于由农业生产合同引起的纠纷，因为它们通常比司法程序更为及时和灵活。农业生产合同的特殊规定通常会鼓励甚至要求当事方诉诸替代性争议解决方法，并且也可以规定适用于这类程序的特定规则。

16. 选择哪一个争议解决机制可以根据争议的性质来决定。例如，解决客观的产品质量争议可能需要快速的专家裁决，而更多法律上的争议可能需要不同的机制，例如仲裁。在选择争议解决机制时，另一个重要因素是各方所预期的结果。替代性争议解决方式——特别是调解——可能更有助于维持信任并维护生产方和订购方之间的关系。它也为通过正常的法庭程序起诉小生产方而产生的低效率问题提供了解决方案。但是，非司法手段并不总是比司法争议解决成本低。这部分是由于各方除了需要支付律师费外（如果他们选择进行辩护），还必须支付调解员或仲裁员费用。而且，执行经调解的解决方案可能仍然要求当事方向法庭提出申请。

17. 在替代性争议解决机制下，当事方可以选择一个临时（ad hoc）程序，在该程序中由他们任命第三方来解决争议，并决定适用的规则。但双方往往诉诸提供调解或仲裁服务的各个机构性制度中的一个。这些机构可能是私人的，也可能由政府创立。一些行业协会也可能提供基于订购方和生产方陈述（的案情）进行争议解决的服务。提供纠纷解决方法的私人机构的例子可以在国际或国内的许多特定商品的行业中找到。

18. 另外，在大多数国家可以找到提供一般的替代性争议解决服务的私人机构，例如就仲裁而言，便是那些通常称被为"仲裁协会"（arbitration association）的机构。这些机构的作用通常包括协助当事方组织适用于程序的规则,组织和解,就当事方选择调解员或仲裁员提供协助,并为管理程序提供后勤和行政支持。各机构对当事方可能采取的程序应如何进行有相应规定。机构性制度也可能是具有公共性质的或混合的。可以通过关于订单农业的一般法律或特定商品的专门规定,来设立那些有能力进行调解或仲裁争议的专门机构、委员会或其他指定主体,这种调解和仲裁可以是基于自愿或强制的。

值得注意的是,国内法通常涉及如何启动程序、庭上仲裁员(panel)如何诉诸法庭支持、法院在多大程度上可以撤销仲裁裁决,等等。世界各地的许多法域,都在联合国国际贸易法委员会(UNCITRAL)的工作成果中获得了启发,并依此进行国内立法,尽管该工作成果最初是基于国际性的目的而设想的。《联合国国际贸易法委员会国际商事仲裁示范法》[①] 和《联合国国际贸易法委员会国际商事调解示范法》[②] 为起草用于国内交易的立法提供了一个可能的模式。关于前者,虽然其中所载的大多数规定将作为默认规则适用,但为了使仲裁裁决可得到公权力机关的执行,一些特定的条件则是强制性的。

19

(二) 调解和和解机制

1. 替代性友好争议解决方法

在友好争议解决方式下,当事方在第三方的协助下寻求双方均

20

[①] 《联合国国际贸易法委员会国际商事仲裁示范法》(1985 年制定,2006 年修订) 正文以及解释性文本可在联合国国际贸易法委员会官方网站上获取 (http://www.uncitral.org/uncitral/en/uncitral_texts/arbitration/1985Model_arbitration.html)。

[②] 《联合国国际贸易法委员会国际商事调解示范法》(2002 年) 正文以及执行指引可在联合国国际贸易法委员会官方网站上获取 (http://www.uncitral.org/uncitral/en/uncitral_texts/arbitration/2002Model_conciliation.html)。

可接受的解决方案，并在自愿的基础上承诺适用该方案。常用的术语是调解（mediation）——下文将使用这两个词指代所有友好的争议解决方法——与和解（conciliation），但也会使用其他的术语。①

21　　虽然调解可能与其他争议解决方式有关或与之结合使用，但也应将其视为一项独立的程序。根据许多法律制度的普遍做法，调解显然不同于裁判式的争议解决方式，即仲裁和诉讼。调解是调解员协助当事方解决纠纷的独立过程，但仲裁员无权决定解决方案。与只涉及当事方的"谈判"相反，调解员的介入旨在促进双方之间的对话，一般按照一个确定的结构、时间范围和规则，协助他们努力达到一个友好的争议解决方案。调解通常是当事方谈判失败后的下一步。在特定情况下，调解也可能在初步阶段进行，甚至在合同签订之前进行。

2. 调解的好处

22　　调解有几个好处。各方可以根据自己的具体情况，通过有限的手续来自由组织程序。组织并启动这一程序一般很简单，可以让各方在早期处理冲突。此外，调解一般在短时间内进行，对成本的影响较小，既可以针对小型纠纷，也可以针对双方倾向不向法院提起诉讼的大型纠纷来实施。调解鼓励双方进行对话，以寻求各方都能接受的解决方案。调解员会考虑争议的相关情况，包括合同关系的技术、经济和社会方面，这有助于协助双方了解对方的观点。

23　　因此，调解一般通过和解协议得出相对较快的结果，该协议在理想情况下应包括争议的所有方面。经过调解的解决方案也可以保持或恢复双方之间的关系，确保合同在其余时期得到执行。调解产

---

① 参见《联合国国际贸易法委员会国际商事调解示范法》第1（3）条。

生的协议当事方更有可能自愿遵守，因为诉诸调解首先需要双方同意。在任何情况下，如果调解最终未能成功，当事方仍然可以转而采取有约束力的解决程序。

由于调解为那些农业生产合同所产生的纠纷提供了一个合理的手段，所以大多数规范此种类型合同的特别立法规定了调解的使用。这可能是当事方的强制性义务，一般会被要求在合同中包含这样一个明确的条款，以达到该效果。即使当法律并不要求当事方必须这么做时，本《指南》仍是建议各方约定友好的争议解决程序。尽管可以随时选择这种程序，但是强烈建议各方在发生任何争议之前即对此进行约定，最好是在农业生产合同本身的条款中，而不是在另外的协议下。

3. 组织调解程序

(1) 调解条款

在设计程序时，调解条款可能非常详细或不甚详细，但有两个要素是非常重要的。首先是明确决定将纠纷提交调解。虽然反映当事方愿意解决问题或友好解决纠纷的一般性声明可能会包括诉诸调解，但最好使用明确的语言。如果当事方有意受该条款的约束，则必须明确规定调解是诉诸仲裁或诉讼前必须满足的先决条件。

为了确定当事方的意图，国内法院和仲裁庭已经考虑到了能够证明真正同意的不同要素（例如，各方是否已经确定了程序的地点和工作语言，或者必须启动调解的时间范围）。如果当事方未能起草确切的条款，则法院或仲裁庭可以将后者视为一份协议将来达成协议（agreement to agree），而这在许多法律体系中是不可执行的。此外，除非特定调解机构根据准据法具备了强制性主管该争议的资格，或根据准据法被强制性地指定为解决该争议的机构，当事方还应该约定一个特定的机构进行调解或者约定在争议产生时指定调解员的方式。

(2)机构调解与临时调解（Institutional versus ad hoc mediation）

27　　虽然有些国家的法律框架允许当事方选择临时调解程序，但其他情况下当事方经常在选择性或强制性的基础上，将争议提交至一个对该争议解决有管辖权的特定机构，该机构要么是对于这一特定类别的合同有管辖权，要么是对更一般的农业纠纷有管辖权。被指定的机构可能是政府的专职部门，也可以是委员会或实体，其中包括代表当事方作为成员利益的专业组织，一般可能由政府主管部门控制或协调。在机构调解或在依靠机构推荐的调解员进行的调解中，应保证调解员的中立性，并以有效、公正和可胜任的方式进行调解程序。

28　　在临时调解的情况下，当事方可以选择具备与其特定情况相对应资质的调解员，前提是调解员必须是双方都信任的。在合同中指定某个特定的人作为调解员可能会导致在该特定人员发生某些情况时，该调解条款产生可执行性的问题。因此，本《指南》不建议在争议解决条款中指定一个特定的人作为调解员。

29　　当与原住民团体等具备较强社会维度的生产方缔结农业生产合同时，特殊类型的调解者可能发挥重要作用。同样应当记住的是，传统的争议解决机制可能与官方争议解决机制平行存在，例如乡村层面的争议解决机制。那些虽然不一定是中立的，但被认为是公平的德高望重的人，可能被视为能够满足意图中的目的。作为"社会网络调解员"（social network mediators），他们通常关心的是维持稳定的长期社会关系，并能够借助社会压力或同辈压力来执行协议。从这个角度来看，调解可以被视为确保双方利益得到尊重的一种方法。另外，除非当事方特别指定，调解员通常不会就同样的争议或关系担任仲裁员。然而，根据其他法律制度或具体立法，调解被视为是双方在第三方的协助下友好解决争议的机会，第三方在预定期限之后将有权作为裁决主体来解决相应请求。

(3) 调解程序的要素

调解程序涉及大量要素，这些要素在调解员的协助下，由调解机构的规则或当事方——要么是在合同中的调解条款中，要么是在进入程序之前的进一步阶段——进行处理。如果没有具体约定，可以在国内的调解立法中找到默认规则，如果不存在这种专门立法，则可在一般合同法中找到。

相关要素通常包括：调解程序所覆盖的争议的范围；调解员的任命和调解员所扮演的角色；程序的执行；双方之间的交流；提出证据；披露和保密问题；和解协议的起草和可执行性；调解费用的分配；启动仲裁或诉讼程序的权利。调解程序可能是保密的，这是考虑到为促进双方之间的互信气氛和对调解员的信任。因此，作为一般规则，就调解程序中或与调解程序有关的信息，当事方或调解员不应在司法程序或仲裁中被强制要求提供关于这些信息的证据。① 显然，这适用于那些除非当事方另有约定，同一人不能就同一争议或关系担任调解员和仲裁员的法律制度。

(4) 调解程序的结果

如果相关义务存在，基于法律或合同诉诸调解的义务将约束当事方。但是，进入调解程序并不意味着双方承诺会达成协议。一般原则——或者可能适用的具体义务——应该对当事方的行为进行规

---

① 参见《联合国国际贸易法委员会国际商事调解示范法》第10条。

范，特别是对于以诚实信用的方式行事。在某些国家，受制于为保护权利而做出的限制，当事方直到调解结束才会有权启动有约束力的争议解决程序。但是，这种限制在其他法律制度中可能不适用，当事方可以在合同中纳入明示的用语以达到该效果。

33 如果调解确实导致双方达成了协议，本《指南》建议双方应签署和解协议。在任何情况下，和解都具有合同上的约束力，各方将被预期会自愿遵守。但是，为了执行和解协议中的条款，他们可能希望阐明协议的约束性，以及在任何诉讼或法律程序中作为证据的可受理性。对于协议的遵守同时也应在法律层面上得到保证[1]，而且在某些国家已经制定了程序，允许根据当事方的要求通过判决、裁决或法院授权行为来对协议进行确认。此外，该和解协议原则上是保密的。[2]

（三）仲裁

1. 有约束力的（裁决性的）争议解决

34 在仲裁中，当事各方将争议的解决提交至一个中立的第三方（仲裁员）进行，仲裁员的裁决将依法具有约束力和可执行性。已经根据仲裁解决的争议不能通过司法程序再行解决。然而，大多数法律制度规定在有限的一些情形下，可以对仲裁裁决提出异议，本《指南》建议各方考虑相关法域的立法。

35 在解决国内民商事纠纷方面，仲裁作为法庭程序的替代方式正在许多国家引起人们越来越大的兴趣，因为它被视为结合了灵活迅速的程序优势与裁判结果的有效性。许多规范农业生产合同的法律

---

[1] 参见《联合国国际贸易法委员会国际商事调解示范法》第14条。
[2] 参见《联合国国际贸易法委员会国际商事调解示范法》第9条。

会鼓励或施加给当事方诉诸仲裁的义务。根据法律或其合同，当事方可能——如第（二）部分所述——有时需要先寻求友好方式解决争议，然后才能转向仲裁。

与调解类似，各方对于同意采用的仲裁方式以及仲裁员的选任上具有极大的意思自治空间。但是，由于仲裁是一种裁判性程序，其目的是产生与司法裁决相同的约束力，因此仲裁由国内立法进行规范，包括许多强制性规定和默认规则。在国内仲裁下，仲裁员根据准据法的法律规定处理纠纷。但是，如果双方同意并且准据法允许的话，仲裁员的裁决也可以基于正义和公平的原则［所谓的"按照公平合理原则解决"（settling ex aequo et bono）或"友好仲裁"（amiable compositeur）］。 36

2. 组织仲裁程序

（1）仲裁协议

为了选择仲裁，当事方应当以农业生产合同中的仲裁条款或者通常在争议发生后签订单独协议的方式表达其意图。为了使仲裁条款或仲裁协议具备有效性和可执行性，它必须满足一些可能因准据法而异的先决条件。通常适用的一个重要要求是，仲裁协议应采用书面形式或至少以书面形式证明。这一形式要求是为了确保双方同意仲裁。在许多国内法律和国际文件中都可以找到这一要求，例如《承认及执行外国仲裁裁决公约》（1958年，纽约）。仲裁协议在多大程度上受此条件约束，以及如何解释该条件，将取决于所适用的法律。 37

为了获得可执行的仲裁条款，各方在起草条款时应特别注意。例如，一个不明确的条款在既约定了仲裁的同时又约定了法院的管辖权，可能会导致该条款被认定无法执行。在起草该条款时，建议 38

各方使用能够表明明确仲裁意图的语言，并约定特定事项［如指定仲裁地（the seat of arbitration）］。但是，条款中的规定和详细程度取决于双方是否同意进行临时仲裁（ad hoc arbitration）或机构仲裁（institutional arbitration）。一般建议各方参照仲裁机构起草的示范仲裁条款，这些仲裁机构对于确保条款的可执行性提供了有用的指导。

（2）机构仲裁与临时仲裁

39　　当事方可以诉诸临时仲裁，并就仲裁的主要方面自行达成一致，也可以诉诸由仲裁机构实行的仲裁，仲裁机构一般规定仲裁规则，监督程序并就仲裁质量以及裁决的可执行性提供一定保证。如果双方同意进行机构仲裁，则应明确说明他们提交争议的机构。如果对于所选机构的指定发生错误也可能使该条款无法执行，因为双方的意图可能难以确定。

40　　涉及农业生产合同的具体立法可以规定一个特定机构来对纠纷进行仲裁。当合同类型作为公共农业发展计划的一部分［例如作为涉及对于生产方或投资方的公共财政支持或激励的土地改革或土地制度改革（land or agrarian reforms）的一部分］或与受管制商品有关，进而受到管控时，通常会出现这种情况。通常受到管控的事项包括确定仲裁程序的最长时限、确定上诉审查的可能性和方式，并确定作出上诉判决的时间范围。为确保争议的快速解决，仲裁机构一般需要在一定时间内（例如30天）作出裁决。

（3）程序保证

41　　由于仲裁是一种裁判性的争议解决方法，因此应当制定特别的程序保证，以确保程序公平（即当事方得到平等待遇并提供充分的机会陈述案情)。① 因为仲裁经常是一裁终局且不可上诉的，特别的程序保证在一裁终局的情况下便尤其重要。必须指出的是，仲裁条款或协议只对明确对其表示同意的当事方具有约束力，这通常会排除在仲裁程序中进行任何支持个体生产方的集体行动（collective action）。

在某些情况下，使用仲裁程序可能会引起公正问题。因此，根据某些法律，选择仲裁程序需满足一定条件。有些法律禁止或规定农业生产合同中的强制性仲裁条款无效，特别是标准合同形式的仲裁条款。其他法律制度则要求仲裁协议只能在发生争议后才能签署，或者仲裁只能在生产方的要求下进行。有的还要求任何需要仲裁的合同都需包含一个声明，允许生产方在订立合同之前拒绝接受仲裁条款的约束。各方还必须考虑在准据法下提起请求的时间限制。② 如果未能遵守时限，申请人可能会失去启动仲裁程序的权利。

(4) 仲裁和临时救济

为了保护其权利，当事方可能希望在仲裁程序之前要求临时救济。通常情况下，临时救济采取命令的形式，旨在保全订单农业下的资产价值。例如，可以采取命令的形式，授权一方立即采取行动销售合同中易腐的货物，以减少损失。当事方可以向国内法院或在仲裁庭组庭之后向仲裁庭寻求临时救济。

大多数仲裁法认可，当事方在国内法院寻求临时救济，并不意味着当事方放弃仲裁协议。③ 所遵循的程序将由适用的仲裁法和程

42

43

44

---

① 参见《联合国国际贸易法委员会国际商事仲裁示范法》第 18 条。
② 对国际商事合同而言，UPICC 第 10.1 条规定了类似的规则。
③ 参见《联合国国际贸易法委员会国际商事仲裁示范法》第 9 条。

序法确定。几个主要仲裁机构规则的近期发展也允许在需要紧急的临时救济且当事方不能等待组建仲裁庭的较慢进程时，使用"紧急仲裁员"（emergency arbitrators）。

(5) 仲裁程序的结果

45　　仲裁裁决的执行通常只有在仲裁庭对所有争议事项作出最终且有约束力的裁决之后才能进行。在国内，仲裁裁决一般很容易由获胜方执行，以获得相应价款。在国际层面上，取决于寻求执行的所在国国内法如何处理执行问题，相较于执行外国判决，根据《承认及执行外国仲裁裁决公约》执行仲裁裁决可能更容易，或者面临更少的障碍或限制。

三、通过司法程序解决争议

(一) 司法公正（access to justice）

46　　如果当事方没有选择仲裁，他们可以诉诸司法程序，这将适用国内法规定的程序规则。相关规定、公共司法的实际运作机制以及私主体将争议诉诸法庭解决的文化取向在不同国家之间差别很大。但是，每一个法律制度都应该保证争议方可以自由而公平地寻求司法公正，并使私主体能够在独立的法官面前解决纠纷。法院诉讼程序主要依据强制性法律进行规范，一般有较高程度的形式要求，这是出于诉讼当事方的程序保障的需要。

47　　在司法程序中，当事方可能会被要求通过法律代理人进行行为。虽然专业的法律代理人原则上会帮助当事方充分陈述案情并捍卫自己的权利，但是这通常涉及巨大的成本，而取决于具体的法律制度，胜诉方可能无法收回这一成本，即便可以，也只会在最终判决作出之后才能收回成本。在某些法律制度中，公共服务机构提供的法律援助可供无力承担这种费用的人员使用，以确保其获得公平审判的权利和获得律师帮助的权利。在通过诉讼支持个体生产方权利方面，生产方协会和其他组织可能会在对个体生产方提供该方面建议与援助过程中发挥重要作用。

在许多国家，在民商事事务中，涉及那些复杂冗长程序的公共司法程序可能会持续长达数年之久。这通常会阻碍当事方依靠司法程序来获得补救，特别是对于那些在农业生产合同中通常发生的对时间敏感的问题。许多国家正在进行改革，旨在提高司法效率，简化司法程序，并实施电子的诉讼归档和管理系统。一些司法程序规定了一个初步的调解阶段，以寻求快速和友好的解决办法。此外，越来越多的国家开始重视并采取以灵活和简化的程序优化小额诉讼的解决方式，进而使小额争议能够在合理的时间内以可承受的成本得到解决。48

（二）管辖权的理由

1. 国内合同

有关管辖权的规则，即法院是否有权审理争议，也可以被视为程序保障的一部分。取决于特定的法律制度和情形，法律可能会设立特定的法庭或限制当事方的选择权，以保护特定类别的当事方。49

管辖权可以基于争议的主体事项（subject matter）或当事方的身份。在若干法律制度下，涉及农业生产方的请求可能落入一个国家法院系统中的专门法庭管辖，也可能属于法院某一专门部门管辖（例如处理民事或农业事务的法庭）。另一个管辖权范围涉及地域标准。关于农业生产合同的一些特别法律会涉及基于地域的管辖权，若按照通常的规则给予被告住所地法院管辖权，考虑到生产方前往50

另一个遥远的地点进行起诉会产生很高的成本，继而可能会限制生产方获得法院救济的渠道，所以关于农业生产合同的特别法律往往会给予生产方住所地法院管辖权。

51　　考虑到类似的顾虑，某些法律规定，有管辖权法院是合同或其主要部分履行地的法院。与某些团体成员，特别是原住民签订合同时，根据习惯法建立的法院可能对某些类型的争议拥有管辖权。为了向生产方提供信息，合同可以说明具有管辖权的具体法院。

2. 国际合同

52　　当合同具有国际性时，一般由法官决定管辖权和适用于争议实体部分的准据法的识别问题，这通常通过适用该国自身法律制度的相关国际私法或"冲突法"（conflict of law）中的规则进行确定（参见第一章第33—40段）。在国际合同事务中，当事方就选择什么法院审理案件和适用何种法律享有较大的意思自治权。然而，当事方很少有权选择该国国内的特定法院。例如，可能不会选择小额索赔法院，因为其管辖权受到索赔额的限制。

四、执行解决争议的和解协议或裁定

53　　无论是源于合同还是在涉及第三方的争议解决机制下进行决定，高效的执行程序对于确保法律规则的有效性都至关重要。他们不仅在特定情况下向受害方提供了补救，而且还能够在全球范围内为从事类似交易的当事方，对合同义务的违反以及投机主义进行威慑。

1. 由公共机构执行

54　　如上所述，司法和仲裁程序作为公共司法事项是可执行的。执行阶段发生在争议已经根据最终裁判结果得到解决之后，即提出上诉（前提是存在上诉机制）的截止日期已过且符合相关适用规则的情况下，执行阶段便会开始。原则上，败诉方被预期会自愿遵守最终裁定。如果情况并非如此，则由公共机构执行该裁定。

在许多国家，公共机构的执行是诉讼程序中另外一个长期阶段，对于从事农业生产合同的当事方来说，这被证明是一个不利因素。当执行涉及强制支付金钱时，这可能包括查明和扣押被告的资产，组织并通知进行资产拍卖，保留销售所得和追回索赔的价值。 55

2. 私人执行机制

公共执行程序的冗长繁重（有时甚至是软弱无力的，或者根本不存在这样的公共执行程序）使私人执行机制在促进对农业生产合同的信任和遵守方面就显得更加重要。规范农业生产合同领域的特殊立法可能包含这样的规定，旨在协助执行根据该立法所设立的争议解决机构作出的裁定，而无论这些机构的性质如何（公共、半公共或私人）。 56

在当事方诉诸替代性争议解决方法时，应预期他们自愿遵守和解协议或仲裁裁决。如果不这样做，可能会产生声誉上的后果，进而影响不遵守方的商业地位，在某些情况下还可能导致其他类型的非法律性制裁，例如失去会员资格。列入黑名单是声誉制裁中最常见的方法之一。在严重经济后果惩罚的前提下，被列入黑名单的公司不得与本组织其他成员进行交易。 57

正如违约救济措施一章所述，各方可以自己通过合同条款设计执行机制，包括（如果准据法授权的话）通过自行执行救济措施。但是，正如第五章（参见第6段）所讨论的那样，理想状态下，一个设计良好的救济制度应不仅通过阻止违约（通过威胁承担责任、 58

终止合同或其他不利后果），还要能够通过鼓励履行义务（通过促进主动检测并纠正错误）来确保遵守履行标准。

59 综上，本《指南》建议农业生产合同的缔约方考虑到合同按照如下方式起草的重要性：通过清晰和平衡的条款，促进相互信任与合作，因此可以促进对合同的遵守，并应使当事方了解适用的规则和可用的争议解决机制。

索 引*

B

保险

负担得起的保险形式　3:168

生产资料　3:66

保险条款　3:166—167

不偿还债务所带来的风险　3:91,
　3:160

投保义务　3:165—168

公共保险计划　2:53,4:17

缓解风险　导读:25,4:16—17

利益转移　3:165,4:15

另见:风险

不具约束力的替代性争议解决机制

参见:非司法的争议解决方式,调解,
　争议解决

不可抗力

适用规则　4:12—14,4:19,4:24,
　4:26

举证责任　4:34—37

定义　4:6—7,4:21,4:23

对合同的影响　4:51—57

司法修改　4:59—60

　重新谈判的权利或义务　4:54—58

　终止合同　4:52—53

对缔约方义务的影响　4:38—44

　赔偿与补偿　4:44

　不履约的抗辩理由　4:38—39

　减损要求　4:48—51

　通知要求　4:45—48,4:51

　意外事件　4:40—43

不可抗力条款　4:19—20,4:22

　与免责或减责条款的比较　4:13

不可抗力事件　4:20—22,4:25—31

---

* 本索引条目与所出现的章节相对应,按拼音顺序排列。例如:"1:5—6"指第一章第5、6段(见本书段落编号)。同时,各词条译自英文原书,部分内容仅指相应段落内容大意,并非原词提取。——译者注

政府行为 4:28

自然事件 4:25—27

其他 4:29—31

保险以及其他风险缓解方案 4:16—18

风险分配

通过不可抗力条款 4:11—14

所有权转移 4:15

与情势变更的比较 4:5—10

另见:合作,情势变更

不履约的抗辩理由

参见:不可抗力,情势变更

C

产品

商品 导读:8—14

身份保持 导读:13

模式 导读:7

相符产品与不符产品 3:124—143

违约救济 5:47—49, 5:87, 5:96

产品相关义务与生产过程相关义务 3:2, 3:23, 3:62

另见:产品数量,产品质量,订单农业,订购方因生产方违约的救济措施,生产资料

产品数量

与独占性的关系 3:27—30

与质量的关系 3:23

订购方因生产方就产品数量违约的救济 5:21—22, 5:66—67, 5:79

部分产品 3:32—41

优势 3:32

所有产品的确定比例 3:34

确定的数量 3:35

在缔结协议后确定数量 3:38—40

额外产品 3:33

最小数量 3:36

配额 3:37

全部产品 3:25—31

例外 3:31

默示独占性 3:27

私下销售 3:21, 3:28—30

另见:不可抗力,产品,产品质量,诚实信用,独占性,私下销售

产品质量

与数量的关系 3:23

验证 3:60—61

订购方因生产方产品不符的违约救济 5:60—72, 5:82—84, 5:87, 5:96—101

质量确定 3:44—46

明示与默示 3:42,3:45

对违约责任的限制 3:46,3:56

  间接损害 3:56

适销性与合目的性 3:42,3:53—54

生产过程与产品 3:43—45

安全 3:57—59

  包装与标签 3:59

    可追溯性 导读:13,3:115

标准 3:47—57

  适用规则 3:47,3:49—52

    默认规则 3:54

    外部标准 3:51—52

    《良好农业规范》 3:51

    在合同中 3:47—51,3:53,3:55

    强制性规则 3:53,3:56

另见:产品质量,监管环境,生产过程,损害赔偿

诚实信用

一般原则 1:20,3:110

相关方面

  获取信息 2:79

  合同续约 6:13,6:16

  在缔结协议之后确定数量 3:38

减损义务 5:104

合同的执行力 2:68

合同的成立 2:61,2:64

在调解程序中 7:27

有形的生产资料 3:84

重新谈判 4:56,4:58

风险分配 3:10

另见:产品,产品数量,缔约方的义务,风险,国内法律渊源,合同,合同的成立,情势变更,生产资料,调解,违约救济,续约

CISG(《联合国国际货物销售合同公约》)

参见:国内法律渊源,合同中的国际因素

D

缔约方的义务

核心义务

  交付 3:124

  价格和支付 3:144

  与生产过程相关的 3:2,3:62,5:7,5:44—45

    生产资料 3:63

    生产方法、合规与控制 3:105

产品相关 3:2, 3:23, 5:7, 5:44—45

　　质量 3:42

　　数量 3:24

一般义务 3:1—5

　　适用规则 3:5

　　合同之外的义务 3:5

　　不同义务之间的紧密关联 3:3

其他义务 3:164

　　社区利益 3:172

　　保密 3:171, 6:39

　　保险 3:165—168

　　后合同义务 6:39

　　记录保留与信息管理 3:169—171

权利与义务的转移 3:173

另见：保险,产品数量,产品质量,订购方的义务,订购方因生产方违约的救济措施,独占性,风险,价格,交付,生产方的义务,生产方因订购方违约的救济措施,生产资料,支付,知识产权权利

订单农业

收益和风险 导读:15—18

取得信贷 导读:26—28

经济、社会和环境方面 导读: 32—34

食品安全 导读:33

缓解风险 导读:19—25

技术和专有知识的转让 导读: 29—31

定义

　　经济学定义 前言:4,导读:3—4

　　本《指南》下的定义 前言:5—7, 导读:5

简介 导读:1—2

实践中的操作 导读:6—14

　　商品 导读:8—14

　　　身份保持 导读:13

　　模式 导读:7

公私合作 导读:15

供应链 前言:4,导读:3—4

另见：风险,合同缔约方,农业生产合同

订单农业法律指南

涉及的方面 绪论:2—3

方法 绪论:4—8

如何使用 绪论:10

综述及目标 绪论:1,绪论:9

对国内与国际规则的援引 绪论:
7—8

另见:订单农业

订购方

定义 导读:36,2:33,2:35
私营企业结构 2:35—38
 商业实体 2:37
 合作社 2:36
 外国企业与本国企业 2:36
 社会企业 2:37
公共主体 2:38—42
 直接和生产方缔约 2:41
 通过私营合作伙伴缔约 2:40

另见:订购方的义务,订购方因生产方违约的救济措施,公共机构与主体,合同缔约方,生产方

订购方的义务

一般义务 2:105,3:1—4
 适用规则 3:5
 与生产方的义务相关联 3:3
 产品相关义务与生产过程相关义务 3:2,3:23,3:62
 对生产的监督、监控与控制 3:1,3:118—123
 支付价款 3:1,3:144—163
 购买/接收货物 3:23,3:124—143
 提供生产资料 2:107—108,3:1,3:63—72
其他义务
 社区利益 3:172
 保险义务 3:165—168
义务的转移 3:173

另见:保险,缔约方的义务,价格,交付,生产方的义务,生产方因订购方的违约救济措施,生产过程,生产资料,支付,知识产权权利

订购方因生产方违约的救济措施

目标与目的 5:51
违反生产过程相关的义务与违反产品相关义务
 生产方的控制范围 5:53
 相关义务 5:47—5:51
 订购方的行为 5:41—43,5:103—108
 合作 5:106—111
 减损义务 5:109—111
损害赔偿 5:93—102
因违反生产过程相关义务所获救济 5:52—59,5:85—86,5:91—92
 纠正性措施 5:58—62
  替换生产方 5:59
 损害赔偿 5:95

要求履行的权利 5:54

终止合同 5:88—92

因无法交付产品所获救济

5:76—77,5:91—92,5:102

损害赔偿 5:102

价格减让 5:85—87

终止合同 5:91—92

因产品不符所获救济 5:63—75,
5:90, 5:96—101

纠正性措施 5:69—72

损害赔偿 5:84, 5:93—98

与其他救济并用 5:97

价格减让 5:85—87

修补 5:73

替换 5:74—75

终止合同 5:88

罚款、罚金与黑名单 5:103—105

价格减让 5:85—87

产品撤回与召回 5:78—81

要求履行的权利 5:54

终止合同 5:88—92

暂停履行 5:82—84

另见:订购方的义务,非金钱救济,合作,价格,生产方因订购方违约的救济措施,损害赔偿,违约,违约救济,因违约而终止合同,暂停履行

独占性

与数量的关系 2:65, 3:27—31

商业模式 3:15—16, 3:18—19

定义 3:18

缓解风险 导读:20

风险 导读:46, 3:20

私下销售与违约 3:21, 4:89

另见:产品数量,风险,私下销售

F

非金钱救济

目的与类型 5:10—17

与损害赔偿相结合 5:10

纠正性措施 5:15

修补 5:10,5:15,5:16

更换 5:10,5:15,5:17

要求履行的权利 5:10,5:15—17

作为订购方因生产方违约的救济措施 5:50—74

违反生产过程相关义务 5:55—56

纠正性措施 5:58—62

替换生产方 5:62

要求履行的权利 5:54

因未按约定交付 5:76—77

因产品不符 5:63—64

替代市场 5:67

适用规则 5:61

纠正性措施 5:69—72

质量与安全瑕疵 5:68

修补 5:73

更换 5:74—75

检测出违约的时间 5:63—65

作为生产方因订购方违约的救济措施 5:112—122

因价款支付延迟 5:113—114

保证机制 5:114

要求支付价款 5:113

因未按约定提供(相符的)生产资料 5:115—122

多方合同 5:119

第三方受益人 5:120—121

检测出违约的时间 5:112—115

因未按约定接收货物 5:123—125

要求接收 5:124

转售货物 5:125

另见:产品数量,产品质量,交付,生产资料,违约,违约救济

非司法的争议解决方式

临时与机构程序 7:17—18

优点 7:8

描述 7:8—9,7:15—16

国内立法 7:8,7:19

执行 7:56

供选择因素 7:10—11,7:16

专家裁决 7:16

争议性质 7:10

时间因素 7:11

临时救济 7:12

缔约方的一致合意 7:15

联合国贸易法委员会(UNCITRAL)制定的示范法 7:19

另见:司法争议解决,调解,争议解决,仲裁

风险

风险分配 导读:24—25,3:6—17

商业风险 3:6,3:13—17

价格波动 3:16

价格确定机制 3:17,3:149—158

产品风险 3:6—13

默认风险分配 3:7

货物所有权与产权转移 1:13—14,3:8—12,4:15

风险转移 3:12

诚实信用 3:10

风险缓解 导读:19—25

独占性　导读:20, 3:18—21

价格修改条款　3:159, 4:18, 4:54

另见:保险,不可抗力,订单农业,独占性,价格,生产资料

G

公共机构与主体

扶持政策　导读:15,导读:17,导读:27, 1:56, 2:13, 2:21, 2:52, 3:149

在争议解决中

　公共机构的强制管辖　7:27

　促进替代性争议解决方式　7:15, 7:17, 7:24

在不履行的抗辩理由中　4:28

在缔约方的义务中

　认证标准　3:49, 3:80

　价格确定机制　3:149

在缔约方、合同的成立与形式中

　作为缔约方　2:41

　作为引导者　2:42

　　在合同谈判和缔结中　2:87

　　备案　2:87

　　合规审核　2:87

　　附加服务　2:56

保险　2:53

采购流程　2:40—41

　第三方验证　2:54

在救济中

　撤回产品　5:78

法律框架

　人权　导读:34, 1:59—60

　特别立法

　　适用于传统合同形式的　1:11—15

　　针对农业生产合同的　1:7—10

　　共同特征　1:9—10

　　实施　1:8

　　性质和范围　1:7

另见:保险,订购方,非司法的争议解决方式,国内法律渊源,合同的成立,价格,监管环境,违约救济,争议解决

国内法律渊源

农业的特征

　通过类比　1:6

　　涉及所有权转移的交易与不涉及所有权转移的交易　1:13—14

　强制性　1:15

生产合同　1:5—6,1:11—15

惯例与习惯　1:22—23

法律多元化　1:17

法律规则与法律原则　1:18

　一般合同法规　1:18

　法律一般原则　1:20

特别立法

　适用于传统的合同形式的
　　1:11—15

　针对农业生产合同的　1:7—10

　　共同特征　1:9—10

　　实施　1:8

　　性质和范围　1:7

格式合同条款　1:27—28

　软法　1:31—32

　　UPICC(《国际统一私法协会国际商事合同通则》)　1:32

　　CISG(《联合国国际货物销售合同公约》)　1:32

技术标准　1:29—30

贸易习惯和惯例　1:24—25

不公平条款或做法　1:19,1:21

另见:诚实信用,公共机构与主体,合作,监管环境,适用的规则,知识产权权利

H

合同

内容　2:99—116

　适用规则　2:99—100

　缔约方的身份　2:99,2:102

　建议纳入的内容　2:101—116

　要求纳入的内容　2:99—100

　　违反所要求纳入的内容
　　　2:117—120

　标准格式　2:100

形式　2:92—98

　合同自由　2:92—94

　　解释　2:95

　　书面与口头形式　2:92—93

　建议使用的语言　2:97—98

　所要求的形式　2:96—97

　　违反所要求形式　2:117—120

　　差异悬殊　2:95

　　标准格式　2:94—95

另见:诚实信用,公共机构与主体,国内法律渊源,合同的成立,合同期限,合同中的国际因素,农业生产合同,续约,终止合同

合同的成立

承诺 2:60, 2:71—73

    额外要求 2:72

        备案 2:87

        由公共机构审查 2:87

    定义 2:71

    包含额外条件的回复 2:73

    撤销 2:71

行为能力 2:74

同意 2:75

    获取信息 2:79

        诚实信用 2:79

        第三方引导者 2:77

    适用规则 2:75, 2:81

    有瑕疵的同意 2:82—83

        合同无效 2:82—83

    向第三方咨询 2:78

    加强对生产方的保护 2:81

    知情同意 2:76—80

        订购方提供信息的义务 2:79

        第三方引导者 2:80

成立过程 2:60—61

谈判 2:66—67, 2:69

    协议将来达成协议 2:68

    引导者 2:86

    中间方 2:88

    生产方组织 2:85

公共机构 2:87

要约 2:57, 2:61—64

    明确性 2:63—65

    完整合约条款 2:70

    书面形式 2:62

另见：订购方，公共机构与主体，合同，农业生产合同，生产方

合同缔约方

主要缔约方 2:2—3

    农业生产方 2:5—32

    适用规则 2:3—4

    订购方 2:33—42

其他第三方 2:57—58

    债权人 2:58

    土地所有权人 2:57

    第三方的权利 2:59

供应链参与者 2:44—56

    描述 2:44

    参与者之间的关联 2:45—48

    参与者的类型 2:49—59

        附加服务提供者 2:56

        融资机构 2:52

        生产资料供应商 2:50

        保险人 2:53

        服务提供者 2:51

检测与认证机构 2:54—55

另见:订购方,生产方

合同期限

适用规则 6:9—10

确定 6:4—5

  融资义务 6:4

  生产周期 导读:11,2:112,6:4

短期与长期 6:6—8

  合作 6:8

合同中的国际因素

方法 1:4,1:33

合同义务 1:34—38

  准据法 1:34—35,2:36—37,7:52

  仲裁 1:38

争议解决

  替代性争议解决 7:19

  国际仲裁 7:37,7:45

  司法程序 7:52

国际订购方 2:36

国际安全与质量标准 2:49,3:39,3:51

非合同义务 1:39—40

  准据法 1:40

  产品质量 1:39

UPICC(《国际统一私法协会国际商事合同通则》) 1:38

CISG(《联合国国际货物销售合同公约》) 1:37

另见:产品质量,CISG,订购方,合同缔约方,监管环境,UPICC,争议解决

合作

与合同期限的关系 6:8

与不可抗力的关系 4:50

与救济的关系 5:2,5:42—45,5:103—108,5:109,5:146

适用规则 1:20

  合作义务 1:20

在争议解决中 7:5

在监控与控制中 3:120

在生产过程中 3:109

在重新谈判中 4:56

另见:不可抗力,订购方因生产方违约的救济措施,国内法律渊源,监控与控制,情势变更,生产方因订购方违约的救济措施,生产过程,违约救济

和解
参见:非司法的争议解决方式,调解,争议解决

J

价格
描述 3:144
定价 3:145—148
　胁迫 3:148
　关键条款 3:145
　价格条款 3:146
　　清晰与透明的 3:146,3:156
　　不公平的价格条款 3:147
　由政府法规确定 3:149
价格确定机制 3:149—158
　优势与劣势 3:150,3:155
　因素 3:149
　固定价格 3:151—152
　　特定数值与基于不同因素定价 3:151
　　基于市场价格 3:151—152
　价格范围 3:153—158
　　描述 3:153
　　监督机制 3:156
　　基于绩效 3:154
　价格范围与固定价格相结合 3:155

因违约而减价 5:21—22,5:82—84
复核机制 3:158

另见:生产资料,支付

监管环境
获取自然资源 1:41,1:62—63
　自由、事先和知情的同意 1:62
农业—食品贸易
　国际贸易法 1:43—44
　保护健康与环境 1:41
　　动物健康与生产 1:46
　　食品安全 1:45
　　植物保护标准 1:47
农业融资与支持 1:55
农业生产资料 1:49,1:54
生物安全 1:51
竞争法 1:56—57
　不正当行为 1:56
　不公平条款 1:56—57
人权 导读:34,1:41,1:58
　原则 1:59
　获取食物的权利 1:59
　弱势一方 1:19,1:32
劳工法 1:41,1:60—61
　国际劳工标准 导读:34
植物品种的保护 1:52

生产方获取遗传资源的权利　1:53

种子　1:50

另见:公共机构与主体,合同的成立,合同中的国际因素,生产过程,生产资料,知识产权权利

交付

接受　3:135—143

　　检查　3:135—140

　　　地点　3:139

　　　方式　3:136,3:139

　　　拒绝接收货物　3:141—143

　　　第三方检查　3:138,3:140

　　　错误地拒绝　3:141—143

适用规则　3:126—127

描述　3:124—125

违约救济　5:34

　　订购方因生产方未按约定交付产品的违约救济　5:76—77,5:82—83,5:88—89,5:99

　　生产方因订购方未按约定交付生产资料的违约救济　5:120—122,5:135—137,5:142—144

时间与地点　3:126,3:128—134

　　迟延　3:129

　　地点　3:130

　　相关义务　3:128,3:131—134

另见:订购方因生产方违约的救济措施,非金钱救济,生产方的义务,生产方因订购方违约的救济措施,损害赔偿,暂停履行,支付,终止合同

K

困难

参见:情势变更

N

农业生产合同

类型:1:5—6,1:11—15

　　通过类比　1:6

　　　涉及所有权转移的交易与不涉及所有权转移的交易　1:13—14

　　强制性　1:15

定义　绪论:5—6,导读:1,导读:36

独特性　导读:37—46

　　订购方在生产中的参与　导读:38

　　与以下概念的区别

　　　雇佣　导读:40

　　　合伙　导读:41—42

　　　纵向一体化结构　导读:39

国内合同　1:2—4
契约自由　1:1
　　内容　2:94
　　形式　2:91
　　一般原则　1:20
　　限制　1:1
国际合同　1:33—40
长期合同
　　期限　6:6—8,6:16
　　不可抗力、情势变更与重新谈判
　　　　4:54—58
　　丧失信任和终止合同　6:36
　　违约救济　5:21,5:24,6:85,
　　　　5:109,5:136
　　规避风险　导读:25
私法制度　1:2—4
　　混合性质　1:6
　　普遍的履行方式　1:6
　　自成一体的(独特)合同　1:6
　　典型合同　1:6

另见:国内法律渊源,合同,合同期限,合同中的国际因素,监管环境,违约,续约,终止合同

Q

情势变更
　适用规则　4:32—33

举证责任　4:34—37
定义　4:8—9,4:32
　　困难　4:9
对合同的影响　4:51—57
　　司法修改　4:59—60
　　重新谈判的权利或义务　4:54—58
　　终止合同　4:52—53
对缔约方义务的影响　4:40
　　通知要求　4:48
与不可抗力的对比　4:5—10,4:32

另见:不可抗力,诚实信用

R

认证
　参见:公共机构与主体,产品质量,生产过程

S

生产方
　独有的特征　2:5—8
　形式　2:12
　个体生产方　2:13—19
　　公司结构　2:18—19
　　自然人与合伙　2:13—17
　生产方组织　2:20—21
　　合作社　2:23—32

正式的生产方组织与非正式的生产方组织 2:22, 2:25

结社自由 2:24

原住民团体 2:23

法律地位 2:9—11

 民事与商事 2:10

 商人 2:11

非营利机构 2:26—27

角色 2:24, 2:85

另见:订购方,合同,合同的成立,生产方的义务

生产方的义务

一般义务 2:105, 3:1—4

 适用规则 3:5

 与订购方义务的互相关联 3:3

 生产过程相关义务与产品相关义务 3:2, 3:23, 3:62

主要义务 2:105, 3:1, 3:23

 遵守生产方法 3:1, 3:62, 3:105—123

 交付 3:1, 3:124—143

 独占性义务 3:18—21

 与知识产权权利有关的义务 3:95—104

其他义务

社区利益 3:172

保险 3:165—168

记录保留与信息管理 3:169—171

权利与义务的转移 3:173

另见:保险,缔约方的义务,订购方的义务,独占性,价格,交付,生产过程,生产资料,支付,知识产权权利

生产方因订购方违约的救济措施

目标与目的 5:112

违反生产过程相关义务与违反产品相关义务 5:47—51

因未按约定支付或延迟支付

 损害赔偿 5:32—36, 5:143

 要求履行的权利 5:10, 5:15—16, 5:113—114

 终止合同 5:12, 5:23—27, 5:130—134

 暂停履行 5:18—20, 5:126—129

因未按约定提供(相符)生产资料

 损害赔偿 5:33—42, 5:142

 减损义务 5:150

 履行的权利 5:10, 5:15—16, 5:113—122

 终止合同 5:12, 5:23—27, 5:130

 暂停履行 5:18—20, 5:126—129

因未按约定购买约定的产品
5:140—141

　终止合同　5:140

　暂停履行　5:138

因未按约定接收货物

　损害赔偿　5:32—36,5:145—147

　错误拒收　5:147

　要求履行的权利　5:10,5:15—16,5:120—122

　终止合同　5:12,5:23—27,5:135—137

生产方的行为　5:41—43,5:146—149

　合作　5:149

　减损义务　5:150

　寻求替代交易　5:152—153

另见:订购方因生产方违约的救济措施,非金钱救济,合作,交付,生产资料,损害赔偿,违约,违约救济,因违约而终止合同,暂停履行,支付

生产方组织

参见:生产方

生产过程

适用规则　3:105

认证　3:106—108

　认证方　3:107—108

　描述　3:106

　法律效果　3:108

　生产方作为认证的发起者　3:107

　私立标准　3:106—108

订购方因生产方违反生产过程相关义务的救济　5:52—59,5:86,5:91—92

描述　3:60,3:105

订购方的监控与控制　3:118—123

　进入生产场地　3:118—120

　合作　3:122—123

　格式条款　3:121

生产过程相关义务与产品相关义务
3:2,3:23,3:62

生产方的义务　3:109—117

　遵守指导　3:109,3:111—116

　合作　3:111

　明示义务与默示义务　3:110

　收获　3:113

　行业行为守则　3:117

　劳工与卫生　3:116

　牲畜与家禽　3:114

　种植或播种　3:112

　可追溯性　导读:13,3:115

另见:产品数量,产品质量,缔约方的

义务,订购方的义务,订购方因生产方违约的救济,合作,交付,生产方的义务,生产方因订购方违约的救济措施,生产资料,知识产权权利

生产资料

定义　3:63

关键条款　2:107

一般义务　3:64—72

由订购方提供的生产资料　3:65—70

　　利益　3:65

　　潜在的困难　3:68

　　生产方相关的义务　3:66—70

　　　生产资料价格和支付　3:65—67

由生产方提供的生产资料　3:71

由第三方提供的生产资料　3:72

生产方因订购方就生产资料违约的救济措施　5:10, 5:12, 5:15—16, 5:23—27, 5:32—36, 5:112—119, 5:123—126, 5:130, 5:134, 5:141

与特定生产资料相关的特别义务　3:73—94

　　附随义务　3:77

　　融资　导读:10, 3:87—91

　　　适用规则　3:90

　　　利息　3:89

　　　风险　3:90—91

　　土地、设备和固定资产　3:73—77

　　　投资与合同期限　3:76

　　　土地租赁与合同期限　3:74

　　实体生产资料　3:78—86

　　　适用规则　3:79—80

　　　　安全要求　3:82

　　　　相符的生产资料　3:80

　　　　使用指引　3:81

　　　　认证程序　3:86

　　　交付生产资料　3:84—86

　　　供应生产资料　3:78—79

　　　侵权责任　3:83

　　服务　3:92—94

　　　技术支持　3:93—94

　　　　风险分配　3:94

　　　　履行标准　3:94

另见:诚实信用,订购方的义务,订购方因生产方违约的救济措施,风险,合同缔约方,合同期限,价格,监管环境,生产方的义务,生产方因订购方违约的救济措施,支付

适用的规则

默认规则　1:1

强制性规定 1:1

另见:国内法律渊源,合同中的国际因素

司法争议解决

司法公正 7:46—48

 效率 7:48

 自由和公平的司法 7:46

 法律代理 7:47

适用规则 7:46,7:49,7:52

描述 7:9

影响司法争议解决适用性的因素 7:10—11

管辖权的理由 7:49—52

 国内合同 7:49—51

 原住民团体 7:51

 国际合同 7.52

另见:争议解决

私下销售

描述 3:21,3:28—30

罚金条款 5:92

对于私下销售的救济措施 5:89

另见:产品数量,独占性,违约救济

损害赔偿

目的与类型 5:33—39

 数量评估与类型评估 5:36—38

 举证责任 5:34

 确定性 5:37

 间接损害 3:56,5:40,5:101,5:143

 可预见性 5:36

 完全赔偿 5:35

 信赖利益的损害赔偿 5:39

 与其他救济措施并用 5:37,5:96

作为订购方因生产方违约的救济措施 5:93—102

 未按约定交付 5:102

 生产过程相关义务 5:94—95

 产品不符 5:96—101

  罚金条款 5:100

  替代交易 5:98—99

  附带损害 5:101

  参考市场价格 5:100

生产方因订购方生产方违约的救济措施 5:142—148

 迟延支付 5:143

 未按约定提供相符的生产资料 5:137

  替代交易 5:144

  与其他救济措施并用 5:144

未按约定接收货物 5:145—147

附带损害或间接损害 5:146

违约金以及罚款条款 5:148

无意的不当拒绝收货 5:147

未经证实地或欺诈性地提出货物不符的主张 5:147

另见:产品数量,产品质量,交付,生产过程,生产资料,违约,违约救济

T

特定履行

参见:要求履行的权利

替代性争议解决

参见:非司法的争议解决方式,调解,争议解决,仲裁

调解

临时调解 7:17,7:27—28

优势 7:15—16,7:22—23

适用规则 7:22,7:26—27,7:30

　　特别立法 7:24

　　　默认规则 7:30

　　　　诉诸调解的义务 7:24,7:27

与仲裁相比较 7:15—16

通过合作解决争议的方法 7:5—6

描述 7:9,7:20—21

执行 7:33,7:57

原住民团体 7:29

机构调解 7:27—28

调解条款 7:25—26,7:30—31

调解程序 7:30

　诚实信用 7:32

　相关要素 7:30—31

调解员

　独立与公正性 7:13

　社会网络调解员 7:29

　特别调解员 7:28—29

和解协议 7:33

《联合国贸易法委员会国际商事调解示范法》 7:19

另见:非司法的争议解决方式,争议解决

U

UPICC(《国际统一私法协会国际商事合同通则》)

参见:国内法律渊源,合同中的国际因素

W

违约

参见:违约救济

违约救济

适用规则 5:5—6, 5:51

违约

 受害方的行为 5:14

 预期违约 5:18

 因果关系 5:14

 定义 5:1—2

 产品相关义务与生产过程相关义务 5:7—8

 证据 5:14

 严重性 5:3

 与具有抗辩理由的不履行的对比 5:1—2

 控制范围 5:53

概念 5:1

 补偿性救济措施与合作性救济措施 5:112

 选择标准 5:13

执行机制 5:4

 司法性执行机制与非司法性执行机制 5:4

 自行执行的执行机制 5:4

 目的 5:7—9

 与认证的对比 5:8

混合过失 5:14, 5:44—45, 5:103—108, 5:146—150

重新谈判 5:49

补救权 5:22, 5:47—48

类型 5:10—40

 非金钱救济 5:10, 5:15—17

  修补与纠正性措施 5:10

  替换 5:10

  特定履行 5:10

 金钱救济 5:11

  损害赔偿 5:33—42

  违约金条款 5:36—37, 5:93, 5:148

  利息与延迟付款 5:43

  罚金 5:103—104

   罚金条款 5:148

  价格减让 5:21—22

 恢复原状 5:28—32

 终止合同 5:12, 5:23—27

 暂停履行 5:18—20

另见:产品数量,产品质量,订购方因生产方违约的救济措施,非金钱救济,合作,生产方因订购方违约的救济措施,生产过程,损害赔偿,违约,因违约而终止合同,暂停履行

X

续约

适用规则 6:18—19

一方选择续约 6:19

通过明确协议续约 6:12—13

 与通过修改条款续约的对比 6:13

短期与长期 6:16

默认或自动续约 6:14—18

 诚实信用 6:16

 通知 6:16

 禁止反言 6:16

另见:合同期限,终止合同

Y

要求履行的权利

参见:非金钱救济

因违约而终止合同

目的与描述 5:3,5:12,5:23—27

 影响 5:12,5:26—27

  恢复原状 5:28—32

 根本违约 5:3,5:12,5:23

 程序 5:25

  司法终止与非司法终止 5:25

  通知要求 5:25

  完全或部分终止合同 5:27

作为订购方因生产方违约的救济措施 5:88—92

 因违反生产过程相关义务而终止 5:89

 因未按约定交付货物而终止 5:91—92

 因产品不符而终止 5:90

作为生产方因订购方违约的救济措施 5:130—131

 因未按约定支付或延迟支付而终止 5:12,5:23—27,5:132—136

  预期违约 5:134

 因未按约定提供(相符的)生产资料而终止 5:12,5:23—27,5:137

 因未按约定购买所有产品而终止 5:140—141

 因未按约定接收货物而终止 5:12,5:23—27,5:138—139

 选择 5:130

 终止条款 5:131

另见:订购方的义务,生产方的义务,违约,违约救济,终止合同

友好的争议解决

参见:非司法的争议解决方式,调解,争议解决

原住民团体

参见:国内法律渊源,生产方,调解

Z

暂停履行

目的与描述 5:18—19

作为订购方的救济措施 5:82—84

    拒绝接收交付 5:82

    中止其他类型的履行 5:84

    暂停支付 5:82—83

作为生产方的救济 5:126—129

    有效性 5:126

    因未按约定支付或延迟支付 5:18—20,5:127—128

    因未按约定提前支付合同货款 5:129

    限制 5:127—128

另见:缔约方的义务,订购方的义务,生产方的义务,违约救济

争议解决

基于合同与基于竞争法 7:2

执行 7:53—59

    由公共机构执行 7:54—55

    私人执行机制 7:56—59

选择争议解决方式的考量因素 7:9—12,7:16

    专家裁决 7:16

    争议的性质 7:10

    时间因素 7:11

根本原则 7:7

    公平 7:7,7:13

    公正、独立、正直 7:13

在订单农业合同中的重要性 7:3

临时救济 7:12

通过谈判与合作避免争议 7:5

公开或保密 7:14

采取不同争议解决方法的顺序 7:6

另见:非司法的争议解决方式,司法争议解决,调解,仲裁

支付

为生产资料 3:67—69

生产方因订购方就支付而违约的救济措施 5:10,5:12,5:15—16,5:23—27,5:32—36,5:113—114,5:132—136,5:143

时间和方式 3:159—163

    货币 3:163

    延迟支付 3:161

        利息 3:161

    风险与缓解风险 3:160

另见:生产方因订购方违约的救济,
生产资料,价格,交付,违约救济

知识产权权利

适用规则 3:95
描述 3:95
　许可 3:98—100
　　许可协议 3:98—100
　　专利与植物品种权 3:96
　　注册商标与商业秘密 3:97
　生产方的义务 3:99—100
　　合同终止后的存续义务 3:103
技术转让 导读:30
合同条款 3:99,3:102,3:104
持有知识产权权利的第三方 3:101

另见:监管环境

终止合同(因违约之外的原因)

定义 6:20
　影响 5:26,6:38—39
　后合同义务 6:39
原因 6:25—37
　自动终止 6:26
　任意一方自行终止 6:28—31
　合意的终止 6:27
　在情势变更的情况下终止
　　4:52—53

在不可抗力的情况下终止
　　4:52—53
因丧失信任而终止 6:36—37
单方面终止 6:16,6:28,6:32—35
公平与适用的规则 6:34—35
通知要求 6:22—24,6:29
无法遵守 6:24
终止条款 2:114,6:21

另见:不可抗力,缔约方的义务,因违约而终止合同

仲裁

临时仲裁 7:9,7:17—18,7:39
优势 7:35
所适用的规则 7.19,7.36
仲裁协议 7:37
　仲裁条款 7:38
　要求 7:37—7:38
描述 7:9,7:20—21,7:34—36
执行
　由公共机构执行 7:53—54
　私人执行机制 7:56—58
机构仲裁 7:39—40
　程序保证 7:41—42
临时救济 7:43—44
国内法下的限制 7:42

与调解的对比 7:15—16

仲裁程序的结果

　　国内仲裁　7:45

　　国际仲裁　7:45

特别立法　7:35

联合国国际贸易法委员会(UNCITRAL)

　　商事仲裁示范法　7:19

另见:非司法的争议解决方式,争议解决